DURCH STARTEN

ITALIENISCH
GRAMMATIK

ÜBUNGSBUCH

Verfasserinnen: Laura Ritt-Massera, Laura Isnenghi

Diesem Buch ist ein Lösungsheft zu den Übungen beigelegt.

Entspricht der Rechtschreibreform 2006

Bibliografische Information der Deutschen Bibliothek:
Die Deutsche Bibliothek verzeichnet diese Publikation in der
Deutschen Nationalbibliografie; detaillierte bibliografische Daten
sind im Internet über http://dnb.ddb.de abrufbar.

VERITAS-VERLAG, Linz
www.durchstarten.at
Alle Rechte vorbehalten,
insbesondere das Recht der Verbreitung
(*auch durch Film, Fernsehen, Internet,
fotomechanische Wiedergabe, Bild-,
Ton- und Datenträger jeder Art*) oder
der auszugsweise Nachdruck

Lektorat: Klaus Kopinitsch
Grafische Gestaltung: Ingrid Zuckerstätter
Illustrationen: Helmut »Dino« Breneis
Satz: Anton Froschauer
Herstellung: Julia Bamberger

Auf umweltfreundlichem Papier gedruckt bei:
siehe https://produkt.veritas.at/15771#additional

10. Auflage 2023   ISBN 978-3-7058-7414-5

VER1TAS

Gemeinsam besser lernen

Inhaltsverzeichnis

Ciao a tutti! 4

1. KAPITEL: Zahlen
    A Grundzahlen 5
    B Ordnungszahlen 6

2. KAPITEL: Schreibung und Aussprache 8

3. KAPITEL: Verneinung 10

4. KAPITEL: Höflichkeitsform 12

5. KAPITEL: Substantiv 14

6. KAPITEL: Artikel
    A Anfangsbuchstaben 16
    B Teilungsartikel 18

7. KAPITEL: Adjektive
    A Übereinstimmung 19
    B Stellung des Adjektivs 21
    C Besitzanzeigendes Adjektiv 23

8. KAPITEL: Steigerung
    A *Comparativo* 25
    B *Superlativo* 26

9. KAPITEL: Präpositionen
    A *Preposizioni semplici e articolate* 27
    B Ortsangaben 28
    C Zeitangaben 30
    D *Di* und *da* 31
    E Die restlichen Präpositionen 33

10. KAPITEL: Verbformen und Zeiten
    A *Presente* 36
    B *Essere* und *avere* 38
    C *Andare, bere, dire, dare, fare, tenere, uscire, venire* 39
    D *Dovere, potere, sapere, volere* 40
    E *Imperativo* 41
    F *Forma continuata: stare + gerundio* 43
    G *Presente continuato* (die „gedehnte" Gegenwart) 44
    H *Imperfetto continuato* (das „gedehnte" *imperfetto*) 45
    I *Gerundio semplice* 46
    J *Gerundio composto* 47
    K *Futuro* 48
    L *Condizionale* 50
    M *Participio passato* 52
    N *Passato prossimo* 53
    O *Imperfetto* 55
    P *Imperfetto – passato prossimo* 57
    Q *Passato remoto* 60
    R *Trapassato* 61
    S *Congiuntivo presente* 62
    T *Congiuntivo* und *indicativo* 63
    U *Congiuntivo imperfetto* 66
    V *Passivo* 68

11. KAPITEL: Pronomen

A Fragepronomen 70
B Hinweisende Pronomen – *questo* und *quello* 71
C Relativpronomen 72
D Personalpronomen 74
E Betonte Pronomen 79
F *Pronomi combinati* 80
G Angehängte Pronomen 82
H *Verbi riflessivi al presente* 84
I *Verbi riflessivi al passato* 86
J *Si impersonale* 88
K *Ci* 90
L *Ne* 91

12. KAPITEL: Adverbien 94

13. KAPITEL: *Periodo ipotetico* 96

14. KAPITEL: Zeitenfolge 98

15. KAPITEL: Indirekte Rede 99

ABSCHLUSSTESTS

TEST 1: Übereinstimmung 101
TEST 2: Verbformen 102
TEST 3: Präpositionen 103
TEST 4: Pronomen 104
TEST 5: *Congiuntivo* und *imperfetto* 105
TEST 6: *Periodo ipotetico* und indirekte Rede 106
TEST 7: Unregelmäßige Verben im Präsens 107
TEST 8: Unregelmäßige Partizipien 109

GRAMMATIKALISCHE AUSDRÜCKE 111
ÜBERSICHT ÜBER ZEITEN UND VERBFORMEN 112

Ciao a tutti!

Dieses Übungsbuch bietet dir die Gelegenheit, ausgiebig und gezielt an deinen Grammatik-kenntnissen zu arbeiten. So kannst du **wiederholen**, **üben** und dich **auf Prüfungen vorbereiten**.

Die Regeln werden am Anfang jeden Abschnitts kurz aufgefrischt, und dann kann es schon losgehen.

Zur Überprüfung der Antworten gibt es das **Lösungsheft**.

Falls du manche Vokabeln brauchst, kannst du sie in der **Vokabelliste** am Ende des Buches finden.

Zum Abschluss noch ein Tipp: Arbeite mit Bleistift. Dann kannst du eventuell falsche Antworten ausradieren und die Übung später wiederholen!

Buon divertimento!

Viel Erfolg bei der Arbeit wünschen dir
Laura und Laura!

1. KAPITEL: Zahlen

A Grundzahlen

- **1 bis 20:** 1 (*uno*), 2 (*due*), 3 (*tre*), 4 (*quattro*), 5 (*cinque*), 6 (*sei*), 7 (*sette*), 8 (*otto*), 9 (*nove*), 10 (*dieci*), 11 (*undici*), 12 (*dodici*), 13 (*tredici*), 14 (*quattordici*), 15 (*quindici*), 16 (*sedici*), 17 (*diciassette*), 18 (*diciotto*), 19 (*diciannove*), 20 (*venti*)

- **20 bis 100:** 20 (*venti*), 30 (*trenta*), 40 (*quaranta*), 50 (*cinquanta*), 60 (*sessanta*), 70 (*settanta*), 80 (*ottanta*), 90 (*novanta*), 100 (*cento*)

- **100** (*cento*), **1 000** (*mille*), **1 000 000** (*un milione*)

- Die Zahlen werden wie Bausteine zusammengesetzt: 20 + 2 = *ventidue*
  40 + 7 = *quarantasette*

- Wenn die Einserstelle mit Vokal beginnt (*uno, otto*), verschwindet der Schlussvokal der Zehnerzahl:
  20 + 1 = *ventuno*
  40 + 8 = *quarantotto*

- *Cento* bleibt immer gleich (*trecento*), *mille* hat eine Pluralform: *mila* (*tremila*)
  Zum Beispiel: 113 = *centotredici*, 1 230 = *milleduecentotrenta*, 5 921 = *cinquemilanovecentoventuno*

1 Schreibe folgende Zahlen aus:

a. 14: ....

b. 22: ....

c. 38: ....

d. 7: ....

e. 15: ....

f. 50: ....

g. 5: ....

h. 105: ....

i. 555: ....

j. 893: ....

k. 347: ....

l. 17: ....

m. 870: ....

n. 66: ....

o. 323: ....

p. 1 006: ....

q. 4 001: ....

r. 5 555: ....

s. 12 903: ....

t. 99: ....

u. 74 321: ....

v. 289 000: ....

w. 876 054: ....

x. 100 800: ....

y. 560 890: ....

z. 333 333: ....

2 Schreibe folgende ausgeschriebene Zahlen als Ziffern auf:

a. novecentosessanta: ...., b. millenovantuno: ...., c. quattordici: ....,

d. cinquemila: ...., e. diciottomilanovecento: ...., f. settecentonovantanove: ....,

g. sessantaduemilatrecentouno: ...., h. settecentosettantanovemila: ....,

i. duecentoseimilacinquantasei: ...., j. trecentomilacinquecento: ....,

k. cinquecentosettantamilatredici: ...., l. duecentotrentatremilaottocentocinquantatré: ....

3 Notiere folgende Telefonnummern:

a. quattro-sette-nove-zero-due-otto-otto: ....

b. trentatré-ventuno-sette-novantanove: ....

c. zero-quattro-uno-novantasette-novantuno-centoventi: ....

d. zero-zero-tre-nove-zero-sei-settanta-cinquanta-settecentosedici: ....

e. zero-zero-quattro-tre-sei-nove-otto-trentadue-trentasei-ottantasei-quattordici: ....

f. zero-sei-sette-sei-ottantuno-settantaquattro-trentadue-undici: ....

■ **Jahreszahlen**
1453   millequattrocentocinquantatré
2007   duemilasette

4 **Schreibe folgende Jahreszahlen in Worten auf:**

a. 1914: ....

b. 1222: ....

c. 1638: ....

d. 1746: ....

e. 1575: ....

f. 1850: ....

g. 1985: ....

h. 2005: ....

i. 2010: ....

j. 2015: ....

k. 1347: ....

l. 1417: ....

■ *"Quanto costa?"*
€: *euro (e-uro)*   **cent:** *centesimi*

5 **Schreibe folgende Preise auf:**

a. 75 €: ....

b. 320 €: ....

c. 1 280 €: ....

d. 10 900 €: ....

e. 10,35 €: ....

f. 1,50 €: ....

g. 0,99 €: ....

h. 69,90 €: ....

B Ordnungszahlen

■ Die Ordnungszahlen haben die Endung **-a/-o**. Ein hochgestellter kleiner Kreis kennzeichnet die Ordnungszahl.
**1. bis 10. sind eigene Vokabel: 1° primo/a, 2° secondo/a, 3° terzo/a, 4° quarto/a, 5° quinto/a,
6° sesto/a, 7° settimo/a, 8° ottavo/a, 9° nono/a, 10° decimo/a**

■ Ab **11.** wird nur die Nachsilbe **-esimo/a** angehängt: *11° undicesimo, 12° dodicesimo* etc.
Der Vokal vor *-esimo/a* verschwindet: *quarantaquattro* + **esimo** = *quarantaquatt**r**esimo*.
(Ausnahme sind die mit *tre* zusammengesetzten Zahlen: *ventitr**ee**simo, trentatr**ee**simo* etc.)

6 **Schreibe folgende Ordnungszahlen aus:**

a. 20°: ....

b. 13°: ....

c. 77°: ....

d. 100°: ....

e. 18°: ....

f. 23°: ....

g. 8°: ....

h. 55°: ....

i. 620°: ....

j. 44°: ....

k. 17°: ....

l. 80°: ....

m. 10°: ....

n. 1°: ....

7 **Setze die passenden Ordnungszahlen ein.**

a. Mario abita nel (4°) .... distretto.

b. Io abito nel (21°) .... distretto.

c. Antonia e Maria abitano nel (14°) .... e nel (13°) .... distretto.

d. Questo è il mio (1°) .... giorno di lavoro.

e. Chiara è al (6°) .... mese di gravidanza.

f. Lucia è al (3°) .... anno d'università.

g. Giulia beve già il (2°) .... caffè.

h. Stefano è arrivato (53°) .... alla maratona.

i. Serena e Matteo hanno avuto il (5°) .... figlio.

j. Il (7°) .... giorno si riposò.

k. Rolando è a Vienna per la (10°) .... volta.

■ *La data*

i mesi: *gennaio*   *febbraio*   *marzo*   *aprile*   *maggio*   *giugno*
       luglio   *agosto*   *settembre*   *ottobre*   *novembre*   *dicembre*

1. = 1°   *1. 5. 2000 = <u>primo</u> maggio duemila*
        aber 2. – 31. = due – trentuno

13. 6. 2005 = tredici giugno duemilacinque
31. 12. 1986 = trentuno dicembre millenovecentoottantasei

8 Schreibe folgende Daten aus:

a. 19. 8. 1938: ....

b. 16. 6. 1981: ....

c. 11. 3. 1975: ....

d. 21. 7. 1944: ....

e. 13. 4. 1204: ....

f. 29. 5. 1453: ....

g. 8. 11. 1922: ....

h. 1. 1. 1345: ....

9 Schreibe folgende ausgeschriebene Daten als Ziffern auf:

a. sette aprile millenovecentoventi: ...., **b.** tredici maggio milleottocentoquarantuno:
..............................., **c.** diciotto giugno millecinquecentosei: ...., **d.** ventidue
settembre millenovecentodiciannove: ...., **e.** trentuno ottobre milletrecentosettantatré:
..............................., **f.** sedici luglio duemilaotto: ...., **g.** primo aprile
milleottocentocinquantacinque: ...., **h.** sei novembre duemilaquindici: ....,
i. tre settembre millenovecentoottantadue: ....

10 Setze die passenden Ordnungszahlen oder Grundzahlen ein.

a. Giovanni ha (23) .... anni. **b.** Marco e Francesca hanno (3) .... figli.

c. Silvia ha mangiato (2) .... pizze. **d.** Antonio mangia ora il (3°) .... piatto di pasta.

e. Silvio è arrivato (14°) .... alla maratona. **f.** Silvestro è il mio (4°) .... gatto.

g. Alice ha fatto il suo (10°) .... esame all'università. **h.** Teresa ha (21) .... pesci nel

suo acquario. **i.** Cristiano ha (7) .... cugini. **j.** Il mio (2°) .... nome è Giorgia.

■ *Matematica!*

3 + 3 (3 più 3)	*5 – 2 (5 meno 2)*	*4 x 2 (4 per 2)*	*6 : 2 (6 diviso 2)*
3,5 (3 virgola 5)	*50% (50 per cento)*	*1/3 (un terzo)*	*= (uguale)*

11 Schreibe folgende Zahlen in Ziffern auf und löse die Rechnungen:

a. cinque più quattro: ....

g. uno virgola sette: ....

b. sette meno due: ....

h. settantacinque per cento: ....

c. sei per tre: ....

i. otto per tre: ....

d. venti diviso quattro: ....

j. nove diviso tre: ....

e. novanta per cento: ....

k. dodici più sette: ....

f. un quarto: ....

l. un ottavo: ....

2. KAPITEL: Schreibung und Aussprache

Bei *c, sc* und *g* hängt die Aussprache von den Buchstaben ab, die darauf folgen. Die Regel geht so:

c = /**k**/ wie **K**opf	*casa, chianti*	*c* = /**k**/ vor: *a, o, u, h*
c vor *e* und *i* = /**tsch**/ wie **Tsch**üss	*ciao, Celentano*	*c* = /**tsch**/ vor: *e, i*
sc = /**sk**/ wie **Sk**andal	*scarpa, schizzo*	*sc* = /**sk**/ vor: *a, o, u, h*
sc vor *e* und *i* = /**sch**/ wie **Sch**i	*sciopero, scelta*	*sc* = /**sch**/ vor: *e, i*
g = /**g**/ wie **G**eorg	*grazie, ghetto, gondola*	*g* = /**g**/ vor: *a, o, u, h*
g vor *e* und *i* = /**dsch**/ wie **J**oker, aber: weich!	*gelato, giro*	*g* = /**dsch**/ vor: *e, i*

- **Besondere Laute**

gli	*tagliatelle*	wie in bri**ll**ant
gn	*gnocchi, lasagne*	wie in Ko**gn**ak

- **Groß-und Kleinschreibung**

  Alles wird kleingeschrieben (auch Adjektive wie *austriaco*), außer Namen und Satzanfänge.

- **Akzente (*accenti*)**

  Akzente zeigen an, dass die Silbe betont ist. Es gibt nur Akzente auf dem Endvokal, zB *cioè, perché, così, è*.

- **Apostroph (*apostrofo*)**

  Das Verschwinden eines Endvokals vor einem Wort, das mit Vokal beginnt, wird durch einen Apostroph angezeigt: *la ora* ► *l'ora*
  Es kommt vor bei Artikeln und Pronomen: *l'ora, un'amica, dov'è, quest'ora;* bei *un po'* (= *poco*) fällt eine ganze Silbe weg.

12 **Ergänze folgende Dialoge nach dem Modell:**

A: Come si chiama?
B: Giovanni Buscagli.
A: Come si scrive?
B: Gi – i – o – vi – a – enne – enne – i   Bi – u – esse – ci – a – gi – elle - i

1. A: Come si chiama?　　　　　B: Antonella Serragiotto.　　　A: Come si scrive?
   B: ....

2. A: Come si chiama?　　　　　B: Franco Calisperidi.　　　A: Come si scrive?
   B: ....

3. A: Come si chiama?　　　　　B: Monica Tintoretto.　　　A: Come si scrive?
   B: ....

4. A: Come si chiama?　　　　　B: Andrea Pavanello.　　　A: Come si scrive?
   B: ....

5. A: Come si chiama?　　　　　B: Stefania Pappalardo.　　　A: Come si scrive?
   B: ....

6. A: Come si chiama?　　　　　B: Gaetano Serramanica.　　　A: Come si scrive?
   B: ....

7. A: Come si chiama?　　　　　B: Riccardo Cocciariello.　　　A: Come si scrive?
   B: ....

8. A: Come si chiama?　　　　　B: Emanuela Croalese.　　　A: Come si scrive?
   B: ....

13 **Trage folgende Wörter in der Tabelle in der passenden Zeile ein; k ≠ sk!**

gatto, prosciutto, ciao, gelato, sciroppo, scena, Cina, Gabriella, cosa, Giorgio, scatola, sciare, ghianda, corsa,
gambero, scultura, colore, guanto, genere, regione, gusto, cena, carta, cenere, discesa, giro, schema

k	
tsch	
sk	
sch	
g	
dsch	

14 **Buchstabiere folgende Wörter auf Italienisch:**

1. AMORE ....
2. BANANA ....
3. CHITARRA ....
4. PIZZERIA ....
5. BACIO ....
6. VACANZA ....
7. MARGHERITA ....
8. MEDITERRANEO ....
9. CARAMELLA ....
10. GIORNALE ....
11. ALLEGRETTO ....
12. BUONGIORNO ....
13. PIANOFORTE ....
14. RISTORANTE ....
15. COTOLETTA ....

15 **Schreibe folgende buchstabierte Wörter richtig auf:**

1. Esse – e – erre – e – enne – a – ti – a: ....
2. A – emme – i – ci – o: ....
3. Gi – a – ti – ti – o: ....
4. Effe – i – erre – e – enne – zeta – e: ....
5. Ci – a – pi – erre – i – ci – ci – i – o – esse – a: ....
6. Esse – pi – a – gi – acca – e – ti – ti – i: ....
7. Erre – a – gi – a – zeta – zeta – a: ....
8. A – erre – erre – i – vi – e – di – e – erre – ci – i: ....
9. Ti – e – a – ti – erre – o: ....
10. Ci – i – enne – e – emme – a: ....
11. Ti – erre – a – emme – e – zeta – zeta – i – enne – o: ....
12. A – bi – bi – erre – a – ci – ci – i – o: ....
13. U – enne – i –vi – e – erre – esse – i – ti – a: ....
14. Esse – ci – o – enne – ti – o: ....
15. Bi – e – enne – zeta – i – enne – a: ....

3. KAPITEL: Verneinung

Frage	No
Nicola è simpatico?	*No, Nicola **non** è simpatico.*
Silvio ha pagato?	*Silvio **non** ha pagato.*
Laura c'è?	*Laura **non** c'è.*
Mi ami?	***Non** ti amo.*

No heißt „nein", und ***non*** bedeutet „nicht".
Non steht immer **vor dem Verb** bzw. **vor dem Pronomen und dem Verb.**

no	**nein**
non	**nicht**
niente	**nichts**
mai	**nie**
nessuno	**niemand**

„Doppelte (mehrteilige) Verneinung" mit *non* bei
niente, nessuno, mai.
Non ho niente. Ich habe nichts.
Non conosco nessuno. Ich kenne niemanden.
Non parla mai. Er/Sie redet nie.

Für „kein" gibt es kein Wort im Italienischen. Man nimmt dafür die normale Verneinung mit *non*:
Non ho tempo. Ich habe keine Zeit.

16 Verneine folgende Sätze. Mache ein Kreuz an die Stelle, wo *non* hinkommt.

1. Giovanna è simpatica.
2. Francesco e Serena sono sposati.
3. Antonella mi ama.
4. Capisco tutto.
5. Mi piace la grammatica.
6. Stefano abita in montagna.
7. Giulio ha fatto i compiti per casa.
8. Tu sei sempre la più intelligente.

17 Formuliere die Sätze um.

Beispiel: *Nessuno c'è in classe.* ▶ *Non c'è nessuno in classe.*

1. Niente capisco. ▶ ....
2. Mai vedo Carlotta. ▶ ....
3. Niente ho mangiato. ▶ ....
4. Nessuno ho visto. ▶ ....
5. Niente vedo. ▶ ....
6. Mai vado in discoteca. ▶ ....
7. Mai ho detto questo. ▶ ....

18 Ordne die Wörter zu Sätzen.

1. città / piace / non / questa / mi. ▶ ....
2. sei / amica / una / non / tu / vera. ▶ ....
3. i / Giovanni / non / gelati / ama. ▶ ....
4. birra / beve / non / mai / Serena. ▶ ....
5. telefonato / mai / non / Antonella / mi / ha. ▶ ....
6. Parigi / conosco / non / nessuno / a. ▶ ....
7. successo / libro / questo / avuto / ha / non. ▶ ....
8. Luigi / Lisbona / non / stato / mai / a / è. ▶ ....
9. ti / Cristina / ama / non. ▶ ....
10. te / non / domani / dispiace / mi / posso / da / venire. ▶ ....

19 Ordne die Wörter zu Sätzen. Wie lautet der Dialog?

Pamela: Francesco, vero tu ma sei? ....

Federico: mi no, Federico chiamo io. ....

Pamela: più sì non scusa, ricordavo mi. ....

Federico: importa non! Carmela sei e tu? ....

Pamela: non no, io dispiace, mi Carmela chiamo. Pamela sono! ....

Federico: scusami bene mi oh, tanto, anch'io nome tuo il ricordavo non. ....

Pamela: preoccupare ti non! ....

20 Schreibe die korrekten Sätze der Übung 18 noch einmal, aber ohne Verneinung. (*mai ▸ sempre; nessuno ▸ qualcuno*)

21 Beantworte alle Fragen negativ.

Beispiel: *Ti chiami Sofia?* ▸ *No, non mi chiamo Sofia.*

1. Abiti a Genova? ▸ ....
2. Hai sedici anni? ▸ ....
3. Sei un avvocato? ▸ ....
4. Lavori in un'agenzia pubblicitaria? ▸ ....
5. Hai quattro fratelli? ▸ ....
6. C'è una toilette qui? ▸ ....
7. Giovanna è arrivata? ▸ ....
8. Alice parla il francese? ▸ ....

22 Setze die Verneinungspartikel *mai, nessuno, niente* richtig in die Sätze ein.

1. Non vado .... al mare. 2. Senza occhiali non vedo ....
3. In questa casa non c'è .... 4. Di matematica non capisco ....
5. Aldo non ha scritto .... 6. Serena non ama ....
7. Eleonora e Giampiero non vanno .... a teatro. 8. Franco non ha ....
telefonato a Giuliano. 9. Dietmar non capisce .... d'italiano.

23 Übersetze folgende Sätze:

1. Ich habe Hunger. Ich habe keinen Hunger.
....

2. Du bist ein schönes Mädchen. Du bist kein schönes Mädchen.
....

3. Er hat eine Freundin. Er hat keine Freundin.
....

4. Wir haben Angst. Wir haben keine Angst.
....

5. Ihr seid Italiener. Ihr seid keine Italiener.
....

6. Sie haben ein Auto. Sie haben kein Auto.
....

7. Ich habe ein neues Fahrrad. Ich habe kein neues Fahrrad.
....

8. Du hast eine nette Freundin. Du hast keine nette Freundin.
....

9. Er ist ein Lehrer. Er ist kein Lehrer.
....

10. Sie ist eine berühmte Sängerin. Sie ist keine berühmte Sängerin.
....

11. Wir haben eine Gitarre. Wir haben keine Gitarre.
....

4. KAPITEL: Höflichkeitsform

- Die Höflichkeitsform ist die **3. P. Singular**. Die Pronomen *Lei* (Sie), *Le* (Ihnen), *La* (Sie, 4. F.), *Suo/a* (Ihr/e) werden großgeschrieben.

  *Signor Bianchi, **Lei** deve cenare con noi!* – Signor Bianchi, **Sie** müssen mit uns Abend essen!

Du-Form	Höflichkeitsform
ti = dir	*Le* = Ihnen
ti = dich	*La* = Sie
tuo/a = dein/e	*Suo/a* = Ihr/e

*Ecco il **tuo** posto.*
ti presento (ich stelle dir vor)
ti saluto (ich grüße dich)

*Ecco il **Suo** posto.*
Le presento (ich stelle Ihnen vor)
La saluto (ich grüße Sie)

(Für Verben mit 3. und Verben mit 4. Fall siehe Seite 77)

- In der **Höflichkeitsform** entsprechen die **Befehlsformen** dem *congiuntivo presente* im Singular (Seite 62):

	Lei	*tu*
guardare	*guardi*	*guarda*
scrivere	*scriva*	*scrivi*
sentire	*senta*	*senti*

	Lei	*tu*
Verben auf *-are*	*-i*	*-a*
Verben auf *-ere* und *-ire*	*-a*	*-i*

- Einige wichtige Verben in der **Befehlsform:**

geben Sie (mir)!	*(mi) dia*
machen Sie!	*faccia*
kommen Sie!	*venga*

sagen Sie!	*dica*
bleiben Sie!	*stia*
gehen Sie!	*vada*

24 **Teile folgende Sätze ein. Stehen sie in der Du-Form oder in der Sie-Form?**

	tu	Lei
1. Le presento il Signor Guerrini.		
2. Scusa, come ti chiami?		
3. Hai un telefonino?		
4. Non abita a Vienna, Signora Fantini?		
5. Ti amo, Enrico!		
6. La ringrazio molto.		
7. Ti prego, non dire niente.		
8. La prego, non dica niente.		
9. Sei davvero un ragazzo simpatico!		
10. Non ha un indirizzo mail?		
11. Non ama la pizza, vero?		
12. Ti porto a Roma con me!		
13. Questa è la Sua macchina?		
14. La tua bicicletta non mi piace.		
15. Che lavoro fai?		
16. Non sei di Francoforte, vero?		
17. Le do il mio numero di telefono: 049 76 89 346		
18. Ti scrivo prestissimo!		
19. Preferisce un fax o una lettera?		
20. Lei non sa chi sono io!		

25 **Wandle folgende Sätze von der Du-Form in die Sie-Form um:**

1. Come ti chiami? ....

2. Ma tu sei davvero di Praga? ....

3. Sei architetto o ingegnere? ....

4. Sei proprio gentile. ....

5. Prendi una pizza anche tu? ....

6. Non preferisci partire domani mattina? ....

7. Studi anche tu a Vienna? ....

8. Lavori in un ambulatorio medico? ....

26 **Wandle folgende Sätze von der Sie-Form in die Du-Form um:**

1. Lei abita in Austria? ....
2. Si chiama Giovanni Pierpaoli? ....
3. Di dov'è? ....
4. Studia in Italia o in Svizzera? ....
5. Anche Lei parla lo spagnolo? ....
6. Le presento una mia carissima amica: Laura Cavalcata! ....
7. Lei preferisce il tiramisù o lo strudel? ....
8. Scusi, Lei è austriaca? ....

27 **Wandle den folgenden Dialog von der Du-Form in die Sie-Form um:**

Riccardo: Ciao, io sono Riccardo, e tu come ti chiami? ► ....
Silvia: Ciao, mi chiamo Silvia! ► ....
Riccardo: Sei italiana? ► ....
Silvia: No, sono svizzera, di Lugano. E tu di dove sei? ► ....
Riccardo: Sono siciliano, di Palermo. ► ....
Silvia: Ah, che bella la Sicilia! ► ....
Riccardo: Eh sì, bellissima! E la Svizzera com'è? Ti piace? ► ....
Silvia: Sì, è bella anche la Svizzera ... Quanti anni hai, Riccardo? ► ....
Riccardo: Ho ventinove anni. E tu? ► ....
Silvia: Io ventisette. ► ....
Riccardo: Studi o lavori? Io studio ancora ... ► ....
Silvia: Io lavoro come segretaria in un ufficio. E tu che cosa studi? ► ....
Riccardo: Ingegneria meccanica. Ma ho quasi finito! ► ....

28 **Wandle die Sätze der Übung 24 von der Du-Form in die Sie-Form um und umgekehrt.**

29 **Übersetze folgende Sätze. Dann wandle sie von der Du-Form in die Sie-Form um und umgekehrt.**

1. Magst du lieber ein Eis? ....
   ► ....
2. Sind Sie aus Wien? ....
   ► ....
3. Ich stelle Ihnen meine Freundin Helga vor. ....
   ► ....
4. Du arbeitest in einem Geschäft, oder? ....
   ► ....
5. Sind Sie zum ersten Mal in Rom? ....
   ► ....
6. Du bist mein Schatz! ....
   ► ....
7. Ich habe dich lieb! ....
   ► ....
8. Lieben Sie mich? ....
   ► ....

5. KAPITEL: Substantiv

Es gibt nur **zwei Geschlechter**: **männlich** und **weiblich**. Es gibt **kein Neutrum** im Italienischen!	**m.** männlich, *maschile* **f.** weiblich, *femminile*
Es gibt **Singular** und **Plural**.	**Sg.** Singular (Einzahl), *singolare* **Pl.** Plural (Mehrzahl), *plurale*

- **Die Endbuchstaben** von Substantiven geben Auskunft über **Geschlecht** und **Zahl** des Wortes.

- Es gibt grundsätzlich drei Gruppen von Substantiven:
  Substantive auf -o sind normalerweise **m.**: *bambino* (Bub), *panino* (Sandwich), *vino* (Wein)
  Substantive auf -a sind normalerweise **f.**: *bambina* (Mädchen), *fragola* (Erdbeere), *vita* (Leben)
  Substantive auf -e können **m.** oder **f.** sein: *padre* (Vater), *madre* (Mutter)

- **Endungen werden verändert, wenn das Wort in den Plural gesetzt wird.**

	Singular	Plural
-o wird zu **-i**	*bambino*	*bambini*
-a wird zu **-e**	*bambina*	*bambine*
-e wird zu **-i**	*padre, madre*	*padri, madri*

- **Normalerweise gilt also das Schema:**

	Singular	Plural
m.	*-o*	*-i*
f.	*-a*	*-e*
m./f.	*-e*	*-i*

- **Besonderheiten:**

	Singular	Plural
„Fremdwörter" (oft Konsonant am Ende) bleiben gleich und sind meistens männlich.	*film, bar, hotel, computer*	*film, bar, hotel, computer*
Wörter mit Akzent bleiben gleich.	*città, caffè, università*	*città, caffè, università*
Wörter auf **-ma** (auf Deutsch fast gleich und immer Neutrum!) sind auf Italienisch männlich und haben im Pl. **-i**.	*problema, programma, sistema, schema*	*problemi, programmi, sistemi, schemi*
Wörter auf **-ista** sind sowohl m. als auch f. und unterscheiden sich erst im Plural.	*giornalista, farmacista, musicista*	*giornalisti/e, farmacisti/e, musicisti/e*
Wörter auf **-nte** sind sowohl m. als auch f.	*cantante* – Sänger(in), *insegnante* – Lehrer(in),	*cantanti* – Sänger(innen), *insegnanti* – Lehrer(innen)
Wörter auf **-si** sind meistens f. und bleiben gleich.	*crisi, tesi, diagnosi, analisi*	*crisi, tesi, diagnosi, analisi*

- **Unregelmäßige Formen:**

  la mano (f.) – le mani (f.)　　　　　die Hand – die Hände
  l'uomo (m.) – gli uomini (m.)　　　der Mann – die Männer
  il braccio (m.) – le braccia (f.)　　der Arm – die Arme
  il ginocchio (m.) – le ginocchia (f.)　das Knie – die Knie
  il labbro (m.) – le labbra (f.)　　　die Lippe – die Lippen
  l'uovo (m.) – le uova (f.)　　　　　das Ei – die Eier

- **Folgende Wörter sind Abkürzungen und bleiben als solche in Sg. und in Pl. gleich:**

  il cinema(tografo) (m.) – i cinema(tografi) (m.)　das Kino – die Kinos
  la moto(cicletta) (f.) – le moto(ciclette) (f.)　das Motorrad – die Motorräder
  la bici(cletta) (f.) – le bici(clette) (f.)　　das Fahrrad – die Fahrräder
  la foto(grafia) (f.) – le foto(grafie) (f.)　　das Bild – die Bilder
  l'auto(mobile) (f.) – le auto(mobili) (f.)　　das Auto – die Autos

- **Achtung bei:**

i soldi	das Geld
la gente	die Leute

30 Ordne die folgenden Nomen in die richtige Spalte ein.

gatto, scena, libro, tavolo, melanzana, ragazzo, mela, figlia, pera, problema, banana, frutto, piatto, bottiglia, forchetta, tema, casa, identità, telefono, computer, lampada, analisi, finestra, palazzo, foglio, foglia, gioco, giro, moto, calcio, porta, anima, vita, vino, film, foto, silenzio, cinema, bar

männlich	weiblich

31 Bilde den Plural der Wörter von Übung 30.

1. gatto ▶ ....
2. scena ▶ ....
3. libro ▶ ....
4. tavolo ▶ ....
5. melanzana ▶ ....
6. ragazzo ▶ ....
7. mela ▶ ....
8. figlia ▶ ....
9. pera ▶ ....
10. problema ▶ ....
11. banana ▶ ....
12. frutto ▶ ....
13. piatto ▶ ....
14. bottiglia ▶ ....
15. forchetta ▶ ....
16. tema ▶ ....
17. casa ▶ ....
18. identità ▶ ....
19. telefono ▶ ....
20. computer ▶ ....
21. lampada ▶ ....
22. analisi ▶ ....
23. finestra ▶ ....
24. palazzo ▶ ....
25. foglio ▶ ....
26. foglia ▶ ....
27. gioco ▶ ....
28. giro ▶ ....
29. moto ▶ ....
30. calcio ▶ ....
31. porta ▶ ....
32. anima ▶ ....
33. vita ▶ ....
34. vino ▶ ....
35. film ▶ ....
36. foto ▶ ....
37. silenzio ▶ ....
38. cinema ▶ ....
39. bar ▶ ....

32 Bilde den Plural folgender Wörter:

männlich		weiblich	
Singular	Plural	Singular	Plural
1. cane		10. televisione	
2. pane		11. notte	
3. giornale		12. nave	
4. sole		13. fine	
5. sale		14. cenere	
6. amore		15. immagine	
7. salame		16. origine	
8. fiore		17. fede	
9. mare		18. neve	

33 Bilde den Singular folgender Wörter, die im Sg. auf *-o* bzw. auf *-a* enden:

1. .... figli
2. .... compagni
3. .... sorelle
4. .... case
5. .... parole
6. .... lune
7. .... libri
8. .... fogli
9. .... foglie
10. .... anime
11. .... vini
12. .... zucchini
13. .... tramezzini
14. .... melanzane
15. .... panini
16. .... pizze
17. .... bruschette
18. .... antipasti
19. .... tortellini
20. .... gelati
21. .... ragazze

6. KAPITEL: Artikel

A Anfangsbuchstaben

Von den **Anfangsbuchstaben** des Substantivs hängt ab, welcher Artikel (*il* = bestimmter Artikel, *un* = unbestimmter Artikel) vor ihnen steht. Es gibt drei Gruppen von Wörtern:

- Sie beginnen mit einem Vokal (a – e – i – o – u).

- Sie beginnen mit einem Konsonanten.

- Bei den **männlichen** Wörtern gibt es noch eine Gruppe mit bestimmten Anfangsbuchstaben:
  sb, sc, sl, sm, sn, sp, sr, st, sv und *gn, ps, y, z*

Männlich			
Sg.	**Vor Konsonanten**	**Vor Vokal**	*Vor sb, sc, sl, sm, sn, sp, sr, st, sv, gn, ps, y, z*
der	*il*	*l'*	*lo*
	libro, gelato	*amico, elefante*	*straniero, gnocco, psicologo, yogurt*
ein	*un*	*un*	*uno*

Pl.	**Vor Konsonanten**	**Vor Vokal**	*Vor sb, sc, sm, sn, sp, sr, st, sv, gn, ps, y, z*
die	*i*	*gli*	*gli*
	libri, gelati	*amici, elefanti*	*stranieri, gnocchi, psicologi, yogurt*
	dei	*degli*	*degli*

Weiblich		
Sg.	**Vor Konsonanten**	**Vor Vokal**
die	*la*	*l'*
	pizza	*amica, onda*
eine	*una*	*un'*

 Die Artikelform ergibt sich immer aus dem unmittelbar darauffolgenden Wort:
l'amico, il grande amico, lo stesso amico

Pl.	**Vor Konsonanten**	**Vor Vokal**
die	*le*	*le*
	pizze	*amiche, onde*
	delle	*delle*

 Im Deutschen existiert der unbestimmte Pluralartikel *(dei, degli, delle)* nicht:
una casa – ein Haus, *delle case* – Häuser

- **Apostrophierte Formen** *(l', un')* **gibt es nur im Singular:** *l'amica, le amiche; l'attore, gli attori*

34 **Setze die bestimmten Artikel ein.**

1. .... scena
2. .... sole
3. .... silenzio
4. .... origine
5. .... libro
6. .... pera
7. .... fiore
8. .... banana
9. .... frutto
10. .... bottiglia
11. .... fede
12. .... forchetta
13. .... neve

14. .... telefono
15. .... amore
16. .... problema
17. .... computer
18. .... nave
19. .... lampada
20. .... finestra
21. .... palazzo
22. .... foglio
23. .... foglia
24. .... gioco
25. .... giro
26. .... calcio

27. .... porta
28. .... anima
29. .... vita
30. .... vino
31. .... film
32. .... foto
33. .... cane
34. .... piatto
35. .... pane
36. .... giornale
37. .... tavolo
38. .... sale
39. .... mela

40. .... salame
41. .... mare
42. .... televisione
43. .... figlia
44. .... notte
45. .... fine
46. .... casa
47. .... gatto
48. .... analisi
49. .... cenere
50. .... melanzana
51. .... immagine
52. .... ragazzo

35 **Setze jetzt alle Wörter aus Übung 34 in den Plural.**

Beispiel: *la scena* ► *le scene*

36 Setze die bestimmten Artikel ein. Dann setze alle Wörter in den Plural.

1. .... stadio ▶ ....
2. .... zanzara ▶ ....
3. .... strada ▶ ....
4. .... zaino ▶ ....
5. .... stucco ▶ ....
6. .... psicologa ▶ ....
7. .... sport ▶ ....
8. .... strazio ▶ ....

9. .... spirito ▶ ....
10. .... studio ▶ ....
11. .... strage (f.) ▶ ....
12. .... yogurt ▶ ....
13. .... zucchero ▶ ....
14. .... psicologo ▶ ....
15. .... zingara ▶ ....
16. .... straniero ▶ ....

37 Setze die unbestimmten Artikel im Singular bzw. im Plural (*dei, degli, delle*) ein.

1. .... figlio
2. .... zucchero
3. .... casa
4. .... mare
5. .... luna
6. .... stucchi
7. .... foglia
8. .... sport
9. .... amori
10. .... mela
11. .... immagini
12. .... sale
13. .... anima
14. .... notti
15. .... vino
16. .... salami
17. .... zucchino
18. .... stranieri

19. .... tramezzino
20. .... ceneri
21. .... panino
22. .... pizza
23. .... bruschetta
24. .... antipasto
25. .... tortellino
26. .... ragazza
27. .... cani
28. .... foglio
29. .... pani
30. .... spirito
31. .... giornali
32. .... sole
33. .... zingara
34. .... televisioni
35. .... sorella
36. .... studi

37. .... libro
38. .... navi
39. .... nevi
40. .... stadi
41. .... zanzara
42. .... strade
43. .... zaino
44. .... psicologa
45. .... strazio
46. .... strage
47. .... fiori
48. .... yogurt
49. .... psicologo
50. .... parola
51. .... fedi
52. .... melanzana
53. .... gelato
54. .... origini

Übe folgende Zungenbrecher:

1. Sul tagliere l'aglio taglia
   non tagliare la tovaglia
   la tovaglia non è aglio
   se la tagli fai uno sbaglio!

2. Trentatré trentini entrarono tutti e trentatré trotterellando in Trento ...

3. Tre tigri contro tre tigri – tre tigri contro tre tigri – tre tigri contro tre tigri

4. C'è un pezzo di pizza che puzza nel pozzo da un pezzo!

B Teilungsartikel

Der Teilungsartikel – eine Zusammensetzung der Präposition *di* mit dem bestimmten Artikel (siehe Seite 27) – drückt die Bedeutung von „etwas", „ein bisschen von" im Singular und „einige", „mehrere", „verschiedene" im Plural aus. Die Formen richten sich genauso wie alle Artikel nach dem Geschlecht und dem ersten Buchstaben des **unmittelbar** nach ihnen stehenden Nomens. Im Deutschen gibt es keinen Teilungsartikel.

Singular			
il	*del*	*del pane*	etwas Brot
lo	*dello*	*dello zucchero*	etwas Zucker
l' (m.)	*dell'*	*dell'olio*	etwas Öl
la	*della*	*della salsa*	etwas Sauce
l' (f.)	*dell'*	*dell'acqua*	etwas Wasser

Plural			
i	*dei*	*capperi*	(einige) Kapern
gli	*degli*	*aperitivi*	(einige) Aperitive

le	*delle*	*olive*	(einige) Oliven

Der Teilungsartikel im Plural ist gleichzeitig der Plural des unbestimmten Artikels (siehe Seite 16).

38 Bilde den passenden Teilungsartikel.

1. il vino ▶ ....
2. la pasta ▶ ....
3. la ricotta ▶ ....
4. la mozzarella ▶ ....
5. lo speck ▶ ....
6. il riso ▶ ....
7. il formaggio ▶ ....
8. l'olio ▶ ....

9. l'aceto ▶ ....
10. l'insalata ▶ ....
11. la frutta ▶ ....
12. la grappa ▶ ....
13. l'aranciata ▶ ....
14. il succo ▶ ....
15. lo spumante ▶ ....
16. il prosecco ▶ ....

17. la torta ▶ ....
18. lo zucchero ▶ ....
19. le fragole ▶ ....
20. le tagliatelle ▶ ....
21. i pomodori ▶ ....
22. le banane ▶ ....
23. i funghi ▶ ....
24. i carciofini ▶ ....

39 Setze den Teilungsartikel ein.

1. .... carne macinata
2. .... pane da toast
3. .... cotolette
4. .... patate
5. .... salame
6. .... pane nero

7. .... pesce
8. .... cornetti
9. .... prosciutto
10. .... yogurt
11. .... braciole
12. .... ciabatte

13. .... caffè
14. .... panini
15. .... detersivo
16. .... fazzoletti
17. .... bistecche
18. .... mortadella

40 Setze den Teilungsartikel ein und ergänze die Einkaufsliste. *Oggi devo comprare* ...

al mercato:	al supermercato:	in panificio:	in macelleria:
1. .... frutta	.... yogurt	.... pane nero	.... carne macinata
2. .... patate	.... caffè	.... panini	.... bistecche
3. .... zucchini	.... birre	.... biscotti	.... prosciutto
4. .... funghi	.... prosecco	.... pane da toast	.... salame
5. .... pomodori	.... detersivo	.... ciabatte	.... cotolette
6. .... pesce	.... fazzoletti	.... cornetti	.... braciole

7. KAPITEL: Adjektive

A Übereinstimmung

- Die Adjektivform muss immer die gleiche Zahl und das gleiche Geschlecht ausdrücken wie das Substantiv, mit dem es zusammenhängt. Das nennt man **Übereinstimmung** (*concordanza*).
  Im Zweifelsfall (zB bei der Übereinstimmung mit Substantiven auf *-e/-i*, m. oder f., siehe Seite 14) **richtet man sich** immer **nach dem Artikel**, wenn vorhanden, um die **Zahl** und das **Geschlecht** festzustellen.

- Die **Pluralbildung** der Adjektive ist wie bei den Substantiven (siehe Seite 14). Es gibt:
  - Adjektive mit zwei Endungen im Sg.: *piccolo/a* – klein (*piccolo* = m., *piccola* = f.)
  - Adjektive mit einer Endung im Sg.: *grande* – groß (*grande* = m., *grande* = f.)

- Wie bei den Substantiven werden die Endungen verändert, wenn das Adjektiv in den Plural gesetzt wird.

	Singular	Plural
-o wird zu **-i**	*piccolo*	*piccoli*
-a wird zu **-e**	*piccola*	*piccole*
-e wird zu **-i**	*grande*	*grandi*

- Normalerweise gilt also – wie auch bei den Substantiven – das Schema:

	Singular	Plural
m.	*-o*	*-i*
f.	*-a*	*-e*
m./f.	*-e*	*-i*

- Übereinstimmung bedeutet nicht, dass alles die gleiche Endung hat, sondern dass alles die **gleiche Zahl** und das **gleiche Geschlecht** ausdrückt. Man geht immer von der Singularform aus.
  Wenn männliche und weibliche Sachen/Personen zusammenkommen, ist die Endung immer männlich Plural: *Piero è carino; Franca è carina,* aber *Piero e Franca sono carini*!

- Die Pluralbildung kann Fragen aufwerfen bezüglich Schreibung und Aussprache der Wörter, die ein **-c** oder ein **-g** enthalten.

  Es gibt zwei Möglichkeiten:

  1. Die Aussprache passt sich der Schreibung an:
     /ko/ ▶ /tschi/ *simpatico – simpatici*
     /go/ ▶ /dschi/ *analogo – analogi*

  2. Der K-Laut oder G-Laut bleibt, deswegen wird ein **h** eingeschoben:
     /ko/ ▶ /ki/ *bianco – bianchi*
     /go/ ▶ /gi/ *lungo – lunghi*

     Bei den weiblichen Formen bleibt immer der K-Laut bzw. G-Laut, ein **h** wird immer eingeschoben: *simpatica – simpatiche, lunga – lunghe*

41 Vervollständige die Formen.

1. ragazzo italiano Plural: ▶ *ragazzi italiani*
2. ragazza italian... Plural: ▶ ....
3. amico simpatic... Plural: ▶ ....
4. amica simpatic... Plural: ▶ ....
5. persona carin... Plural: ▶ ....

6. casa piccol... Plural: ▶ ....
7. casa grand... Plural: ▶ ....
8. gatto piccol... Plural: ▶ ....
9. gatto grand... Plural: ▶ ....
10. bambino buon... Plural: ▶ ....

42 Setze die Adjektivendungen in der Mehrzahl ein.

1. la persona generosa ▶ le persone generos........
2. la donna silenziosa ▶ le donne silenzios........
3. lo studente straniero ▶ gli studenti stranier........
4. la studentessa carina ▶ le studentesse carin........
5. l'amico gentile ▶ gli amici gentil........

6. la ragazza gentile ▶ le ragazze gentil........
7. il vestito elegante ▶ i vestiti elegant........
8. la torta viennese ▶ le torte viennes........
9. la pasta italiana ▶ le paste italian........
10. il sigaro cubano ▶ i sigari cuban........

43 **Setze die passenden Adjektivendungen ein.**

freddo/a – caldo/a – interessante – famoso/a – popolare – costoso/a – rilassante – bello/a – italiano/a – austriaco/a – noioso/a – divertente

1. La pizza è fredd.......... 2. Il caffé è cald.......... 3. Il libro è interessant.......... 4. Tom Cruise è un attore famos..........
5. Il calcio è uno sport popolar.......... 6. Il golf è uno sport costos.......... 7. La musica è rilassant.......... 8. La vita è
bell.......... 9. Roberto Benigni è italian.......... 10. Wolfgang Amadeus Mozart è un compositore austriac.......... 11. La
scuola non è noios.......... 12. La vacanza al mare è divertent..........

44 **Kombiniere die Substantive in der linken Spalte mit den passenden Adjektiven in der rechten.**

1. gatto 2. libro 3. professore 4. cinema 5. mela 6. salame 7. luna 8. mare 9. pesce 10. detersivo 11. gelato 12. studentessa	piccante – delicato – moderno – fresco – piena – piccolo – pulito – cremoso – straniera – interessante – matura – severo

45 **Wie lauten die fehlenden Nationalitätsadjektive? Ergänze die Tabelle.**

Männlich Sg./Sprache	Weiblich Sg.	Männlich Pl.	Weiblich Pl.
1. italiano			
2.	austriaca		
3. francese			
4.	inglese		
5.		irlandesi	
6.			norvegesi
7.	spagnola		
8.		tedeschi	
9.			islandesi
10. portoghese			
11.	giapponese		
12.			russe
13.		americani	
14. canadese			
15.	brasiliana		

46 **Verbinde die Substantive Pl. in der linken Spalte mit den passenden Adjektiven Pl. in der rechten.**

Adjektive Sg.:
sottile (dünn), *sporco/a* (schmutzig), *costoso/a* (teuer), *leggero/a* (leicht), *sensibile* (empfindlich), *piccolo/a*, *sicuro/a*, *grazioso/a* (hübsch)

Arriva un bimbo/una bimba!

1. bambini 2. pannolini 3. giocattoli 4. vestitini 5. carrozzine 6. coperte 7. capelli 8. pelli	sottili – sporchi – costose – leggere – sensibili – piccoli – sicuri – graziosi

B Stellung des Adjektivs

Du wirst vor- und nachgestellten Adjektiven begegnen.

la	bella	ragazza

das schöne Mädchen

la	ragazza	simpatica

das sympathische Mädchen

- **Unbedingt nachgestellt** werden Adjektive der
  Nationalität: *il cinema italiano* (das italienische Kino)
  Farbe: *il vino rosso* (der rote Wein)
  Politik: *il partito socialista* (die sozialistische Partei)
  Religion: *la chiesa cattolica* (die katholische Kirche)
  Mehrsilbige Adjektive: *il libro interessante* (das interessante Buch)
  molto, veramente etc. **+ Adj.:** *una pizza molto/veramente buona* (eine sehr/wirklich gute Pizza)
  mehrere Adjektive: *una pizza buona, calda e speciale* (eine gute, heiße und besondere Pizza)

- **Meistens vorgestellt** werden kurze, häufig gebrauchte Adjektive wie *buono, cattivo, bello, brutto, grande, piccolo, nuovo, vecchio, giovane.* Vorgestellt beschreiben sie das Substantiv, nachgestellt unterscheiden sie es von anderen oder heben es hervor.

47 Kreuze nur die richtigen Kombinationen an.

1. la musica italiana	
2. il cinema americano	
3. il bianco vino	
4. la minerale acqua	
5. la buddista religione	
6. il sensazionale evento	
7. i rossi pantaloni	
8. il movimento comunista	
9. la davvero simpatica cugina	
10. gli attori famosi	
11. il cattivo consiglio	
12. il piccolo fiore	
13. la nuova situazione	
14. il grande amico	
15. le buone abitudini	

- **Besondere Adjektive**

  - Bei *caro/a* und *vecchio/a* ändert sich die Bedeutung mit der Stellung:

una	**cara**	amica	eine **liebe** Freundin
una	città	**cara**	eine **teure** Stadt

un	**vecchio**	amico	ein **langjähriger** Freund
un	amico	**vecchio**	ein **betagter** Freund

  - *Bello* (nur m.) hat, wenn es vor dem Substantiv steht, abweichende Formen, die analog zum bestimmten Artikel sind: *il bel ragazzo, i bei ragazzi.* (Nachgestellt: *il ragazzo bello*)

il	l'	lo	i	gli
bel	bell'	bello	bei	begli

  - *Buono* (nur m.) verliert vor dem Substantiv das **-o**: *Buon giorno! Buon appetito*! (Nachgestellt: *il vino buono*)

  - *Grande* (m. und f.) kann zu *gran* verkürzt werden: *la gran dama, un gran problema.*

48 **Bilde richtige Adjektiv-Substantiv-Kombinationen mit den angegebenen Wörtern. Wo du zwei Möglichkeiten hast, gib beide an.**

1. sincero	amico	sincero
2. vecchio	compagno	vecchio
3. buon	vino	buono
4. begli	occhi	belli
5. interessante	film	interessante
6. gran	silenzio	grande
7. fresco	latte	fresco
8. bizzarro	clima	bizzarro
9. felici e contente	bambine	felici e contente
10. facile	esercizio	facile

49 **Setze *bello/buono/grande* vor das Substantiv, passe die Form an und achte auf den Artikel.**

1. un amico buono ▶ ....
2. l'avventura grande ▶ ....
3. i signori belli ▶ ....
4. la difficoltà grande ▶ ....
5. la sensazione bella ▶ ....
6. le maniere buone ▶ ....

7. il ragazzo bello ▶ ....
8. la compagnia buona ▶ ....
9. le amicizie grandi ▶ ....
10. uno sport bello ▶ ....
11. gli occhi belli ▶ ....
12. un coraggio grande ▶ ....

50 **Setze die passenden Adjektivendungen ein.**

1. Il gatto di Maria è davvero piccol..........
2. La studentessa di psicologia è carin..........
3. In Sardegna il mare è proprio pulit..........
4. Il detersivo è delicat.......... sulla pelle.
5. Oh no! Il pannolino è di nuovo sporc..........
6. Gianni è un be.......... ragazzo.

7. Il professore di matematica è molto sever..........
8. Il salame in Calabria è veramente piccant..........
9. Il gelato di Pordolotti è davvero cremos..........
10. Il biberon è troppo cald......... per il bambino piccol..........
11. La musica italian......... è davvero bell..........
12. La bottiglia sul tavolo è di vino ross..........

51 **Setze jetzt alle Sätze aus Übung 50 in die Mehrzahl. Beachte: *è* ▶ *sono*!**

1. **I** gatti di Maria **sono** davvero piccol**i**.

2. ....

3. ....

4. ....

5. ....

6. Gianni **e Toni sono** due be**i** ragazz**i**.

7. ....

8. ....

9. ....

10. ....

11. ....

12. ....

C Besitzanzeigendes Adjektiv

■ Das besitzanzeigende Adjektiv (*aggettivo possessivo*) endet auf *-o/-a*. Es verlangt auch einen Artikel.
Nur **vier** der sieben **Artikelformen** (*il – la – i – le*) kommen zum Zug, da alle *aggettivi possessivi* mit einfachem Konsonanten beginnen. Daher ändern manche Wörter den Artikel, wenn ein *aggettivo possessivo* beigestellt wird. (*lo spagnolo – il mio spagnolo;* siehe auch Seite 16)

	m./Sg.	m./Pl.	f./Sg.	f./Pl.
mein	*il mio libro*	*i miei libri*	*la mia casa*	*le mie case*
dein	*il tuo libro*	*i tuoi libri*	*la tua casa*	*le tue case*
sein/ihr	*il suo libro*	*i suoi libri*	*la sua casa*	*le sue case*
unser	*il nostro libro*	*i nostri libri*	*la nostra casa*	*le nostre case*
euer	*il vostro libro*	*i vostri libri*	*la vostra casa*	*le vostre case*
ihr	*il loro libro*	*i loro libri*	*la loro casa*	*le loro case*

■ *Suo/a* kann **ihr** oder **sein** bedeuten.

Luisa guida la sua macchina. Luisa fährt ihr Auto.
Paolo saluta i suoi bambini. Paolo grüßt seine Kinder.

■ *Loro* ist unveränderlich, es hat nur die Endung **-o**, die männlich und weiblich ist.

Guardano la loro casa, il loro giardino, i loro figli e le loro figlie.
Sie schauen ihr Haus, ihren Garten, ihre Söhne und ihre Töchter an.

■ Nur bei **Verwandtschaftsbezeichnungen** im **Singular** (*madre, padre, sorella, fratello, figlio, figlia, nonno, nonna, zio, zia, cognato, cognata, suocero, suocera ...*) **entfällt der Artikel** beim *aggettivo possessivo*.
Bei *loro* steht aber immer, sowohl im Sg. als auch im Pl., der Artikel.

meine Tochter: *mia figlia*   ihre (Pl.)Tochter: *la loro figlia*
meine Töchter: *le mie figlie*   ihre (Pl.)Töchter: *le loro figlie*

■ Es heißt aber: *la mia famiglia, la mia ragazza, la mia fidanzata*! Der „Artikelschwund" wird aufgehoben, sobald die Wörter abgewandelt oder durch ein Eigenschaftswort näher bestimmt werden:

la mia ex-moglie, il mio fratellino, la mia mamma (= mia madre), la mia nonnina, la mia cara sorella!

52 Setze die passenden Formen von *mio/a* ein.

1. Il .... gatto è piccolo e rosso. 2. A scuola il .... professore di inglese è davvero antipatico. 3. Questi sono i .... libri di italiano. 4. Dove sono le .... nuove scarpe? 5. .... fratello vive a Londra. 6. .... figlia si chiama Giulia.

53 Setze die passenden Formen von *tuo/a* ein.

1. Il .... tiramisù è davvero buono! 2. I .... amici sono proprio simpatici. 3. Le .... colleghe sono terribili!
4. La .... vita è interessante e avventurosa. 5. .... cugino è un bel ragazzo. 6. I .... genitori sono in vacanza.

54 Setze die passenden Formen von *suo/a* ein.

1. Le .... musiche preferite sono tutte italiane. 2. La .... scuola è vicina alla .... casa. 3. I .... compagni sono davvero antipatici. 4. Il .... ragazzo è alto e magro. 5. .... sorella è amica della .... professoressa.

55 Setze die passenden Formen von *nostro/a* ein.

1. I .... amici sono molto interessanti. 2. Le .... pizze sono davvero buone! 3. La .... classe è al primo piano. 4. Il .... professore di matematica è molto severo. 5. .... padre non mangia il pesce.
6. .... madre non è austriaca. 7. I .... cugini sono tutti in Italia.

56 Setze die passenden Formen von *vostro/a* ein.

1. La .... torta Sacher è fantastica! 2. Il .... amico Guido è molto gentile. 3. .... fratello è davvero alto. 4. .... sorella è un po' grassa. 5. Le .... maniere non mi piacciono. 6. I .... vestiti sono sempre eleganti.

57 **Setze die passenden Formen von *loro* ein.**

1. .... cane è grande e nero. 2. .... casa è nel bosco. 3. Amo passeggiare con .... amiche.

4. .... fratelli sono tutti in America. 5. .... sorella non parla francese. 6. .... madre cucina bene.

58 **Verbinde die Elemente der linken mit dazupassenden Elementen der rechten Spalte.**

1. il mio	marito
2. la nostra	sorella
3. le loro	nonni
4. suo	famiglie
5. tua	cavallo
6. i vostri	casa

7. il loro	genitori
8. la vostra	zio
9. le tue	computer
10. suo	macchina fotografica
11. mia	cugine
12. i nostri	madre

59 **Übersetze.**

1. unser Vater ▶ ....
2. mein Haus ▶ ....
3. unsere Brüder ▶ ....
4. ihre Katze (von Elena) ▶ ....
5. seine Tante (von Toni) ▶ ....
6. ihre Tante (von Toni und Elena) ▶ ....
7. euer Vater ▶ ....
8. deine Wohnung ▶ ....

9. deine Mutter ▶ ....
10. mein Bruder ▶ ....
11. seine Katze (von Toni) ▶ ....
12. ihre Katze (von Toni und Elena) ▶ ....
13. ihre Tante (von Elena) ▶ ....
14. eure Bücher ▶ ....
15. unsere Freundinnen ▶ ....

60 ***Suo/a* oder *loro*? Ersetze die Wortgruppe mit *di* durch das passende *aggettivo possessivo*.**

Beispiel: *la casa di Antonio* ▶ *la sua casa;* aber: *la casa di Antonella e Ugo* ▶ *la loro casa*

1. La vita di Brian ▶ ....
2. La nonna di Giovanna ▶ ....
3. Il libro del professor Marchetti ▶ ....
4. La famiglia di Teresa ▶ ....
5. Le famiglie di Teresa e Giacomo ▶ ....
6. Il ragazzo di Margherita ▶ ....

7. La vita di Max e Moritz ▶ ....
8. La nonna di Serena, Anna e Maria ▶ ......
9. Il libro di Giulio e Francesca ▶ ....
10. La famiglia di Giacomo ▶ ....
11. La ragazza di Bube ▶ ....
12. I ragazzi di Elena e Sara ▶ ....

Das besitzanzeigende Adjektiv (**aggettivo possessivo**) in der **Höflichkeitsform** wird großgeschrieben: *Suo/a* (siehe auch Seite 12).

Ihr/Ihre	il **Suo** libro	i **Suoi** libri	la **Sua** casa	le **Sue** case

61 **Wandle die Sätze von der Du-Form in die Sie-Form um und umgekehrt.**

1. Qual è la tua casa? ▶ ....
2. Qual è il Suo numero di telefono? ▶ ....
3. Questa è la Sua macchina? ▶ ....
4. Quella signora è tua madre? ▶ ....
5. Qual è il tuo colore preferito? ▶ ....
6. Qual è il Suo film preferito? ▶ ....
7. Questo è il Suo ultimo libro? ▶ ....
8. Quali sono i tuoi amici? ▶ ....
9. Qual è tuo cugino? ▶ ....
10. Dove vivono i Suoi figli? ▶ ....
11. Quando arrivano i tuoi genitori? ▶ ....

8. KAPITEL: Steigerung

A Comparativo

- Der Komparativ dient zum Steigern und Vergleichen, zB schön (*bello*) ▸ schöner/weniger schön:

mehr	*più*
schöner	*più bello*

weniger	*meno*
weniger schön	*meno bello*

- Bei folgenden sehr häufigen Adjektiven gibt es zwei Formen:

buono	*più buono/migliore*
cattivo	*più cattivo/peggiore*
piccolo	*più piccolo/minore*
grande	*più grande/maggiore*

- Es gibt zwei Wörter für **als**: *di* und *che*

di	vor Namen, Substantiven und Pronomen
	più bello di Paolo, di una donna, di me (te, lei/lui, noi, voi, loro)
	schöner als Paolo, als eine Frau, als ich

che	vor Adjektiven, Präpositionen, Adverbien, Verben	
Adjektiv	*È più bello che intelligente.*	Er ist schöner, als er intelligent ist.
Präposition	*È più bello di sera che di mattina.*	Es ist abends schöner als morgens.
Adverb	*Meglio tardi che mai.*	Besser spät als nie.
Verb	*È più bello dare che prendere.*	Es ist schöner, zu geben als zu nehmen.

62 Bilde den Komparativ.

1. *giovane* ▸ jünger: ....

2. *simpatica* ▸ weniger sympathisch: ....

3. *bello* ▸ weniger schön: ....

4. *allegra* ▸ fröhlicher: ....

5. *felici* ▸ glücklichere: ....

6. *difficili* ▸ schwierigere: ....

7. *piccolo* ▸ kleiner: ....

8. *vecchio* ▸ älter: ....

9. *carina* ▸ hübscher: ....

10. *stanco* ▸ müder: ....

11. *triste* ▸ trauriger: ....

12. *facili* ▸ einfachere: ....

13. *caldo* ▸ weniger warm: ....

14. *buono* ▸ besser: ....

63 Setze *che* oder *di* ein.

1. Giovanni è più carino .... intelligente.

2. Luca studia più .... Franco.

3. Meglio tardi .... mai.

4. Isabella è più dolce .... Sibilla.

5. Antonella è più gentile .... Francesca.

6. Io sono più ottimista .... te.

7. Ti piace più pattinare .... correre?

8. Tosca è più sfortunata .... Lucia.

64 Ergänze die Sätze mit den passenden Komparativen.

meno nuovo – più belli – più carina – meno pazza – più moderne – più piccola – più ironica – meno potente

1. Questa pizza è .... di quella.

2. Il mio libro è .... del tuo.

3. La tua ragazza è molto .... della sua!

4. Questa storia è .... che drammatica.

5. La tua teoria è .... della mia.

6. Le nostre case sono .... che eleganti.

7. Aldo, i tuoi occhi sono .... che sinceri!

8. La mia moto è .... di quella di Marco.

B Superlativo

Es gibt zwei Arten von Superlativo:

- **Assoluto:** kein Vergleich mit anderen, einfach sehr, sehr schön (absolut schön) ▶ **bellissimo**
  Die Nachsilbe -*issimo/a* bedeutet: maximale Stufe, *zB bello + issimo/a* ▶ *bellissimo/a:* wunderschön
  grande + issimo/a ▶ *grandissimo/a:* riesig

- **Relativo:** auch wenn es nicht ausdrücklich geschieht, macht man einen Vergleich, stellt etwas in Relation zu etwas anderem und will damit sagen, dass es das Allerschönste ist! ▶ *il più bello* (*del mondo, della classe, dei ragazzi ...*)

das Schönste	la cosa più bella

Der schönste Mann der Welt:

best. Artikel	Substantiv	più	Adjektiv	(di ...)
l'	uomo	più	bello	del mondo

65 Bilde den *superlativo assoluto* und den *superlativo relativo* wie folgt:

Beispiel: *bello* ▶ *bellissimo* ▶ *il più bello*

1. simpatico ▶.. ▶ ....
2. contento ▶.. ▶ ....
3. felice ▶.. ▶ ....
4. sensibile ▶.. ▶ ....
5. triste ▶.. ▶ ....
6. intelligente ▶.. ▶ ....
7. carina ▶.. ▶ ....
8. sexy ▶ *molto sexy* ▶ ....
9. furbo ▶.. ▶ ....
10. brutta ▶.. ▶ ....

66 Setze den *superlativo assoluto* ein.

1. Questa è una giornata (*bello/a*) .... 2. Al cinema Apollo c'è un film (*divertente*) .... 3. Il tuo libro è davvero (*emozionante*) .... 4. I suoi occhi sono (*dolce*) .... 5. Astrid è una ragazza (*simpatico/a*) ....

67 Wandle die vorherigen *superlativi assoluti* in *superlativi relativi* um. (Questa è la giornata più bella.)

68 Wähle die passenden Formen des *superlativo assoluto* oder *relativo* aus. Manchmal passen beide.

1. La mia casa è nuovissima / la più nuova del quartiere.

2. Il tuo ragazzo è bellissimo / il più bello della classe.

3. I nostri amici sono davvero gentilissimi / i più gentili.

4. La ragazza spagnola è molto sexy / la più sexy della festa.

5. Il bambino turco è carinissimo / il più carino della scuola.

6. Il quartiere in cui vivo è modernissimo / il più moderno.

7. Le scarpe italiane sono comodissime / le più comode del mondo.

8. Le torte viennesi sono dolcissime / le più dolci.

9. Il mare della Sardegna è pulitissimo / il più pulito del Mediterraneo.

9. KAPITEL: Präpositionen

A *Preposizioni semplici e articolate*

- **Preposizioni semplici** (einfache bzw. „freistehende" Präpositionen) kommen dort vor, wo kein bestimmter Artikel steht. Also vor Substantiven ohne Artikel, vor unbestimmten Artikeln oder *questo, quello* (zB *in casa, in una casa, in questa casa*).

- **Preposizioni articolate** sind **mit dem bestimmten Artikel verschmolzen**. *In* und *il* verschmelzen zB zu *nel*. Das gibt es – allerdings viel seltener – im Deutschen auch, beispielsweise im (= in dem), am (= an dem). Diese Verschmelzung kommt nur bei *a, da, di, in, su*, selten mit *con* vor (zB *nella mia casa*).

 Attenzione! Wenn der Artikel mit *L* anfängt, findet man in der *preposizione articolata* ein doppeltes *LL*. Wenn es nur ein *L* gibt, dann ist ein ursprüngliches *il* sicherlich verschmolzen worden.

- **Verschmelzung** von *a – da – di – in – su* mit den verschiedenen Artikelformen:

	+ il	+ lo	+ l'	+ la	+ i	+ gli	+ le
a +	al	allo	all'	alla	ai	agli	alle
da +	dal	dallo	dall'	dalla	dai	dagli	dalle
di +	del	dello	dell'	della	dei	degli	delle
in +	nel	nello	nell'	nella	nei	negli	nelle
su +	sul	sullo	sull'	sulla	sui	sugli	sulle

69 Löse folgende *preposizioni articolate* auf (zB *dalla: da + la*):

1. dalle: ....
2. alle: ....
3. sulla: ....
4. nello: ....
5. dello: ....

6. del: ....
7. sul: ....
8. nella: ....
9. dai: ....
10. sui: ....

11. agli: ....
12. negli: ....
13. sull': ....
14. all': ....
15. nei: ....

70 Setze folgende *preposizioni articolate* zusammen:

1. da + il: ....
2. a + i: ....
3. su + le: ....
4. in + il: ....
5. di + i: ....

6. da + l': ....
7. a + la: ....
8. su + gli: ....
9. in + le: ....
10. di + gli: ....

11. da + la: ....
12. a + l': ....
13. in + l': ....
14. su + lo: ....
15. in + i: ....

71 Kreuze die passenden Kombinationen an.

di + il
- dell' ❑
- del ❑
- dal ❑

in + la
- nell' ❑
- nella ❑
- nel ❑

a + gli
- agli ❑
- ai ❑
- allo ❑

da + gli
- dallo ❑
- dagli ❑
- degli ❑

da + lo
- dallo ❑
- dello ❑
- dal ❑

su + l'
- sullo ❑
- sulla ❑
- sull' ❑

di + i
- dai ❑
- degli ❑
- dei ❑

in + le
- nell' ❑
- nella ❑
- nelle ❑

72 Kreuze die Kombinationen an, die möglich und richtig wären.

1. in il mio appartamento ❑
2. nel mio appartamento ❑
3. di questo appartamento ❑
4. in un appartamento ❑
5. in questa pizzeria ❑
6. alla questa pizzeria ❑

7. su il tavolo ❑
8. sul tavolo ❑
9. a mia madre ❑
10. a la mia madre ❑
11. di i miei amici ❑
12. dei miei amici ❑

B Ortsangaben

Im Italienischen steht eine Präposition sowohl für die Bewegung zu einem Ort als auch für den Aufenthalt an einem Ort, manchmal mit, manchmal ohne Artikel. Es gibt keinen Fall-Unterschied, denn es gibt ja **keine Fälle im Italienischen.**

*Vado **a** casa.*	Ich gehe **nach** Hause.
*Sono **a** casa.*	Ich bin **zu** Hause.

- **a**

a casa	nach/zu Hause	*al supermercato*	in den/im Supermarkt
a scuola	in die/in der Schule	*alla fermata*	zur/bei der Haltestelle
a letto	ins/im Bett	*alla stazione*	zum/am Bahnhof
a una festa	zu/auf einem Fest	*all'opera*	in die/in der Oper
al cinema	ins/im Kino	*all'aeroporto*	zum/am Flughafen
al bar	ins/im Kaffeehaus	*a destra*	(nach) rechts
al ristorante	ins/im Restaurant	*a sinistra*	(nach) links

- ***andare* + *a* + Infinitiv**

andare a dormire	*andare a lavorare*	*andare a fare la spesa*	*andare a trovare qualcuno*
schlafen gehen	arbeiten gehen	einkaufen gehen	jemanden besuchen gehen

- ***in***

in discoteca	in die/in der Disko
in città	in die/in der Stadt
in palestra	in den/im Turnsaal (bzw. Fitnesscenter)
in cucina etc.	in die/in der Küche
in banca	in die/in der Bank
in un negozio	in ein/in einem Geschäft

- ***da* + Person**

da un amico	zu/bei einem Freund
dal dottore	zum/beim Arzt
dalla parrucchiera	zur/bei der Frisörin

- ***a* + Stadt**

a Roma	nach/in Rom

- ***in* + Land**

in Italia	nach/in Italien

- ***in* + Verkehrsmittel**   aber: *a piedi* (zu Fuß) / *a cavallo* (zu Pferd)*!*

in macchina	mit dem Auto
in bici(cletta)	mit dem (Fahr)Rad
in aereo	mit dem Flugzeug
in treno	mit dem Zug

- ***in* + Sprache**

in italiano	auf Italienisch
in tedesco	auf Deutsch
in inglese	auf Englisch
in francese	auf Französisch
in spagnolo	auf Spanisch

- **Herkunft, Abfahrtsort, Strecke**

il treno da Milano	der Zug von Mailand
il treno per Milano	der Zug nach Mailand
il viaggio da Milano a Roma	die Reise von Mailand nach Rom

73 Setze die passende Präposition ein.

1. Domenica non vado mai .... scuola. 2. Sabato sera andiamo .... cinema a vedere il nuovo film di Indiana Jones? 3. Non mi piace vivere .... città, preferisco la campagna. 4. Ogni mattina prima di andare .... scuola, vado .... correre trenta minuti. 5. Ieri Susanna è andata .... dottore: le ha detto che deve stare .... casa tre giorni. 6. Ho incontrato quel ragazzo .... discoteca. 7. Non amo correre, preferisco andare .... palestra. 8. Ieri Francesco è rimasto .... letto fino alle 11:00! 9. Questo pomeriggio mia madre va .... parrucchiera. 10. Come si dice "Liebe" .... italiano? 11. Luca va .... scuola sempre .... bici. 12. Federico abita .... Italia .... Venezia.

74 Ergänze den Dialog mit den richtigen Präpositionen.

Mamma: Martina, dove sei?

Martina: Sono qui, mamma, 1. .... cucina.

Mamma: Puoi venire un momento 2. .... giardino?

Martina: Sì, un momento, ma poi devo andare 3. .... centro, ho appuntamento 4. .... parrucchiera.

Mamma: Ah, e dopo puoi andare 5. .... stazione?

Martina: Perché?

Mamma: Alle 17:00 arriva il papà 6. .... stazione. Puoi andare 7. .... prenderlo tu?

Martina: Non so, devo prima andare 8. .... parrucchiera, poi 9. .... un negozio di articoli sportivi, poi vado 10. .... Nina e questa sera andiamo 11. .... una festa.

Mamma: Uff...e io vado prima 12. .... palestra, poi devo andare 13. .... fare la spesa 14. .... supermercato, poi devo andare 15. .... dottore e passare 16. .... banca e sono 17. .... bicicletta!

Martina: Ma scusa, il papà non può tornare 18. .... casa 19. .... autobus?

Mamma: Sì, certo, ma fa un lungo viaggio 20. .... treno, 21. .... Napoli 22. .... Milano. Va bene, allora gli dico di tornare 23. .... casa 24. .... taxi!

75 Verbinde.

1. Ieri ho visto Giovanni al   dentista?
2. Domenica mangiamo al   palestra.
3. Il lunedì faccio aerobica in   aereo.
4. Questo pomeriggio vai dal   Russia.
5. Questa mattina passi in   ristorante?
6. Giulia ama viaggiare in   bar.
7. Franco e Lucia vivono in   inglese.
8. Manfred e Daria parlano in   banca?

76 Korrigiere den Fehler. (1 Fehler pro Nr.)

1. a letto	in discoteca	a palestra
2. in scuola	in banca	in aereo
3. a francese	in inglese	in taxi
4. a casa	in giardino	a bus
5. in pizzeria	al ristorante	in bar
6. in discoteca	al cinema	in destra
7. alla fermata	a aeroporto	in italiano
8. a banca	in bus	all'aeroporto

77 Setze alle fehlenden Präpositionen richtig ein.

1. .... scuola	11. .... stazione	21. .... una festa
2. .... casa	12. .... aeroporto	22. .... un concerto
3. .... discoteca	13. .... letto	23. .... città
4. .... palestra	14. .... pizzeria	24. .... campagna
5. .... cinema	15. .... ristorante	25. .... un negozio
6. .... banca	16. .... giardino	26. .... Austria
7. .... dottore	17. .... cucina	27. .... Vienna
8. .... dentista	18. .... treno	28. .... portoghese
9. .... parrucchiera	19. .... bus	29. .... tedesco
10. .... fermata	20. .... taxi	30. .... Firenze

C Zeitangaben

- **in/nel:** Monate, Jahreszeiten, Jahre

in gennaio	im Jänner
in primavera	im Frühling
nel 2000	im Jahr 2000

- **a/alle:** Festtage, Uhrzeit

a Natale	zu Weihnachten
alle 3	um 3
a mezzogiorno, a mezzanotte	zu Mittag, um Mitternacht

- **da:** seit, von, ab

da 3 anni	seit 3 Jahren
dal 1995 al 1999	von 1995 bis 1999
dalle 2 alle 3	von 2 bis 3
da domani	ab morgen

- **di:** Tageszeit

di notte	nachts (in der Nacht)

- **tra/fra:** (erst) in

tra un'ora	in einer Stunde

- **per:** so und so lang

per 2 giorni	zwei Tage lang

> *I giorni della settimana: lunedì, martedì, mercoledì, giovedì, venerdì, sabato* (alle m.), *domenica* (f.!)
> - *il lunedì* = immer am Montag, montags   Aber: *lunedì* = am Montag
> - *il 4 luglio* = am 4. Juli
>
> *I mesi* (vgl. Seite 7): *gennaio, febbraio … (in)*
> *Le quattro stagioni: primavera, estate* (f.), *autunno, inverno (in)*

78 Übersetze.

1. Im Sommer ► ....
2. Im März ► ....
3. Um 16:30 Uhr ► ....
4. Von 14:00 bis 17:00 Uhr ► ....
5. Seit Montag ► ....
6. Montags ► ....
7. In zwei Stunden ► ....
8. Eine Woche lang ► ....

9. Im Jahr 1999 ► ....
10. Zu Silvester ► ....
11. Von 2001 bis 2004 ► ....
12. Ab Montag ► ....
13. Immer von Montag bis Mittwoch ► ....
14. Abends ► ....
15. In drei Wochen ► ....
16. Vier Jahre lang ► ....

79 Verbinde.

1. da ieri   von Montag bis Freitag
2. da domani   ab morgen
3. dal lunedì al venerdì   seit gestern
4. dalle 4 alle 5   von 1981 bis 1987
5. dal 1981 al 1987   von 4 bis 5

6. per una settimana   sonntags
7. da una settimana   seit einer Woche
8. tra una settimana   in einer Woche
9. di notte   eine Woche lang
10. la domenica   in der Nacht

80 Setze passende Präpositionen und/oder Artikel ein.

1. 1976
2. .... 15:30
3. .... dicembre
4. .... Natale

5. .... primavera
6. .... martedì .... giovedì
7. .... giorno
8. .... 14 luglio

D *Di* und *da*

di	
Besitz, Zugehörigkeit, Material, Menge	

da	
Ursprung, Urheber, Zweck	

la vita di Paolo	Paolos Leben (2. Fall, Besitz, Zugehörigkeit)
il vestito di lana	das Wollkleid (Material)
qualcosa di bello	etwas Schönes
niente di bello	nichts Schönes

fatto da Paolo	von Paolo gemacht (Urheber, Autor)
il vestito da sera	das Abendkleid (Zweck)
qualcosa da mangiare	etwas zu essen
niente da fare	nichts zu tun

Achte auf den Unterschied zwischen

essere di + Stadt: von (aus) einer Stadt kommen

venire da + Artikel + Land: von (aus) einem Land kommen (auch gerade jetzt gemeint, mit dem Zug!)

andare da + (Artikel) + Person: zu jemandem gehen

 Es heißt: *un bicchiere di prosecco*: ein Glas Sekt   aber   *un bicchiere da prosecco*: ein Sektglas

81 *Di* oder *da*? Setze die passende Präposition ein.

1. Questo è il libro .... Angelo.

2. Questo è il libro scritto .... Antonio.

3. Preferisci il maglione .... cotone?

4. Andrea ha sempre le scarpe .... tennis.

5. Rita porta spesso una giacca .... velluto.

6. Prendiamo la torta fatta .... Ursula.

7. Non c'è più niente .... bere.

8. Alla TV non c'è niente .... bello.

9. Questa sera vanno .... nonna.

10. Oggi andate .... dottore?

82 Verbinde, was zusammengehört.

1. Vorrei una tazza	da calcio.
2. Collezioni anche tu tazze	di caffè, grazie!
3. Non trovo le mie scarpe	di vino?
4. Compriamo dei bicchieri	da vino?
5. Ti va un bicchiere	da caffé?

- **Mengenangaben**

1 g = un grammo 100 g = cento grammi ▶ 1 hg = un etto(grammo) 500 g = cinquecento grammi ▶ ½ kg = mezzo chilo 1 kg = un chilo(grammo)	1 l = un litro ½ l = mezzo litro ¼ = un quarto di litro

 TIPP: Bei Mengenangaben steht *di*:
1 l latte = un litro di latte; 1kg pane = un chilo di pane; una bottiglia di vino; un milione di euro; un figlio di tre anni

83 Schreibe den folgenden Einkaufszettel in Worten auf und lies ihn laut:

1. 2 l succo d'arancia		7. 3 scatole pelati	
2. 1 kg farina		8. ½ l latte scremato	
3. 6 uova		9. 4 vasetti yogurt	
4. 1 bottiglia vino bianco		10. 2 kg zucchero	
5. 200 g prosciutto cotto		11. 5 panini	
6. 150 g prosciutto crudo		12. 1 scatoletta tonno	

84 **Ergänze den Dialog mit den richtigen Präpositionen.**

Alla festa di Giada, in un locale di Pisa.

Luca: Ciao! Mi chiamo Luca, sono il fratello .... Giada.

Sara: Io sono Sara, piacere!

Luca: Piacere! Sei .... Pisa?

Sara: No, sono .... Arezzo. Sei davvero il fratello .... Giada?

Luca: Sì! E tu chi sei?

Sara: Sono un'amica .... Giada. Che cosa fai .... bello?

Luca: Studio Fisica. E tu? Che cosa studi .... interessante?

Sara: Non studio, lavoro in un negozio .... vestiti.

Luca: Ah, capisco! Vuoi qualcosa .... bere?

Sara: Sì, perché no? Vorrei un bicchiere .... coca!

Luca: Ecco un cameriere ... Senta scusi?! Possiamo avere qualcosa .... bere?

Cameriere: Sì, certo! Qualcosa .... alcolico o .... analcolico?

Sara: Io vorrei un bicchiere .... coca: senza ghiaccio, per favore.

Luca: Per me invece un bicchiere .... prosecco, grazie.

Cameriere: Ecco a voi. Volete anche qualcosa .... mangiare? Ci sono tramezzini, panini, pizzette...

Sara: Sì, qualcosa .... buono! Un bel tramezzino al tonno! E tu, Luca?

Luca: Sì, qualcosa .... mangiare, ma non tonno, ho mangiato un chilo .... tonno negli ultimi giorni, hmmm, una pizzetta, grazie!

Cameriere: Va bene, allora un tramezzino al tonno, una pizzetta, un bicchiere .... coca senza ghiaccio e un bicchiere .... prosecco.

Luca: Sì, ottimo, grazie! Senti, ma che genere .... vestiti ci sono nel negozio dove lavori?

Sara: Be', un po' .... tutto ... ci sono vestiti .... sera, camicie .... seta, cose eleganti, ma anche vestiti più sportivi, magliette .... cotone, maglioni .... lana, c'è qualcosa .... bello per tutti!

Luca: Ah, bene! Allora vengo .... te in negozio una volta!

Sara: Volentieri! Troviamo qualcosa .... carino sicuramente!

Luca: Ma senti, c'è un bell'abito elegante .... cerimonia per me? Devo andare a un matrimonio ... al matrimonio .... Filippo, lo conosci?

Sara: Quale Filippo, quello .... Grosseto?

Luca: Sì, proprio lui ...

Sara: Ma dai! Si sposa?

Luca: Sì, anche la sua ragazza è .... Grosseto ed è un'amica .... mia cugina Paola.

Sara: Conosco tua cugina! L'ho vista una volta al mare con Giada: ho fatto qualcosa .... stupidissimo ...

Luca: Che cosa hai fatto .... così stupido?

Sara: Be', avevamo preso tre lettini e volevamo avere un ombrellone, ma io l'ho rotto ...

Luca: E come?

Sara: Giada lo aveva bloccato nella sabbia con un po' .... pietre e io avevo gli occhiali .... sole e non le ho viste: per non cadere mi sono attaccata all'ombrellone, ma purtroppo era .... plastica – non proprio .... ottima qualità! – e si è subito rotto!

Luca: Ma ti sei fatta male?

Sara: No, niente .... serio ... Però mi sono rovinata anche il costume .... bagno!

Luca: Be', dai, forse nel tuo negozio trovi un nuovo costume .... bagno e un ombrellone .... acciaio!

E Die restlichen Präpositionen

su + Artikel (siehe Seite 27): *sul tavolo*	auf: auf dem Tisch
sopra: *sopra le nuvole*	über: über den Wolken
sotto: *sotto il letto*	unter: unter dem Bett
con: *con amore, con Giorgio*	mit: mit Liebe, mit Giorgio
senza (di): *senza gas, senza di te*	ohne: ohne Kohlensäure, ohne dich
tra/fra: *tra me e te, fra tutti*	zwischen: zwischen mir und dir, zwischen allen

TIPP: Einige weitere Phrasen, die Nähe ausdrücken, verlangen die Kombination mit der Präposition *a* und eventuell dem Artikel (siehe Seite 27):

davanti a: *davanti alla porta* ▸ vor der Tür
di fronte a: *di fronte alla banca* ▸ der Bank gegenüber
dietro a: *dietro al supermercato* ▸ hinter dem Supermarkt
accanto a: *accanto alla scuola* ▸ neben der Schule
vicino a: *vicino all'università* ▸ in der Nähe der Uni

- Dagegen verlangt *lontano*, der Entfernung ausdrückt, *da* (+ ev. Artikel):

  lontano da: *lontano da Vienna, lontano dalla posta* ▸ entfernt, weit weg von Wien, von der Post

- Achte auch auf den Unterschied zwischen **durante** (Präposition) und **mentre** (Konjunktion), die beide *während* bedeuten, aber unterschiedlich verwendet werden, nämlich:

durante: *durante la partita*	während + Hauptwort: während des Spieles
mentre: *mentre tu telefoni, io cucino*	während + Verb bzw. Satz: während du telefonierst, koche ich.

85 Verbinde die passenden Fragen und Antworten.

1. Dov'è il libro?	Sotto il letto.
2. Come vuoi l'acqua?	No, è lontano dal centro.
3. Dov'è la Haas Haus?	Senza ghiaccio.
4. Quando ci vediamo?	Con Eleonora.
5. Il tuo appartamento è vicino al centro?	Sul tavolo in cucina.
6. Dove sono le mie scarpe?	Durante la pausa.
7. Dov'è la Votivkirche?	Di fronte al Duomo di Santo Stefano.
8. Con chi vai al cinema?	Accanto all'università.

86 Setze die richtige Präposition ein.

1. C'è una bella canzone di Reinhard Mey: "............... le nuvole". 2. .... Gianni e Domenico preferisco Gianni. 3. Che cosa fa il gatto .... il letto? 4. Tutti abbiamo un cadavere .... il letto. 5. .... la lezione è vietato usare il telefonino. 6. L'ufficio di Luigi non è lontano .... casa sua. 7. Il negozio di Carolina è vicino .... stazione. 8. Quella donna è .... scarpe: è .... piedi nudi. 9. A Francesca piace camminare .... erba .... piedi nudi. 10. Ho fatto questa torta per te .... tanto amore!

87 Welcher Satz (pro Nummer) ist falsch? Finde und korrigiere ihn!

1. La chiesa è vicina alla scuola.	Il ponte è sopra la stazione.	La scuola è lontana alla banca.
2. Ti telefono durante la partita.	Ti scrivo mentre tu dormi.	Ti penso mentre l'estate.
3. Tra Giulio e te preferisco te!	Giulio è di fronte da te.	Fra Giulio e te preferisco te!
4. La casa è accanto a il parco.	Il parco è accanto alla casa.	La casa è accanto al parco.
5. Parcheggio davanti alla stazione.	Ci vediamo dietro dalla stazione.	La chitarra è sul divano.
6. Il gatto è vicino il topo.	Il topo è vicino al cane.	Tra il gatto e il topo c'è il cane.

88 Wohin soll es gehen? Wähle die richtige Präposition (mit/ohne Artikel).

Beispiel: *Mi piace il calcio. Dove vado la domenica?* ► *allo stadio!*

1. Mi piacciono la storia e l'arte. Dove vado spesso? ► ....

2. Amiamo la musica lirica. Dove andiamo questa sera? ► ....

3. A Giovanni piacciono i film nuovi. Dove va domani sera? ► ....

4. Serena adora la recitazione. Dove va questo pomeriggio? ► ....

5. Pietro è molto pigro. Non fa mai sport. Dove non va di sicuro? ► ....

6. Silvia ama la tranquillità e guardare la TV. Dove resta ogni sera? ► ....

7. Lucia e Renzo sono impiegati alla BAWAG. Dove lavorano? ► ....

8. Mia zia Eleonora ha i capelli sempre in ordine. Dove va ogni settimana? ► ....

9. I tuoi genitori sono medici, vero? Dove lavorano? ► ....

10. Gianni ama la natura e preferisce camminare che nuotare. Dove? ► ....

11. Teresa invece ama prendere il sole e nuotare nell'acqua salata. Dove? ► ....

12. Giorgia non sopporta l'acqua salata, ma ama nuotare. Dove? ► ....

89 Setze die richtige Präposition (mit/ohne Artikel) ein.

1. Gennaro è .... Napoli. 2. Antonella lavora .... banca. 3. Franco è venuto .... treno. 4. Mia sorella Clara studia .... università. 5. Noi siamo stiriani, ... Graz. 6. Claudia e Hans parlano .... inglese. 7. Federico e Federica abitano .... Italia, ... Genova. 8. Oggi devo andare .... dottore, non vengo .... scuola. 9. Quest'estate la mia famiglia vuole andare .... Caorle, ... mare. 10. Partite .... aereo o .... treno?

90 Wann passiert das? Wähle die richtige Zeitangabe (mit/ohne Artikel).

1. Vado a correre trenta minuti	di mattina
2. In Austria i bambini vanno a scuola	il mercoledì
3. Olga prepara la colazione	dalle 8:00 alle 16:00
4. Giampiero lavora in ufficio	il sabato sera
5. Simone va in palestra per tre ore	di notte
6. I Signori Baldin vanno al cinema	in estate
7. I negozi sono chiusi	dal 1980 al 1985
8. Oriella va in chiesa	la domenica
9. I miei cugini vanno al mare	dal lunedì al venerdì
10. Oreste ha studiato all'università	dalle 18 alle 18:30
11. Gilda ha provato con la band	tra una settimana
12. Michele viene a Vienna	alle 17:00
13. Gioia resta a casa mia in visita	da tredici anni
14. Agata è nata	nel 1974
15. La lettera di Giuseppe è arrivata	per dieci giorni
16. Gioco a pallavolo	in maggio
17. Comincio la dieta	per quattro ore
18. Chiara ha cominciato a lavorare	da domani
19. Ci vediamo in centro	da due mesi
20. Quando hai dormito a lungo?	domenica

91 Welcher Satz (pro Nummer) ist falsch? Finde und korrigiere ihn!

1. Mangio sempre al ristorante.	Andiamo in pizzeria?	Prendiamo un caffè alla bar?
2. Domani vado dal dottore.	Sono da Graz.	Oggi vado dalla nonna.
3. Giorgio arriva in taxi.	Silvio parla in russo.	Arrivo in due giorni.
4. Lavoro alle 14:00 dalle 21:00.	Marta ha dormito per un'ora.	Ti telefono martedì!
5. In inverno gioco a hockey.	All'inverno amo sciare.	In agosto vai al mare?
6. Hai bicchieri da cocktail?	Vorrei un bicchiere di vino rosso!	Avete le scarpe di tennis?

92 Setze die richtige Präposition (mit/ohne Artikel) ein.

EURO 2008: i campionati europei di calcio.

I campionati europei .... calcio quest'anno sono stati .... tre settimane .... giugno, ...

Austria e .... Svizzera.

Hanno partecipato sedici squadre .... molti paesi europei, divise .... quattro gruppi: .... gruppo A

c'era la squadra .... Svizzera, quella .... Repubblica Ceca, quella .... Portogallo e quella ....

Turchia. Le qualificazioni erano .... Svizzera, ... Basilea e .... Ginevra. Hanno vinto questo

primo girone .... qualificazione la squadra portoghese e quella turca. .... gruppo B c'era la squadra

.... Croazia, quella .... Polonia, quella .... Germania e quella .... Austria. Giocavano

.... Austria, ... Vienna e .... Klagenfurt. Si sono qualificate la squadra croata e quella tedesca.

.... gruppo C c'era la squadra .... Romania, quella .... Italia, quella .... Olanda e quella

.... Francia. Giocavano .... Svizzera, ... Zurigo e .... Berna. La squadra olandese e quella

italiana hanno passato il turno. .... gruppo D c'era la squadra .... Grecia, quella .... Spagna,

quella .... Russia e quella .... Svezia. Giocavano .... Austria, ... Innsbruck e ....

Salisburgo. Hanno vinto la qualificazione la squadra spagnola e quella russa. Poi ci sono stati i quarti .... finale,

giocati .... Basilea e .... Vienna: hanno passato il turno la Germania, la Turchia, la Russia e la Spagna.

.... partite semifinali hanno vinto la squadra tedesca e quella spagnola e poi c'è stata la finale .... Vienna

il 29 giugno 2008.

Ha vinto la Spagna! .... tutta la Spagna hanno festeggiato, e anche .... Vienna.

.... tre settimane ci sono stati tifosi .... tante squadre e nazioni diverse .... Austria e ....

Svizzera. Una bella festa .... tutti, ... canti, balli e tanta birra. Non ci sono stati grossi problemi

.... i tifosi .... squadre avversarie e tutti hanno ammirato lo spettacolo sportivo .... pace e

armonia.

.... gli Europei tutti gli alberghi e le pensioni .... Austria e .... Svizzera erano pieni ....

tifosi, ... strade c'erano molte persone .... le magliette e i colori .... loro squadre. ....

ristorante o .... pizzeria, ... bar o .... discoteca, ... macchina o .... taxi: tutti

avevano le bandiere e i colori nazionali. .... tram o .... metropolitana si parlava .... tante lingue

diverse: .... francese, ... italiano, ... tedesco, ... croato, ... turco, ...

polacco, ... portoghese, ... russo e .... spagnolo.

Anche .... stazione c'erano annunci .... tutte le lingue: .... olandese, ... rumeno,

.... svedese, ... greco o .... ceco.

.... sera tutti erano concentrati davanti .... TV, ... casa o .... bar, ... zona-tifosi o

.... stadio e .... ogni goal molti giubilavano.

Dopo le partite i tifosi .... squadra che aveva vinto andavano .... macchina o .... piedi ....

centro, ... le loro bandiere e i colori .... loro squadra e festeggiavano .... tutta la notte

.... grida, canti, trombe e clacson.

Molte persone hanno lavorato .... organizzare questa grande festa dello sport: nel campo ....

gastronomia, ... sicurezza, ... turismo.

L'Austria e la Svizzera hanno avuto i complimenti .... Platini e .... UEFA .... la brillante

organizzazione. Anche se sia la squadra austriaca, sia quella svizzera sono uscite .... torneo .... le

qualificazioni e non hanno potuto giocare la finale .... questi europei è stato .... tutti un grandissimo

evento.

Complimenti .... tutti gli organizzatori! E naturalmente anche .... Spagna!

10. KAPITEL: Verbformen und Zeiten

A Presente

Das **presente** (Gegenwart) drückt allgemeingültige, gegenwärtige, aber auch zukünftige Ereignisse aus.
Achte auf die Betonung. Es gibt Verben auf **-are**, **-ere** und **-ire**. Diese drei Nachsilben drücken den Infinitiv aus.
Bei allen Verben wird die 3. P. Pl. auf demselben Vokal betont wie die 1./2./3. P. Sg.: *io amo, tu ami, lui/lei/Lei ama – loro amano*. Die 1. und 2. P. Pl.: *noi amiamo, voi amate* haben hingegen eine Verschiebung von einer Silbe in der Betonung und dieser Rhythmus bleibt immer erhalten.

Achte auf den Unterschied zwischen den **-ire**-Verben wie *sentire* und jenen wie *preferire*: Die letzten haben nämlich im Präsens eine Stammerweiterung in **-isc-** in der 1./2./3. P. Sg. sowie 3. P. Pl.
Die Verben in **-isc-** drücken meistens eine punktuelle, momentane Aktion aus: das Verstehen (*capire*), das Beenden (*finire*), das Husten (*tossire*) oder das Schlagen (*colpire*) sind gute Beispiele dafür. Dagegen sind zB das Leiden (*soffrire*), das Schlafen (*dormire*) und das Fühlen (*sentire*) meistens mit einer Dauer verbunden und drücken einen Prozess, eine Entwicklung aus.

amare		
io	am	o
tu	am	i
lui/lei	am	a
noi	am	iamo
voi	am	ate
loro	am	ano

ridere	
rid	o
rid	i
rid	e
rid	iamo
rid	ete
rid	ono

sentire 1	
sent	o
sent	i
sent	e
sent	iamo
sent	ite
sent	ono

preferire 2	
prefer	isco
prefer	isci
prefer	isce
prefer	iamo
prefer	ite
prefer	iscono

wie *sentire*:
soffrire,
dormire, aprire,
partire, offrire

wie *preferire*:
finire, capire,
colpire, tradire,
tossire

Die Stämme der meisten italienischen Verben enden auf einem Konsonanten. Auf Grund der italienischen Ausspracheregeln (siehe Seite 8) kann sich dieser Laut beim Abwandeln durch den Kontakt mit dem Vokal der Endung ändern. Achte auf Rechtschreibung und Aussprache bei **c**, **g** und **sc**.

fatic-o	pag-o	conosc-o (konosko)
fatich-i	pagh-i	conosc-i (konoschi)
fatic-a	pag-a	conosc-e
fatich-iamo	pagh-iamo	conosc-iamo
fatic-ate	pag-ate	conosc-ete
fatic-ano	pag-ano	conosc-ono

Die Endungen der 1. P. Sg. **-o**, der 2. P. Sg. **-i** und der 1. P. Pl. **-iamo** sind **immer** dieselben, bei allen Verben, ob regelmäßig oder unregelmäßig. Es sind die Endungen der anderen drei Personen, die unterschiedlich je nach Konjugation (*-are*, *-ere* oder *-ire*) sind.

93 **Teile die folgenden regelmäßigen Verben im Infinitiv nach ihrer Konjugationsgruppe ein. Welche -are-, -ere- und -ire-Verben gibt es hier?**

cantare (singen) – *colpire* (schlagen) – *lavorare* (arbeiten) – *vivere* (leben) – *vedere* (sehen) – *capire* (verstehen) – *sentire* (hören/fühlen) – *parlare* (sprechen) – *mettere* (setzen, stellen, anziehen) – *domandare* (fragen) – *dormire* (schlafen) – *soffrire* (leiden) – *scrivere* (schreiben) – *ballare* (tanzen) – *tossire* (husten) – *volare* (fliegen) – *tradire* (betrügen) – *ripetere* (wiederholen) – *cercare* (suchen) – *prendere* (nehmen) – *finire* (enden) – *abitare* (wohnen) – *aprire* (öffnen) – *offrire* (anbieten) – *preferire* (bevorzugen) – *rispondere* (antworten) – *partire* (abfahren) – *trovare* (finden) – *chiudere* (schließen) – *pagare* (zahlen) – *faticare* (sich anstrengen)

-are	-ere	-ire

94 Schreibe der Reihe nach die Stämme der Verben von Übung 93 im Kästchen auf.

-are	-ere	-ire

95 Bilde die Formen.

1. cantare: io ▶ ....
2. prendere: io ▶ ....
3. mettere: tu ▶ ....
4. mangiare: io ▶ ....
5. soffrire: tu ▶ ....
6. volare: tu ▶ ....
7. ripetere: tu ▶ ....

8. studiare: lui/lei ▶ ....
9. chiudere: lui/lei ▶ ....
10. dormire: lui/lei ▶ ....
11. lavorare: noi ▶ ....
12. rispondere: voi ▶ ....
13. scrivere: noi ▶ ....
14. pagare: voi ▶ ....

15. finire: voi ▶ ....
16. finire: loro ▶ ....
17. capire: loro ▶ ....
18. preferire: io ▶ ....
19. ballare: loro ▶ ....
20. offrire: noi ▶ ....
21. vivere: loro ▶ ....

96 Ergänze die Tabelle mit den fehlenden Formen (Stamm und Endung).

-are			-ere			-ire (1)			-ire (2)		
io	cant	o	io			io			io		
tu			tu	viv	i	tu			tu		
lui/lei			lui/lei			lui/lei	dorm	e	lui/lei		
noi			noi	viv	iamo	noi			noi		
voi			voi			voi	dorm	ite	voi	colp	ite
loro	cant	ano	loro			loro			loro	colp	iscono

97 Setze die passende Endung ein.

1. Alfredo non am......... la pizza. 2. Giulia dorm......... tutta la domenica. 3. Io cap......... tutto.

4. Tu viv......... in Australia. 5. Noi soffr......... per la nostalgia di casa. 6. Loro non rispond......... mai al telefono.

7. Voi prend......... sicuramente un gelato! 8. Io studi......... economia. 9. Tu non lavor......... in banca, vero?

10. Voi chiud......... la porta. 11. Noi pag......... il viaggio in Birmania. 12. Loro fin................. di lavorare presto oggi.

98 Setze die richtigen Formen der passenden Verben ein.

mangiare – vedere – sentire – abitare – tossire – trovare – ballare – scrivere – preferire – lavorare

1. Lucia .... la musica alla radio.
2. Paolo .... una lettera a Maria.
3. Luca .... sempre a teatro.
4. Fiona e Luis .... il tango.
5. Noi questa sera .... un film.

6. Ma tu non .... in Austria?
7. Voi .... la pizza ogni sera.
8. Io invece .... la "Wiener Schnitzel"!
9. Voi .... in un ufficio?
10. Serena non .... più il libro.

B *Essere* und *avere*

Essere (sein) und *avere* (haben) sind die zwei wichtigsten unregelmäßigen Verben, denn man braucht sie zusätzlich zu ihren Grundbedeutungen auch in vielen Phrasen und zum Bilden anderer Verbformen.

essere (sein)		
io	**sono**	ich bin
tu	**sei**	du bist
lui/lei	**è**	er/sie ist
noi	**siamo**	wir sind
voi	**siete**	ihr seid
loro	**sono**	sie sind

avere (haben)		
io	**ho**	ich habe
tu	**hai**	du hast
lui/lei	**ha**	er/sie hat
noi	**abbiamo**	wir haben
voi	**avete**	ihr habt
loro	**hanno**	sie haben

Merke dir: Bei *avere* gibt es ein stummes *h* in der 1./2./3. P. Sg., ebenso in der 3. P. Pl.

In Italien **ist** man nicht so und so „alt", sondern man **hat** „so und so viele Jahre"!
Quanti anni hai? Wie viele Jahre hast du? ▶ Wie alt bist du? *Ho 15 anni.* Ich habe 15 Jahre. ▶ Ich bin 15.
Oggi è il mio compleanno. Heute ist mein Geburtstag. ▶ Heute habe ich Geburtstag.

99 Übersetze.

1. Ich bin 17 Jahre alt. ▶ ....

2. Wie alt bist du? ▶ ....

3. Jonas und Giovanni sind 33 Jahre alt. ▶ ....

4. Unser Kater ist 14 Jahre alt. ▶ ....

5. Meine Mutter ist 50 und mein Vater ist 46 Jahre alt. ▶ ....

6. Herr Rossetto, wie alt sind Sie? ▶ ....

7. Meine Oma ist 97 Jahre alt. ▶ ....

8. Mein Computer ist 3 Jahre alt. ▶ ....

100 Setze die passenden Verbformen ein.

1. Ludovica .... molto carina. 2. Corrado .... una macchina nuova. 3. Lisa, Linda, Licia, ma voi .... sorelle? 4. Marco e Medoro .... di Palermo. 5. Mino e Augusto .... una nonna in Brasile. 6. Noi non .... giovani come voi. 7. Sergio, ... qualcosa da mangiare? 8. Un panino .... qualcosa da mangiare! 9. Steven Spielberg .... un regista famoso. 10. Susanna .... un nuovo ragazzo.

Einige häufige Phrasen			
avere +	paura (Angst) *sete* (Durst) *fame* (Hunger) *sonno* (Schlaf, Schlafbedürfnis) *caldo* (Wärme) *freddo* (Kälte)	essere +	*stanco/a – i/e* (müde) *contento/a – i/e* (zufrieden) *felice – i* (glücklich) *triste – i* (traurig) *sorpreso/a – i/e* (überrascht) *arrabbiato/a – i/e* (wütend)

101 Setze die passenden Verbformen an passender Stelle ein.

1. Giordano .... sempre fame: mangia in continuazione! 2. Margherita .... sempre stanca e .... sempre sonno: dorme tutto il giorno! 3. Irene e Adele .... felici: hanno vinto 50 € al lotto! 4. Olga .... un po' triste: il suo ragazzo .... in America da un mese. 5. Antonella, ... contenta? Ho fatto la torta al cioccolato! 6. Voi, bambini, ... paura del lupo? 7. Mamma mia, ma tu non .... caldo? Apri le finestre, per favore! 8. Petra e io .... sempre freddo: brrrrr! 9. L'insegnante .... sorpreso perché Paola e Lucia non .... a scuola. 10. La mamma di Paola .... arrabbiata perché Paola non .... a scuola. 11. Paola e Lucia .... felici perché non .... a scuola. 12. Lucia, non .... paura dell'insegnante e della mamma di Paola? 13. Uffa! .... fame, ... sete: voglio andare in pizzeria! 14. La bimba non .... sonno: non vuole dormire.

C Andare, bere, dire, dare, fare, tenere, uscire, venire

	andare (gehen)	**bere** (trinken)	**dire** (sagen)	**dare** (geben)
io	**vado**	**bevo**	**dico**	**do**
tu	**vai**	**bevi**	**dici**	**dai**
lui/lei	**va**	**beve**	**dice**	**dà**
noi	**andiamo**	**beviamo**	**diciamo**	**diamo**
voi	**andate**	**bevete**	**dite**	**date**
loro	**vanno**	**bevono**	**dicono**	**danno**

	fare (machen)	**tenere** (halten)	**uscire** (ausgehen)	**venire** (kommen)
io	**faccio**	**tengo**	**esco**	**vengo**
tu	**fai**	**tieni**	**esci**	**vieni**
lui/lei	**fa**	**tiene**	**esce**	**viene**
noi	**facciamo**	**teniamo**	**usciamo**	**veniamo**
voi	**fate**	**tenete**	**uscite**	**venite**
loro	**fanno**	**tengono**	**escono**	**vengono**

Merke dir: ■ bei *andare* gibt es ein **v** in der 1./2./3. P. Sg. sowie auch in der 3. P. Pl.
■ bei *uscire* ist der Stamm **esc-** in der 1./2./3. P. Sg. sowie auch in der 3. P. Pl.
■ bei *bere* ist der Stamm im *presente* immer **bev-**

102 Ordne folgende Buchstaben zu Formen der acht unregelmäßigen Verben:

1. cciofa ► ....
2. codi ► ....
3. modia ► ....
4. iav ► ....
5. gonoten ► ....
6. scie ► ....
7. movenia ► ....
8. vobeno ► ....
9. scimoua ► ....
10. af ► ....
11. av ► ....
12. àd ► ....
13. tedi ► ....
14. nitie ► ....
15. nofan ► ....

Mit *fare* gibt es eine Menge Redewendungen, die auf Italienisch spezifische deutsche Verben ersetzen:
zB *fare colazione*: frühstücken; *fare la doccia*: duschen; *fare la spesa*: einkaufen; *fare spese*: shoppen.
Selbst wo es spezifische Verben gäbe, wird auf Italienisch meistens die Umschreibung mit *fare* bevorzugt,
zB: *fare una passeggiata* (= *passeggiare*): spazieren; *fare un viaggio* (= *viaggiare*): reisen; *fare una camminata*
(= *camminare*): wandern; *fare una nuotata* (= *nuotare*): schwimmen; *fare una sciata* (= *sciare*): Schi fahren.

103 Setze die passenden Verbformen an passender Stelle ein.

1. Lukas e Thomas .... molta birra. 2. Gregorio e Nazario .... tutte le sere al ristorante e
.... solo vino italiano. 3. Leonardo .... una passeggiata in centro.
4. Antonia, ... con me domani sera al cinema? 5. Pietro e io .... stasera:
.... a teatro. 6. Lucia e Laura .... sempre la verità. 7. La mamma ....
il latte al bambino. 8. Il papà .... la bambina in braccio. 9. Bambini, ... a letto!
10. Serena .... in centro tutti i sabati e .... shopping con le amiche. 11. Isabella
.... con suo fratello allo stadio. 12. Voi .... con noi domani al Prater? 13. Mio zio
.... la doccia sempre prima di dormire. 14. Io invece .... la doccia di mattina.
15. Angelo? Tobia? Non .... colazione? 16. La nonna oggi risparmia: non .... la spesa!

104 Was macht man wo und wann am liebsten? Verbinde!

1. In montagna posso	fare la spesa di frutta e verdura.
2. Al mare Giuseppe prende il sole e	facciamo spese!
3. Al mercato nelle piazze Giulia e Maria vogliono	fanno una sciata.
4. Al parco vicino alla stazione è possibile	fare una lunga camminata.
5. Sergio e Camilla vanno in Tirolo in inverno e	fare una bella passeggiata.
6. Tu ed io domani andiamo in centro e	fa una nuotata.

D *Dovere, potere, sapere, volere*

Diese vier Verben heißen Modalverben. Sie kommen im Zusammenhang mit Infinitiven vor.
Die Form des Modalverbs drückt die Person aus, der Infinitiv bleibt gleich.

io devo +	*venire*	ich muss kommen

dovere (müssen/sollen) non dovere (nicht müssen bzw. nicht dürfen)		
io	**devo**	ich muss
tu	**devi**	du musst
lui/lei	**deve**	er/sie muss
noi	**dobbiamo**	wir müssen
voi	**dovete**	ihr müsst
loro	**devono**	sie müssen

potere (können/dürfen) die Möglichkeit haben, imstande sein	
posso	ich kann
puoi	du kannst
può	er kann
possiamo	wir können
potete	ihr könnt
possono	sie können

sapere (wissen, können; wissen, wie es geht)		
io	**so**	ich weiß
tu	**sai**	du weißt
lui/lei	**sa**	er/sie weiß
noi	**sappiamo**	wir wissen
voi	**sapete**	ihr wisst
loro	**sanno**	sie wissen

volere (wollen)	
voglio	ich will
vuoi	du willst
vuole	er/sie will
vogliamo	wir wollen
volete	ihr wollt
vogliono	sie wollen

105 Verbinde die Satzteile.

1. lui	vogliamo	
2. noi	sapete	
3. voi	vuole	
4. io	deve	parlare bene l'italiano.
5. Lei	sanno	
6. lei	sa	
7. loro	vuoi	
8. tu	devo	

- Wenn ich etwas kann, weil ich es gelernt habe, oder von Natur aus, verwende ich *sapere* + **Infinitiv** (absolutes Können).
- Wenn ich hingegen etwas jetzt, momentan, kann, weil jemand es mir erlaubt und ich es darf oder weil ich es in dieser Situation kann, verwende ich *potere* + **Infinitiv** (relatives Können), zB:
  *So ballare, ma in questo momento **non posso** ballare perchè non c'è la musica!*
  Ich **kann** tanzen, aber momentan **kann** ich **nicht**, denn es gibt keine Musik!

106 Setze die passenden Verbformen von *sapere/potere* an passender Stelle ein.

1. Luigi .... cucinare molto bene. Ha fatto un corso di cucina in Calabria. **2.** Antonietta non
.... cantare nel coro oggi: ha la tosse. **3.** Licia .... ballare la salsa, ma oggi non
.... perché non c'è il suo ballerino. **4.** Carlotta e Giulio .... suonare nella band della
scuola: l'insegnante ha detto di sì. **5.** Carolina e Federico .... suonare davvero bene il violino, hanno
studiato al conservatorio. **6.** Io non .... parlare il turco. **7.** Tu .... parlare il ceco?
8. Piero domanda se in questo locale .... fumare. **9.** Noi non .... dire niente: è vietato.
10. Lucio non .... niente di geografia.

107 Übersetze.

1. Ich will nicht ins Theater gehen! **2.** Er weiß immer alles … **3.** Dürfen wir jetzt endlich gehen, Herr Professor? **4.** Du kannst mit diesen Schuhen nicht tanzen! **5.** Ich sehe, du kannst echt nicht tanzen! **6.** Wollt ihr heute Abend nicht in die Pizzeria gehen? **7.** Davide und Dario müssen morgen auf die Uni gehen. **8.** Ich kann leider nicht kommen.

E Imperativo

- Der Imperativ (Befehlsform) entspricht der 2. Person des *presente*. Nur bei den Verben auf *-are* ist die Endung des Singulars abweichend, nämlich **-a.** Achte auf die verneinte Form!

	parlare	ridere	aprire
2. P. Sg.	parl**a**	ridi	apri
2. P. Pl.	parlate	ridete	aprite

	ja!	nein!
	parla	non parlare
	parlate	non parlate

- Bei **andare, dare, fare, stare** gibt es im Sg. zwei richtige Formen (mit und ohne *-i*).
  Der Plural und die Verneinung sind regelmäßig (von der Nennform abgeleitet).

andare	va'/vai	andate
gehen	geh	geht
dare	da'/dai	date
geben	gib	gebt
fare	fa'/fai	fate
machen	mach	macht

stare	sta'/stai	state
bleiben	bleib	bleibt
dire	di'	dite
sagen	sag	sagt

- Bei **avere** und **essere** gibt es eigene Formen (sie entsprechen dem *congiuntivo*):

avere	abbi/non avere	abbiate/non abbiate
haben	hab/hab nicht	habt/habt nicht
essere	sii/non essere	siate/non siate
sein	sei/sei nicht	seid/seid nicht

108 **Vervollständige die Tabelle.**

	ja!		nein!	
1. dormire	*dormi!*	*dormite!*	*non dormire!*	*non dormite!*
2. scrivere				
3. parlare				
4. vivere				
5. sentire				
6. telefonare				
7. fare				
8. andare				

109 **Wandle folgende Anordnungen ins Negative um:**

1. bevi! ▶ ....
2. ripeti! ▶ ....
3. paga! ▶ ....
4. finisci! ▶ ....
5. canta! ▶ ....
6. vivete! ▶ ....

7. dormite! ▶ ....
8. soffrite! ▶ ....
9. lavorate! ▶ ....
10. cerca! ▶ ....
11. balla! ▶ ....
12. volate! ▶ ....

110 **Wandle folgende Verbote in Befehle um:**

1. non fumate! ▶ ....
2. non andare via! ▶ ....
3. non parlare piano! ▶ ....
4. non mangiare tanto! ▶ ....
5. non fate una torta! ▶ ....
6. non telefonatemi! ▶ ....

7. non prendete lui! ▶ ....
8. non venire con noi! ▶ ....
9. non fare la pipì! ▶ ....
10. non uscite stasera! ▶ ....
11. non prendere il sole! ▶ ....
12. non essere triste! ▶ ....

111 Gib passende Ratschläge.

1. Ho una sete incredibile! (*bere*) ▶ .... una bella aranciata!

2. Brrr, abbiamo tanto freddo ... (*fare un bagno*) ▶ .... un bagno caldo!

3. Ho una gran fame! (*mangiare*) ▶ .... una buona pizza!

4. Stasera ho un gran sonno. (*andare*) ▶ Allora .... a letto presto!

5. Siamo stanchissimi! (*non andare*) ▶ Allora .... al cinema!

6. Ho la tosse! (*non fumare*) ▶ ...., allora!

7. Oggi c'è il sole, abbiamo molto caldo! (*restare*) ▶ .... a casa, allora!

8. Ho paura di svegliare il bambino ... (*parlare*) ▶ .... piano!

■ Auch die Höflichkeitsform borgt sich die Befehlsform vom *congiuntivo* aus (siehe Seite 12 und Seite 62).

 Merke dir: Die Endungen sind **-a**, wo die Du-Form **-i** ist und umgekehrt!
Die verneinte Form mit *Lei* hat nur *non* davor (*non vada!*).

	-are	**-ere**	**-ire**
tu	**-a** (scus**a**!)	**-i** (scriv**i**!)	**-i** (sent**i**!)
Lei	**-i** (scus**i**!)	**-a** (scriv**a**!)	**-a** (sent**a**!)

Bei *avere* und *essere* gibt es eigene Formen (sie entsprechen dem *congiuntivo*):

avere	*abbia*
haben	haben Sie
essere	*sia*
sein	seien Sie

112 Setze die Befehlsformen ein.

	tu (sì!)	**tu (no!)**	**Lei (sì!)**	**Lei (no!)**
1. mangiare	mangi**a**!	<u>non</u> mangi**are**!	mangi**i**!	<u>non</u> mangi**i**!
2. parlare				
3. telefonare				
4. prendere				
5. mettere				
6. chiudere				
7. offrire				
8. dormire				
9. partire				
10. essere				
11. avere				
12. dire				
13. dare				
14. stare				

113 Setze die richtigen Formen der passenden Verben ein.

chiudere – bere – dormire – telefonare – restare – fumare – fare – andare – ballare – studiare – finire – sentire

1. Giovanni, domani c'è matematica a scuola: .... 2. Lei non sa quello che dice: .... la bocca!
3. Avete sete? .... una bibita al bar! 4. Hai tanto sonno? Allora .... 5. In questo treno è
vietato, non potete! .... 6. Lucia, per favore, ... la spesa tu oggi! 7. Quando arrivate a Napoli,
......................., avete il nostro numero! 8. Ho mangiato troppo, per favore, ... tu la torta! 9. Non ha voglia
di ballare? .... 10. Cameriere? .... scusi! 11. Non siete in ottima forma stasera? ....
a casa allora! 12. Vuoi cantare? .... al karaoke, allora!

F | *Forma continuata: stare + gerundio*

Die Verlaufsform der Gegenwart setzt sich aus den abgewandelten Formen von *stare* und dem *gerundio* zusammen. Sie bedeutet „gerade dabei sein, etwas zu tun" und entspricht der englischen *progressive form*. Diese Struktur kommt nur im *presente* (*sto mangiando*) und im *imperfetto* (*stavo dormendo*) vor.

Das *gerundio* setzt sich aus dem Stamm und den Nachsilben **-ando/-endo** zusammen.
Das *gerundio* ist unveränderlich! Es endet immer auf **-o**, außer es werden Pronomen angehängt.
(Zum Beispiel *andandoci, prendendole*)

stare	
presente/imperfetto	
io	**sto/stavo**
tu	**stai/stavi**
lui/lei	**sta/stava**
noi	**stiamo/stavamo**
voi	**state/stavate**
loro	**stanno/stavano**

gerundio			
amare	**am-**	**ando**	**Ausnahmen:**
ridere	**rid-**	**endo**	*bere – bevendo* *dire – dicendo*
sentire	**sent-**		*fare – facendo*

114 **Teile die folgenden Verben nach ihrer Konjugationsgruppe ein. Welches *gerundio* bilden die Verben?**

a) Bilde das *gerundio* folgender Verben:

1. incontrare (*treffen*), **2.** guardare (*schauen*), **3.** lavare (*waschen*), **4.** ascoltare (*zuhören*), **5.** suonare (*Instrument spielen/ klingeln/läuten*), **6.** giocare (*Kinder/Sport spielen*), **7.** recitare (*schauspielen*), **8.** arrivare (*ankommen*), **9.** intervistare (*interviewen*), **10.** dipingere (*malen*), **11.** guidare (*lenken/fahren/führen*), **12.** lasciare (*lassen/verlassen*), **13.** cucinare (*kochen*), **14.** imparare (*lernen*), **15.** leggere (*lesen*), **16.** camminare (*gehen/wandern*), **17.** mandare (*senden*), **18.** esagerare (*übertreiben*), **19.** accendere (*starten/einschalten/anzünden*), **20.** spegnere (*ausschalten/ausblasen*)

b) Überlege, wie der Infinitiv folgender Stämme lautet, und bilde das *gerundio*.

viaggi-, part-, ved-, dorm-, soffr-, scriv-, ball-, telefon-, cerc-, mangi-, prend-, fin-, parl-, apr-, studi-, rid-, chiud-, pag-

-are ▸ -ando	-ere ▸ -endo	-ire ▸ -endo

G *Presente continuato* (die „gedehnte" Gegenwart)

sto		
stai		
sta	+ *gerundio*	
stiamo		
state		
stanno		

sto lavorando	ich arbeite gerade
stai bevendo	du trinkst gerade
sta ridendo	er/sie lacht – Sie lachen gerade
stiamo dicendo	wir sagen gerade
state sentendo	ihr hört gerade
stanno leggendo	sie lesen gerade

115 **Bilde von den angegebenen Verben das *presente continuato*.**

1. io (*parlare*): ....
2. Nino (*leggere*): ....
3. Sara e Gigi (*partire*): ....
4. noi (*trovare*): ....
5. io (*telefonare*): ....

6. Gilda (*scrivere*): ....
7. tu (*arrivare*): ....
8. voi (*cercare*): ....
9. Franca (*suonare*): ....
10. tu e Luca (*dormire*): ....

116 **Verbinde.**

1. Antonella e Loretta	sto cucinando un'ottima cena.
2. Tu	sta proprio esagerando, sa?
3. Lui	stanno suonando il piano.
4. Io	sta andando dalla parrucchiera.
5. Mario e io	stai scrivendo una mail a Giorgio.
6. Pia	stiamo lavando le nostre moto.
7. Tu e Giuseppina	state guardando la TV.
8. Signora Marinetti, Lei	sta giocando a calcio.

117 ***Al telefono*! Gib passende Antworten.**

1. Buonasera Signora Franchetti, posso parlare con Mara?
   No, mi dispiace (*dormire*) ....
2. Ciao Chiara, che cosa stai facendo?
   Ciao Luca! (*ascoltare la radio*) ....
3. Buongiorno Signor Giannini, La disturbo?
   No, assolutamente, (*leggere un libro*) ....
4. Signora Vittoria, scusi, che cosa sta facendo?
   Ah, Signor Paolo, (*lavorare in giardino*) ....
5. Scusi, posso parlare con Gianna o con Silvia?
   No, (*lavare la macchina*) ....
6. Ehi, Matteo, che cosa stai facendo?
   (*studiare geometria*) ....
7. Ciao Caterina, c'è tua sorella?
   No, mi dispiace, (*fare la spesa*) ....
8. Ciao Marina! Ciao Luana! Che cosa state facendo?
   (*suonare e cantare*) ....

118 **Bringe die Wörter in die richtige Wortfolge.**

1. un / bar / al / mangiando / panino / Patrizio / sta
2. stanno / Giuditta e Ludovica / per / il / treno / Monaco / prendendo
3. libro / suo / il / Ferdinando / sta / scrivendo / nuovo
4. stai / cosa / Giorgia / che / facendo?
5. all' / economia / università / studiando / Marika / sta
6. che / Franz, / Otto, / cosa / buono / bevendo / di / state?

H Imperfetto continuato (das „gedehnte" imperfetto)

Im *imperfetto* (siehe Seite 55) unterstreicht *stavo + gerundio* den schon vorhandenen Aspekt der „Ausgedehntheit".

stavo	
stavi	
stava	*+ gerundio*
stavamo	
stavate	
stavano	

stavo lavorando	ich arbeitete gerade
stavi bevendo	du trankst gerade
stava ridendo	er/sie lachte gerade – Sie lachten gerade
stavamo dicendo	wir sagten gerade
stavate sentendo	ihr hörtet gerade
stavano leggendo	sie lasen gerade

119 **Bilde von den angegebenen Verben das *imperfetto continuato*.**

1. Cristiano (*camminare*): ....

2. tu e tua madre (*discutere*): ....

3. tu (*viaggiare*): ....

4. io (*andare via*): ....

5. Serena e Lisa (*fare shopping*): ....

6. noi (*andare a cavallo*): ....

7. voi (*fare colazione*): ....

8. Fiona (*giocare a tennis*): ....

9. Loro (*mangiare una pizza*): ....

10. Luca e io (*parlare in tedesco*): ....

120 **Verbinde.**

1. Lucia	stavi preparando la colazione.
2. Io	stava guidando senza patente?
3. Marta e Polly	stavo suonando la chitarra.
4. Mio fratello Ugo	stavate cantando benissimo!
5. Tu e Max	stava passeggiando alla spiaggia.
6. Tu	stavano riparando l'auto.
7. Io e Riccardo	stava guardando la TV da sola.
8. Signor Pollini, Lei	stavamo giocando a golf.

121 ***Al telefono!* Gib die passenden Antworten.**

1. Ti disturbo, Tania? Che cosa stavi facendo? No, tranquillo! (*guardare la TV*) ....

2. Ciao Alfredo, che cosa stavi facendo? Ciao Lucia! (*fumare una sigaretta*) ....

3. Signor Porridon, La disturbo? No, assolutamente, (*scrivere una mail*) ....

4. Veronica, che cosa stavi facendo? Ah, ciao Paolo! (*fare ginnastica*) ....

5. Gianna, Silvia? Che cosa stavate facendo? (*fare shopping*) ....

6. Ehi, Moreno, che cosa stavi facendo? (*studiare l'inglese*) ....

7. Corinna? Dalia? Che cosa stavate facendo? Niente! (*leggere il giornale*) ....

122 **Ordne die Wörter zu Sätzen.**

1. in / biblioteca / Doriana / studiando / biologia / stava: ....

2. stava / conto / il / pagando / Gigi / ristorante / al: ....

3. spesa / Barbara e Rocco / la / facendo / stavano: ....

4. stavate / cosa / 20:30 / Tina, Gina, / alle / che / facendo? ....

5. non / io / film / guardando / il / stavo / sicuramente! ....

I Gerundio semplice

Das *gerundio* (Bildung siehe Seite 43) kommt vor allem in der geschriebenen Sprache vor. Es ersetzt verschiedene Arten von (Neben)Sätzen und drückt Begründungen, Bedingungen, Umstände aus. *L'appetito viene mangiando!* Der Appetit kommt beim Essen.

- Es ist nur möglich, wenn Hauptsatz und Nebensatz **dasselbe Subjekt** haben.

Io non ho fame	e così non mangio.
Non avendo fame	non mangio.
Da ich keinen Hunger habe,	esse ich nicht.

- Es drückt **Gleichzeitigkeit** zum Hauptsatz aus.

Mangiando	viene l'appetito.	Beim Essen	kommt der Appetit.
	è venuto l'appetito.		kam der Appetit.
	verrà l'appetito.		wird der Appetit kommen.

123 **Bilde das *gerundio semplice* folgender Verben:**

1. ascoltare		6. leggere	
2. essere		7. sentire	
3. avere		8. prendere	
4. partire		9. arrivare	
5. guardare		10. fare	

124 **Setze die *gerundio*-Formen von der Übung 123 an passender Stelle ein.**

1. .... freddo mi metto la giacca.

2. .... un po' triste, Carmela vuole stare da sola.

3. .... un buon libro non dormite sicuramente.

4. .... un caffè al bar facciamo una piccola pausa.

5. .... un bagno caldo mi rilasso.

6. .... in treno sei subito in centro.

7. .... un CD di De Andrè abbiamo pianto (*piangere* = weinen: wir haben geweint).

8. .... sempre la televisione Giulia e Pino non parlano molto.

9. .... alle 8:00 di mattina arriviamo al lavoro alle 8:30.

10. .... un po' di nostalgia di casa Giorgia preferisce tornare in Italia.

125 **Baue folgende Sätze mit *gerundio semplice* im 1. Satzteil um:**

1. Ha sete e quindi Gerardo beve una coca. ▶ ....

2. Siamo stanchi e così preferiamo non uscire stasera. ▶ ....

3. Faccio spesso shopping e così spendo molti soldi. ▶ ....

4. Va in palestra spesso e quindi ha molti muscoli. ▶ ....

5. Studiano sempre molto e così sono i migliori della classe. ▶ ....

6. Scrive il suo diario e così Anna si ricorda tutto! ▶ ....

7. Suonate il piano insieme e così tu e tua madre siete molto unite. ▶ ....

8. Sei depressa e quindi preferisci la solitudine. ▶ ....

J | *Gerundio composto*

Für die Bildung des zusammengesetzten Gerundiums orientiert man sich nach dem *passato prossimo* (Seite 53).
Für die Partizipien siehe Seite 52!

avendo *essendo*	*+ participio*

■ Das *gerundio composto* drückt **Vorzeitigkeit** in Bezug auf das Verb des Hauptsatzes aus.

Io ho già mangiato	*e così adesso non ho fame.*
Avendo già mangiato	*adesso non ho fame.*
Da ich schon gegessen habe,	habe ich jetzt keinen Hunger.

	non ho fame.	Da ich gegessen habe,	habe ich keinen Hunger.
Avendo mangiato	*non avevo fame.*	Da ich gegessen hatte,	hatte ich keinen Hunger.
	non avrò fame.	Da ich gegessen haben werde,	werde ich keinen Hunger haben.

■ Die *gerundio passato*-Formen, die mit *essere* gebildet werden, müssen die Partizipendung mit dem Subjekt übereinstimmen: *Essendo **stato** per un anno in Francia Paolo parla bene il francese.*
*Essendo **stata** per un anno in America Francesca parla bene l'inglese.*

126 **Bilde das *gerundio composto* folgender Verben:**

1. lasciare	
2. mandare	
3. pagare	
4. lavorare	
5. giocare	

6. uscire	
7. cercare	
8. andare	
9. mangiare	
10. telefonare	

127 **Setze die oben gebildeten *gerundio*-Formen an passender Stelle ein.**

1. .... la sua ragazza, Silvio adesso è single.

2. .... per ore alle amiche, Antonella non sa niente di matematica.

3. .... a tennis tutto il giorno Alice e suo fratello sono stanchissimi.

4. .... tutte le sere questa settimana, oggi preferisco stare a casa.

5. .... una mail di reclamo, ora aspettate la risposta.

6. .... al ristorante già martedì e mercoledì, oggi voglio pranzare a casa.

7. .... per ore in internet ora sono informatissimo!

8. .... ieri dal dentista oggi Olga ha mal di denti.

9. .... il biglietto al cinema ora non avete più soldi per i pop-corn.

10. .... tanto per tutta la settimana, la domenica vuoi dormire a lungo.

128 **Forme folgende Sätze mit *gerundio composto* im 1. Satzteil um:**

1. Siete state spesso a Vienna e quindi conoscete bene il centro. ► ....

2. Hai avuto freddo ieri al cinema e così oggi hai una giacca. ► ....

3. È andato tutti i giorni a correre e ora Paolo è in perfetta forma. ► ....

4. Lucilla e Linda sono state dal dottore e oggi non vengono a scuola. ► ....

5. Ho guardato il film tre volte e così lo conosco molto bene. ► ....

6. Siamo andati al mare domenica e quindi siamo abbronzati. ► ....

K Futuro

- Das *futuro* drückt die Zukunft aus.
  Typische Situationen für die Verwendung des *futuro*: ferne Zukunft, Wettervoraussagen, Prophezeiungen, Versprechen.

		io	tu	lui/lei	noi	voi	loro
amare	am	-erò	-erai	-erà	-eremo	-erete	-eranno
ridere	rid	-erò	-erai	-erà	-eremo	-erete	-eranno
sentire	sent	-irò	-irai	-irà	-iremo	-irete	-iranno

- **Ausnahmen**
  Die Verben in der Tabelle haben besondere Stämme, die Endungen sind bei allen gleich, nämlich:

io	tu	lui/lei	noi	voi	loro
-ò	-ai	-à	-emo	-ete	-anno

Infinitiv	Stamm	1. P. Sg.
andare	andr-	andrò (ich werde gehen)
avere	avr-	avrò (ich werde haben)
bere	berr-	berrò (ich werde trinken)
dire	dir-	dirò (ich werde sagen)
dare	dar-	darò (ich werde geben)
dovere	dovr-	dovrò (ich werde müssen)
fare	far-	farò (ich werde machen)
potere	potr-	potrò (ich werde können)
sapere	sapr-	saprò (ich werde wissen)
vedere	vedr-	vedrò (ich werde sehen)
venire	verr-	verrò (ich werde kommen)
vivere	vivr-	vivrò (ich werde leben)
volere	vorr-	vorrò (ich werde wollen)

- *essere* – sein

sarò	sarai	sarà	saremo	sarete	saranno
ich werde sein	du wirst sein	er wird sein	wir werden sein	ihr werdet sein	sie werden sein

 Tipp: Um etwas Zukünftiges auszudrücken, kann man auch das *presente* verwenden:
Domani vado al cinema. Morgen gehe ich ins Kino.

129 Vervollständige die Verbtabelle mit den Formen des *futuro*.

	-are	-ere	-ire
io	aspetterò		
tu		crederai	
lui/lei			capirà
noi			capiremo
voi	aspetterete		
loro		crederanno	

130 Vervollständige die Verbtabelle mit den Formen des *futuro*.

	andare	vedere	dire
io	andrò		
tu		vedrai	
lui/lei		vedrà	
noi			diremo
voi			direte
loro	andranno		

131 Bilde das *futuro*.

1. cantare: tu ► ....

2. parlare: io ► ....

3. giocare: lui ► ....

4. ridere: loro ► ....

5. vivere: voi ► ....

6. aprire: loro ► ....

7. offrire: noi ► ....

8. sapere: tu ► ....

9. potere: io ► ....

10. andare: lei ► ....

11. suonare: voi ► ....

12. accendere: noi ► ....

132 Setze die oben gebildeten *futuro*-Formen an passender Stelle ein.

1. Angela, Fiorenzo, quando .... in questo nuovo appartamento? 2. Stasera in montagna Luca e io .... un bel fuoco nel camino. 3. Domani alla conferenza .... in inglese. 4. Sara, in quale chiesa .... a Natale? 5. Se metti quel cappello ridicolo (= *lächerlich*) tutti .... di te. 6. Mia figlia non .... soltanto con le bambole: anche con le macchinine, i trenini e lo skateboard. 7. Paolo e Guido .... la loro nuova pizzeria la settimana prossima. 8. Non ti preoccupare, ... tutto bene!!! 9. Erica, Silvia, Federico, quale musica .... al concerto? 10. Alla nostra festa .... prosecco e spritz a tutti! 11. Sta' tranquillo, ... per primo dove e quando è la festa! 12. Che bello, domani finalmente .... abbracciare (= *umarmen*) il mio ragazzo!

133 Vervollständige mit dem *futuro*: *Prometto che* – Ich verspreche, dass ...

Prometto che

1. (essere puntuale) ► ....

2. (fare i compiti) ► ....

3. (imparare a memoria la poesia) ► ....

4. (aiutare la nonna) ► ....

5. (non litigare con i miei fratelli) ► ....

6. (scrivere un mail tutti i giorni) ► ....

7. (telefonare allo zio Aldo) ► ....

8. (essere bravo/a) ► ....

134 Vervollständige die Sätze mit dem *futuro*.

1. Io? Quando (*essere*) .... grande, (*fare*) .... il dottore e (*curare*) .... i bambini in Africa. 2. Gina, tu quando (*essere*) .... grande, (*diventare*) .... una famosa cantante d'opera! 3. Raffaele, Mattia, quando (*essere*) .... grandi, (*sapere*) .... ballare, cantare e suonare! 4. Quando Tommaso e Lisa (*essere*) .... grandi, (*andare*) .... a vivere in Australia. 5. Veronica, Valentina! E voi che cosa (*fare*) .... quando (*essere*) .... grandi? 6. Mario e io (*vivere*) .... in una villa al mare, quando (*avere*) .... tanti soldi. 7. Quando finalmente Gennaro (*vincere*) .... al lotto, sicuramente (*comprare*) .... una moto. 8. Quando il professore (*dare*) .... voti positivi in italiano, (*potere*) .... essere contento. 9. Elisabetta (*andare*) .... più spesso in discoteca quando (*sapere*) .... ballare! 10. Sergio (*cantare*) .... volentieri in un coro, quando (*leggere*) .... le note. 11. (*Tu – vedere*) ...., la mamma non (*dire*) .... niente, non ti preoccupare! 12. Isabella e Claudia (*fare*) .... shopping domani, quando (*vedere*) .... i saldi. 13. (*Io – correre*) .... alla maratona di Vienna solo se (*essere*) .... in forma. 14. Salvatore (*andare*) .... in Sicilia in agosto solo se la sua ragazza (*volere*) .... andare con lui. 15. Giacomo (*studiare*) .... latino per tutta l'estate se (*dovere*) .... fare l'esame in settembre. 16. Stella (*parlare*) .... perfettamente lo spagnolo quando (*tornare*) .... da Siviglia.

L Condizionale

		io	tu	lui/lei	noi	voi	loro
amare	am	-<u>e</u>rei	-<u>e</u>resti	-<u>e</u>rebbe	-<u>e</u>remmo	-<u>e</u>reste	-<u>e</u>rebbero
ridere	rid	-<u>e</u>rei	-<u>e</u>resti	-<u>e</u>rebbe	-<u>e</u>remmo	-<u>e</u>reste	-<u>e</u>rebbero
sentire	sent	-<u>i</u>rei	-<u>i</u>resti	-<u>i</u>rebbe	-<u>i</u>remmo	-<u>i</u>reste	-<u>i</u>rebbero

- **Ausnahmen:**

  Sie haben im **condizionale** dieselben Stämme wie im **futuro** (siehe Seite 48).
  Die *condizionale*-Endungen sind bei allen diesen Verben gleich, nämlich:

io	tu	lui/lei	noi	voi	loro
-ei	**-esti**	**-ebbe**	**-emmo**	**-este**	**-ebbero**

Infinitiv	Stamm	1. P. Sg.
andare	andr-	*andrei* (ich würde gehen)
avere	avr-	*avrei* (ich würde haben = ich hätte)
bere	berr-	*berrei* (ich würde trinken)
dire	dir-	*direi* (ich würde sagen)
dare	dar-	*darei* (ich würde geben)
dovere	dovr-	*dovrei* (ich würde müssen = ich müsste)
fare	far-	*farei* (ich würde machen)
potere	potr-	*potrei* (ich würde können = ich könnte)
sapere	sapr-	*saprei* (ich würde wissen = ich wüsste)
vedere	vedr-	*vedrei* (ich würde sehen)
venire	verr-	*verrei* (ich würde kommen)
vivere	vivr-	*vivrei* (ich würde leben)
volere	vorr-	*vorrei* (ich würde wollen)

- **essere – sein**

sarei	*saresti*	*sarebbe*	*saremmo*	*sareste*	*sarebbero*
ich wäre	du wärst	er/sie wäre	wir wären	ihr wärt	sie wären

- Der *condizionale* kommt in der höflichen Ausdrucksweise vor. Außerdem dient er zu „Was-wäre-wenn-Über-legungen", Ratschlägen, Vorschlägen und kommt im Hauptsatz des **„periodo ipotetico"** vor (siehe Seite 96).
  Potresti aiutarmi? Könntest du mir helfen? *Al tuo posto non uscirei.* An deiner Stelle würde ich nicht ausgehen.
  Se fossi in te, starei a casa. Wenn ich du wäre, würde ich zu Hause bleiben.

135 **Vervollständige die Verbtabelle mit den Formen des *condizionale*.**

	-are	-ere	-ire
io	aspetterei		
tu		crederesti	
lui/lei			capirebbe
noi			capiremmo
voi	aspettereste		
loro		crederebbero	

136 **Vervollständige die Verbtabelle mit den Formen des *condizionale*.**

	andare	vedere	dire
io	andrei		
tu		vedresti	
lui/lei		vedrebbe	
noi			diremmo
voi			direste
loro	andrebbero		

137 Setze den *condizionale* der folgenden Verben an passender Stelle ein.

potere – vivere – ridere – sapere – parlare – accendere

1. Senza Giorgia Luca non .... vivere!

2. Io? Ah no, io non .... mai in francese a un congresso! Tutti gli studiosi ....

3. Elisa, Matteo, ma voi .... volentieri in campagna?

4. Voi mangiate al buio? Noi .... la luce!

5. In un quiz sulla mitologia greca tu .... tutto!

138 Bilde die Sätze mit dem *condizionale*. (*Al tuo posto*: An deiner Stelle ...)

Al tuo posto io

1. (essere più preciso/a) ► ....

2. (fare gli esercizi) ► ....

3. (imparare le note della canzone) ► ....

4. (aiutare mio fratello) ► ....

5. (non andare lontano) ► ....

6. (scrivere una lettera) ► ....

7. (telefonare alla nonna) ► ....

8. (stare attento/a) ► ....

9. (andare dalla parrucchiera) ► ....

10. (prendere una bella birra) ► ....

139 Gib an, ob es sich um *futuro semplice* (F) oder *condizionale* (C) handelt.

1. mangerei
2. saprete
3. potrebbe
4. andremo
5. mangerai
6. sapreste
7. potranno
8. andremmo
9. diresti
10. vedreste
11. farò
12. vedrete
13. vedremmo
14. direte
15. farei
16. farai

140 Übersetze.

1. Daniela würde ins Kino gehen. ► ....

2. Patrizio und ich würden ein Glas Prosecco nehmen. ► ....

3. Du würdest nie mit Pietro Tennis spielen. ► ....

4. Ich wäre sehr glücklich mit dir. ► ....

5. Ohne Leonardo könnte Beatrice nicht leben. ► ....

6. Würdet ihr sagen, dass der Professor 45 ist? ► ....

7. Wer könnte so was (*una cosa così*) machen? ► ....

8. Sabrina und Lorenzo würden gerne ans Meer kommen. ► ....

141 Drücke folgende direkte Fragen höflicher aus. Mit dem *condizionale* eben.

1. Puoi aiutarmi con la matematica? ► ....

2. Sapete spiegare a mio nonno dov'è la Staatsoper? ► ....

3. Vengono anche Licia e Lucio alla festa? ► ....

4. Giovanni vuole mangiare sempre panini? ► ....

5. Mi dai la tua bicicletta? ► ....

6. Avete una camera singola con bagno? ► ....

M Participio passato

Man braucht die Partizipien der Vergangenheit für die Bildung der zusammengesetzten Zeiten.

Infinitiv	Partizip	
amare	amato (geliebt)	Verben auf -are ► ato
credere	creduto (geglaubt)	Verben auf -ere ► uto
finire	finito (geendet)	Verben auf -ire ► ito

■ Die Verben auf -are bilden alle ein regelmäßiges Partizip, viele Verben auf -ere ein unregelmäßiges.

■ Einige uns bereits bekannten unregelmäßigen Verben bilden ein regelmäßiges Partizip:

avere	sapere	potere	dovere	volere	andare
avuto	saputo	potuto	dovuto	voluto	andato

■ Die Liste der wichtigsten unregelmäßigen Partizipien:

aprire	öffnen	aperto
bere	trinken	bevuto
chiedere	fragen, bitten	chiesto
chiudere	schließen	chiuso
correggere	verbessern	corretto
correre	laufen	corso
dare	geben	dato
decidere	entscheiden	deciso
dire	sagen	detto
discutere	diskutieren	discusso
dividere	teilen	diviso
essere	sein	stato
fare	machen	fatto
leggere	lesen	letto
mettere	legen, setzen, stellen	messo
morire	sterben	morto
nascere	geboren werden	nato

offrire	anbieten	offerto
perdere	verlieren	perso
prendere	nehmen	preso
promettere	versprechen	promesso
ridere	lachen	riso
rispondere	antworten	risposto
rompere	brechen	rotto
scendere	aus-, absteigen	sceso
scegliere	auswählen	scelto
scrivere	schreiben	scritto
succedere	passieren	successo
uccidere	töten	ucciso
vedere	sehen	visto
venire	kommen	venuto
vincere	siegen, gewinnen	vinto
vivere	leben	vissuto

142 Bilde das *participio passato* folgender Verben:

1. viaggiare ....
2. telefonare ....
3. credere ....
4. potere ....
5. cercare ....
6. capire ....

7. partire ....
8. volere ....
9. tenere ....
10. suonare ....
11. sentire ....
12. cadere ....

143 Verbinde die Partizipien mit ihrer deutschen Übersetzung.

1. bevuto   *gesungen*
2. vinto   *gewonnen*
3. messo   *gewusst*
4. cantato   *gestellt/gesetzt*
5. saputo   *getrunken*

6. preferito   *gelesen*
7. visto   *bevorzugt*
8. stato   *gesehen*
9. letto   *genommen*
10. preso   *gewesen*

144 Bilde die Infinitive der *participio passato*-Formen.

1. scritto ....
2. deciso ....
3. vissuto ....
4. fatto ....
5. parlato ....

6. detto ....
7. comunicato ....
8. ballato ....
9. dormito ....
10. avuto ....

N *Passato prossimo*

Passato prossimo wird zum Erzählen von Ereignissen und Handlungsabläufen in der Vergangenheit verwendet. Diese Form der Vergangenheit besteht wie im Deutschen aus zwei Teilen:
Dem **Hilfsverb** (*avere* oder *essere*), das abgewandelt wird, und dem **Partizip**, das angehängt wird.

- *Passato prossimo* mit *avere:* Das Partizip endet immer auf *-o*.

ho		ich habe	
hai		du hast	
ha	*mangiato*	er/sie hat	gegessen
abbiamo		wir haben	
avete		ihr habt	
hanno		sie haben	

- *Passato prossimo* mit *essere:* Das Partizip ist wie ein Adjektiv auf a/o und wird mit dem Subjekt übereingestimmt.

sono		ich bin	
sei	*andat**o**/**a***	du bist	
è		er/sie ist	gegangen
siamo		wir sind	
siete	*andat**i**/**e***	ihr seid	
sono		sie sind	

- Das *passato prossimo* von *essere* und *avere*:

essere		avere	
sono		ho	
sei	**stato/a**	hai	
è		ha	**avuto**
siamo		abbiamo	
siete	**stati/e**	avete	
sono		hanno	

Ob *essere* oder *avere* als Hilfsverb dient, verhält sich in den meisten Fällen wie im Deutschen. Transitive Verben (die mit Objekt) verlangen *avere*, die anderen (intransitive) verlangen *essere*.

- **Unterschiede Italienisch – Deutsch:**

ho corso, **ho** nuotato, **ho** saltato	ich **bin** gelaufen, ich **bin** geschwommen, ich **bin** gesprungen
è durato, **è** finito, **è** incominciato	es **hat** gedauert, es **hat** geendet, es **hat** begonnen

- Bei den **reflexiven Verben** im *passato* ist immer *essere* das Hilfsverb! (Siehe Seite 86)

mi **sono** lavato	ich **habe** mich gewaschen

145 Setze die Hilfsverben in der passenden Person ein.

1. Pietro .... mangiato.

2. Giovanna e Chiara .... andate via.

3. Antonella, Marica, ... bevuto qualcosa?

4. Io .... arrivato presto.

5. Michele, tu .... telefonato alla mamma?

6. Noi .... stati in vacanza.

7. Signor Mittoni, Lei .... visto il film?

8. La signora Luisa .... partita per la Toscana.

146 Füge die Endungen der Partizipien ein.

1. Francesca è stat...... in Tunisia.

2. Silvia e Luca hanno pres...... una pizza.

3. Monica, mi hai telefonat...... oggi?

4. Antonio e io siamo andat...... al mare.

5. Alice e Lucia sono partit...... per Istanbul.

6. Otto si è lavat...... nel fiume.

7. Io e Olga abbiamo fatt...... una passeggiata.

8. Giorgio, sei stat...... dal dentista?

147 Ergänze die Sätze mit den passenden *passato prossimo*-Formen.

1. Ieri (*io – mangiare*) .... una pizza buonissima.

2. La settimana scorsa Antonella (*andare*) .... dal dottore.

3. Quattro mesi fa Riccardo (*prendere*) .... la patente.

4. L'anno scorso i signori Rossetto non (*andare*) .... in vacanza.

5. Questa mattina tu e tua madre (*fare*) .... la spesa.

6. La settimana passata (*noi – correre*) .... tutti i giorni.

7. L'opera (*cominciare*) .... alle 20:00.

8. Mamma, guarda, il film (*finire*) ....!

148 Vervollständige den Dialog mit den richtigen *passato prossimo*-Formen.

Guido: Ciao Simona, come stai? Dove **1.** (*essere*) .... in vacanza?

Simona: Ehi, Guido, che piacere vederti, ciao... **2.** (*essere*) .... in Maremma, e tu?

Guido: Be', io e mio fratello **3.** (*andare*) .... al mare al Lido, come ogni anno ...

Simona: Bello! E che cosa **4.** (*voi – fare*) ....?

Guido: Al mare, be', **5.** (*noi – prendere*) .... il sole, **6.** (*noi – fare*) ....
.... il bagno, **7.** (*noi – nuotare*) ...., **8.** (*noi – pescare*) ....
....

Simona: Eh, vita da mare ... Insomma, **9.** (*voi – riposarsi*) ....?

Guido: Sì, certo! E tu con chi **10.** (*andare*) .... in Maremma?

Simona: **11.** (*io – partire*) .... da sola, ma poi a Grosseto **12.** (*io – incontrare*) ....
.... la mia amica Irene e con lei **13.** (*noi – prendere*) ....
un'auto a noleggio e **14.** (*noi – visitare*) .... molti centri della Maremma.

Guido: Magnifico! Una volta, tanti anni fa, ci **15.** (*essere*) .... anch'io! E **16.** (*voi –
camminare*) ....? E **17.** (*voi – visitare*) .... il parco con i
lupi?

Simona: Sì, certo ... E **18.** (*noi – vedere*) .... i lupi: due adulti e quattro cuccioli ...

Guido: Proprio una bella vacanza! E **19.** (*voi – uscire*) .... anche la sera?

Simona: No, raramente. **20.** (*Noi – fare*) .... tante gite, ma sempre di giorno. La sera **21.** (*noi
– preferire*) .... quasi sempre restare a casa.

Guido: Noi invece **22.** (*uscire*) .... tutte le sere: **23.** (*noi – andare*) ....
.... ogni volta in un locale diverso ...

149 Ergänze mit dem *passato prossimo*. Achte auf die reflexiven Verben!

Dario: La mia giornata Oggi **1.** (*io – svegliarsi*) .... alle 7:00, ma

2. (*alzarsi*) .... alle 7:30. **3.** (*andare*) .... in bagno e

4. (*fare*) .... la doccia. Poi **5.** (*farsi*) .... la barba,

6. (*lavarsi*) .... i denti e **7.** (*pettinarsi*) ....

Dopo **8.** (*vestirsi*) .... e **9.** (*mettersi*) .... anche la cravatta.

Poi **10.** (*andare*) .... in ufficio in tram.

Ilaria: La mia giornata Oggi **11.** (*io – svegliarsi*) .... alle 9:00 e

12. (*alzarsi*) .... subito. **13.** (*andare*) .... in cucina e

14. (*preparare*) .... la colazione e poi **15.** (*fare*) .... il bagno.

16. (*lavarsi*) .... anche i capelli e **17.** (*pettinarsi*) ....

Dopo **18.** (*truccarsi*) .... e infine **19.** (*vestirsi*) .... e

20. (*uscire*) ....

0 *Imperfetto*

Das ist eine besondere italienische Form der Vergangenheit, die keiner deutschen Vergangenheit direkt entspricht. Sie hat eine eigene Bedeutung.

		io	*tu*	*lui/lei*	*noi*	*voi*	*loro*
amare	*am*	**-avo**	**-avi**	**-ava**	**-avamo**	**-avate**	**-avano**
ridere	*rid*	**-evo**	**-evi**	**-eva**	**-evamo**	**-evate**	**-evano**
sentire	*sent*	**-ivo**	**-ivi**	**-iva**	**-ivamo**	**-ivate**	**-ivano**

- **Ausnahmen**

essere	ero	eri	era	eravamo	eravate	erano
bere	bevevo	bevevi	beveva	bevevamo	bevevate	bevevano
dire	dicevo	dicevi	diceva	dicevamo	dicevate	dicevano
fare	facevo	facevi	faceva	facevamo	facevate	facevano

- Um den *imperfetto* ins Deutsche zu übersetzen, greift man entweder zur Vergangenheit bzw. Mitvergangenheit, oder zu einer Umschreibung. *Andavo* heißt zum Beispiel nicht einfach „ich ging" oder „ich bin gegangen", sondern „ich ging gerade" oder „ich bin öfter/immer wieder gegangen".

  Manche Verben (*essere, avere, sapere, conoscere, volere*) haben im *imperfetto* sogar eine deutlich unterschiedliche Bedeutung als im *passato prossimo*.

avevo	ich hatte, ich war im Besitz	*ho avuto*	ich habe bekommen
sapevo	ich wusste, mir war klar	*ho saputo*	ich habe erfahren
conoscevo	ich kannte	*ho conosciuto*	ich habe kennengelernt
volevo	ich wollte, hatte die Absicht	*ho voluto*	ich habe darauf bestanden
Ero a casa.	Ich war gerade zu Hause. (als ...)	*Sono stato a casa.*	Ich bin zu Hause geblieben.
Ero pauroso.	Ich war ängstlich. (zB als Kind)	*Sono stato pauroso.*	Ich habe mich ängstlich verhalten.

Erano le dieci.	Es war gerade 10 Uhr.
C'era una volta ...	Es war einmal ...
Mia nonna era bella.	Meine Oma war schön.

150 Vervollständige die Verbtabelle.

	giocare	conoscere	dormire
io		conoscevo	
tu			dormivi
lui/lei	giocava		
noi	giocavamo		
voi		conoscevate	
loro			dormivano

151 Übersetze.

1. suonavano ► ....

2. partivo ► ....

3. andava ► ....

4. potevi ► ....

5. scrivevamo ► ....

6. bevevo ► ....

7. arrivavano ► ....

8. leggevi ► ....

9. preferivate ► ....

10. erano ► ....

11. sentivi ► ....

12. ascoltava ► ....

13. viaggiavano ► ....

14. giocavate ► ....

15. era ► ....

16. capivamo ► ....

152 **Ordne die *Imperfetto*-Formen aus dem Kästchen den richtigen Personen zu und bilde deren Infinitiv.**

1. guidavano, 2. facevamo, 3. andavate, 4. avevi, 5. sapeva, 6. andava, 7. facevano, 8. uscivo, 9. dicevi, 10. avevamo, 11. facevi, 12. credevi, 13. scrivevo, 14. dormivate, 15. fumava, 16. fumavano, 17. cantavi, 18. venivano, 19. venivamo, 20. telefonavi, 21. andavo, 22. eravate, 23. eri, 24. prendeva, 25. guardavo, 26. ridevano, 27. bevevamo, 28. leggevate, 29. capiva, 30. finivate, 31. partivamo, 32. cercava, 33. trovavate, 34. chiudevo, 35. aprivi, 36. parlavamo

persona	verbi in -are	verbi in -ere	verbi in -ire
io			8. uscivo ► uscire
tu		4. avevi ► avere	
lui/lei			
noi			
voi			
loro	1. guidavano ► guidare		

153 **Bilde die gesuchten *imperfetto*-Formen.**

1. andare: io ► ....
2. fare: tu ► ....
3. avere: noi ► ....
4. sapere: lei ► ....

5. cantare: voi ► ....
6. ballare: lui ► ....
7. lavorare: loro ► ....
8. guidare: Lei ► ....

154 **Setze die *imperfetto*-Formen von Übung 153 an passender Stelle ein.**

1. Ieri sera ho visto Giovanni: .... in discoteca.

2. Quando ero piccola .... sempre al mare dai nonni in estate.

3. I miei genitori non .... mai in agosto, quando ero bambino.

4. Tu in vacanza la mattina .... sempre la doccia.

5. Senta, ma Lei .... così anche da giovane?

6. A Natale, da piccoli, voi .... sempre le canzoni natalizie.

7. Quando .... 10 anni, io e Guido volevamo un cane.

8. Quando telefonavo alla nonna, lei .... sempre tutto di tutti!

155 **Ergänze den Text mit den passenden *imperfetto*-Formen.**

Quando Marina 1. (*essere*) .... piccola 2. (*andare*) .... tutti i giorni a scuola in

bicicletta e 3. (*incontrare*) .... i suoi compagni di classe davanti alla scuola. Silvia e Luca

4. (*essere*) .... i suoi due amici migliori. Silvia 5. (*venire*) .... a scuola in auto con la

mamma, perché 6. (*abitare*) .... lontano dalla scuola, mentre Luca 7. (*prendere*) .... l'autobus

tutte le mattine e 8. (*arrivare*) .... sempre presto. A scuola Marina 9. (*avere*) ....

tanti amici e 10. (*amare*) .... la matematica, la musica e l'inglese. Il professore d'inglese non 11. (*essere*)

.... giovane e carino, ma simpatico. L'insegnante di ginnastica invece 12. (*essere*) ....

molto antipatica e Marina non 13. (*volere*) .... mai fare gli esercizi in palestra. Quando Marina e i suoi

compagni 14. (*tornare*) .... a casa dopo la scuola 15. (*mangiare*) ....

con le loro famiglie.

P Imperfetto – passato prossimo

Imperfetto und *passato prossimo* decken im Zusammenspiel miteinander den Bereich der Vergangenheit ab. Die beiden Zeiten haben unterschiedliche, klar definierte Aufgaben, die im Deutschen von einer einzigen Form der Vergangenheit ausgedrückt werden. Während die deutsche Mitvergangenheit (ich ging) vornehmlich beim Schreiben und die Vergangenheit (ich bin gegangen) eher beim Sprechen verwendet werden, treten *imperfetto* und *passato prossimo* immer, sowohl im schriftlichen als auch im mündlichen Ausdruck, gleichberechtigt auf.

passato prossimo	*imperfetto*
Haupthandlung	Nebenhandlung(en)
Abfolge der Ereignisse (und dann? und dann?)	Umstände (warum? wann? wie?)
Abgeschlossenes	Versuchtes, Begonnenes
Abgegrenztes	Fließendes

Das **passato prossimo** ist die Zeit, in der berichtet wird, was passiert ist und in welcher (logischen) Abfolge sich die Dinge ereignet haben. Das **imperfetto** hat andere Aufgaben.

Wir verwenden **imperfetto**

1. um Orte, Personen, Situationen und Zustände zu beschreiben
   La signora Foscoli era bella e simpatica. Aveva i capelli rossi e gli occhi azzurri.

2. um Gewohnheiten und wiederholte Handlungen zu benennen (*sempre, spesso, tutti i giorni*)
   La signora Foscoli andava al caffé tutte le mattine.

3. um Gleichzeitigkeit in Nebensätzen auszudrücken (nach **che** oder **perché**)
   La signora Foscoli un giorno è partita per l'America perché voleva vedere suo figlio che stava là.

4. nach **mentre** in gleichzeitigen Nebensätzen
   Mentre era in America, è nato suo nipote.

Wenn der Satz eine klare Angabe enthält, wie oft etwas passiert ist bzw. wie lange etwas gedauert hat, kommt das **passato prossimo** zum Zug. Sonst das **imperfetto**.
Sono stata malata tre volte.   *Ero sempre malata.*
Ho vissuto a Roma dal 1963 al 1964.   *Quando ero piccola vivevo a Roma.*

156 **Bilde von folgenden Formen des *presente* sowohl das *passato prossimo* als auch das *imperfetto*:**

presente	*passato prossimo*	*imperfetto*
1. noi siamo	....	....
2. voi avete	....	....
3. io mangio	....	....
4. tu bevi	....	....
5. lui prende	....	....
6. lei crede	....	....
7. loro devono	....	....
8. noi possiamo	....	....
9. lui vuole	....	....
10. lei canta	....	....
11. voi fumate	....	....
12. tu vai	....	....
13. io esco	....	....
14. loro partono	....	....

157 **Vervollständige den Dialog mit den passenden *passato prossimo*-Formen.**

Lidia: Gennaro, caro, come stai? **1.** (*tu – essere*) .... in vacanza?

Gennaro: Sì, **2.** (*io – tornare*) .... ieri sera ...

Lidia: **3.** (*tu divertirsi*) ....? Dove **4.** (*andare*) .... ?

Gennaro: Io, mia moglie e mia figlia **5.** (*essere*) .... in Carinzia: bellissima!

Lidia: Ah, bello ... ma quando **6.** (*voi – partire*) ....?

Gennaro: Due settimane fa. **7.** (*noi – vedere*) .... molta natura, **8.** (*noi – nuotare*)

.... nel lago, **9.** (*noi – fare*) .... escursioni e

10. (*noi – cercare*) .... funghi ...

Lidia: Ah! E **11.** (*voi – trovare*) .... funghi?

Gennaro: Sì, certo! **12.** (*noi – camminare*) .... per molte ore nel bosco ...

Lidia: Che meraviglia! Io purtroppo quest'anno non **13.** (*io – andare*) .... in vacanza!

158 **Ergänze den Text mit den passenden *imperfetto*-Formen.**

Il paese **1.** (*essere*) .... piccolo, ma molto grazioso. **2.** (*avere*) ....

delle mura antiche intorno e anche un bel castello. Dal castello si **3.** (*vedere*) .... un

panorama meraviglioso. Lì vicino **4.** (*esserci*) .... un bel bosco: gli uccelli **5.** (*cantare*)

...., il vento **6.** (*soffiare*) .... e gli alberi **7.** (*muoversi*)

.... nel vento.

Il centro del paese **8.** (*essere*) .... proprio piccolo: **9.** (*esserci*) ....

due bar – uno rustico e uno elegante – un ristorante chiuso e una trattoria tradizionale, una piazzetta pulita e silenziosa.

Il primo bar non **10.** (*avere*) .... molti tavoli, **11.** (*essere*) ....

solo per la gente del posto. Alcuni anziani signori **12.** (*giocare*) .... a carte e **13.** (*bere*)

.... un bicchiere di vino. Il secondo bar **14.** (*essere*) .... un po' più

turistico: una coppia di armeni **15.** (*ballare*) .... nella sala, alcuni giapponesi **16.** (*fotografare*)

.... il barista che **17.** (*preparare*) .... aperitivi e caffè, mentre sua moglie

18. (*cantare*) .... una canzone che la radio **19.** (*suonare*) ....

Nella trattoria l'oste **20.** (*aspettare*) .... sulla porta i pochi possibili clienti e

intanto **21.** (*fumare*) .... la pipa. Tre signore con il vestito della festa **22.** (*guardare*)

.... curiose l'oste e **23.** (*commentare*) .... la sua barba. Un uomo

solo **24.** (*mangiare*) .... in silenzio.

159 **Wähle jeweils von den zwei angegebenen Formen die passende aus.**

1. L'anno scorso siamo stati/e – eravamo al mare in agosto.

2. Da bambini avete avuto – avevate un gatto?

3. Ieri ho mangiato – mangiavo tutta la torta.

4. Da piccolo non hai bevuto – bevevi vino!

5. Al mare lui ha preso – prendeva tutti i giorni il pane fresco.

6. Di solito Luisa non ha creduto – credeva a Lorenzo, ma questa volta sì!

7. Due giorni fa Tiberio e Isacco hanno dovuto – dovevano lavare la macchina.

8. Il telefono era sempre rotto e solo oggi finalmente abbiamo potuto – potevamo telefonare!

9. Quando andava a scuola Gerolamo non ha voluto – voleva studiare la geografia.

10. Da ragazza mia nonna ha cantato – cantava in un coro.

11. Proprio ieri tu e Gianluca avete fumato – fumavate fuori dalla pizzeria.

12. Da giovane sei andato/a – andavi sempre in discoteca a ballare.

13. Questa settimana io sono uscito/a – uscivo tutte le sere: ora basta!

14. Questa mattina Gianni e Rolando sono partiti – partivano prestissimo.

160 Bilde Sätze nach dem Muster: *mentre + imperfetto/passato prossimo.*

1. Mentre Giulia (*dormire*) ...., io (*lavarmi*) .... i capelli.

2. Mentre noi (*cucinare*) .... la carne, Silvio (*lavare*) .... l'insalata.

3. Mentre Renata e Sergio (*ballare*) .... la salsa, Gertrude (*arrivare*) .... alla festa.

4. Mentre il professore (*spiegare*) .... storia, Ugo e Alfonso (*addormentarsi*) ....

5. Mentre il medico (*misurare*) .... la pressione, la paziente (*avere*) .... un infarto.

161 Bilde gleichzeitige Nebensätze mit *che/perché.*

1. Ho organizzato quella festa perché (*volere*) .... festeggiare!

2. Hai mangiato i pomodori che (*essere*) .... in frigo?

3. Avete incontrato quell'uomo che (*lavorare*) .... nell'ufficio di Luisa?

4. Luigi ha lasciato la ragazza che tu (*amare*) .... tanto.

5. Alice e Sara invece hanno lasciato i loro ragazzi perché non li (*amare*) .... più.

6. Abbiamo scritto la lettera che (*promettere*) .... da molto tempo.

162 Beschreibe im *imperfetto,* wie dein erster Freund war.

Adriano non 1. (*essere*) .... molto alto, 2. (*avere*) .... i capelli neri

e ricci, gli occhi marroni e la pelle abbronzata. 3. (*portare*) .... gli occhiali e 4. (*sorridere*)

.... sempre. 5. (*essere*) .... un tipo divertente e simpatico,

6. (*avere*) .... tantissimi amici e 7. (*amare*) .... sorprendere tutti.

8. (*studiare*) .... poco a scuola, ma 9. (*essere*) .... intelligente e furbo:

10. (*fare*) .... sempre quello che 11. (*volere*) .... Lui 12. (*essere*)

.... più vecchio di me, 13. (*avere*) .... già la patente e 14. (*guidare*)

.... la macchina. Il sabato mi 15. (*venire*) .... a prendere a scuola e insieme

16. (*noi – andare*) .... al mare o in montagna. 17. (*noi – fare*) .... sempre

delle belle gite e 18. (*noi – divertirsi*) .... Non 19. (*lui – essere*) .... l'amore della

mia vita, ma 20. (*essere*) .... davvero un caro ragazzo.

163 Wähle die richtigen Formen.

Un corso d'inglese da ragazzina ...

Quando 1. *avevo / ho avuto* 15 anni, 2. *andavo / sono andata* per la prima volta in Inghilterra, a Sheffield, e lì
3. *frequentavo / ho frequentato* un corso estivo d'inglese. Quell'anno ci 4. *rimanevo / sono rimasta* per tre settimane e mi
5. *piaceva / è piaciuto* molto. 6. *Eravamo / siamo stati* circa 15 italiani, ma lì 7. *c'erano / ci sono stati* molti altri studenti:
spagnoli, catalani, tedeschi, francesi ... Tutti 8. *volevano / hanno voluto* imparare bene l'inglese.

All'inizio 9. *c'era / c'è stato* un esame per stabilire il livello e poi gli studenti 10. *erano / sono stati* divisi in molte classi
di 6 livelli differenti. Io 11. *ero / sono stata* nel livello più avanzato: molto difficile! Ogni mattina 12. *andavamo / siamo andati* a lezione e 13. *facevamo / abbiamo fatto* esercizi, giochi, conversazione: tutto in inglese.

Il pomeriggio 14. *facevamo / abbiamo fatto* sport o 15. *c'erano / ci sono state* altre attività o gite. La sera quasi sempre
16. *c'erano / ci sono state* delle feste nel college dove 17. *abitavamo / abbiamo abitato* e spesso 18. *organizzavamo / abbiamo organizzato* dei "talent contest": 19. *potevamo / abbiamo potuto* ballare, cantare, suonare uno strumento...
l'importante 20. *era / è stato* dimostrare il proprio talento! Io una volta 21. *vincevo / ho vinto* un concorso di ballo con
una mia amica.

Ho un bel ricordo di quel tempo: 22. *conoscevo / ho conosciuto* persone di tanti diversi paesi e tutti 23. *parlavano / hanno parlato* l'inglese. Anche gli anni successivi 24. *facevo / ho fatto* corsi simili, in Inghilterra e a Malta per l'inglese, in
Grecia per il greco. Mi 25. *divertivo / sono divertita* sempre molto: davvero bellissime esperienze!

Q Passato remoto

Das **passato remoto** (entfernte Vergangenheit) ist die Erzählzeit in der Literatur. In weiten Teilen Süditaliens wird es auch beim Sprechen verwendet. **Dissi** bedeutet „**ich sagte**". Das **passato remoto** wird im Deutschen mit der **Mitvergangenheit** wiedergegeben.

- **Regelmäßige Verben**

		io	tu	lui/lei	noi	voi	loro
cantare	*cant*	*-ai*	*-asti*	*-ò*	*-ammo*	*-aste*	*-arono*
vendere	*vend*	*-ei/-etti*	*-esti*	*-è/-ette*	*-emmo*	*-este*	*-erono/-ettero*
finire	*fin*	*-ii*	*-isti*	*-ì*	*-immo*	*-iste*	*-irono*

- **Unregelmäßige Formen**

	io	tu	lui/lei	noi	voi	loro
avere	**ebbi**	**avesti**	**ebbe**	**avemmo**	**aveste**	**ebbero**
bere	**bevvi**	**bevesti**	**bevve**	**bevemmo**	**beveste**	**bevvero**
chiedere	**chiesi**	**chiedesti**	**chiese**	**chiedemmo**	**chiedeste**	**chiesero**
chiudere	**chiusi**	**chiudesti**	**chiuse**	**chiudemmo**	**chiudeste**	**chiusero**
correre	**corsi**	**corresti**	**corse**	**corremmo**	**correste**	**corsero**
dare	**detti**	**desti**	**dette**	**demmo**	**deste**	**dettero**
dire	**dissi**	**dicesti**	**disse**	**dicemmo**	**diceste**	**dissero**
essere	**fui**	**fosti**	**fu**	**fummo**	**foste**	**furono**
fare	**feci**	**facesti**	**fece**	**facemmo**	**faceste**	**fecero**
leggere	**lessi**	**leggesti**	**lesse**	**leggemmo**	**leggeste**	**lessero**
prendere	**presi**	**prendesti**	**prese**	**prendemmo**	**prendeste**	**presero**
ridere	**risi**	**ridesti**	**rise**	**ridemmo**	**rideste**	**risero**
rispondere	**risposi**	**rispondesti**	**rispose**	**rispondemmo**	**rispondeste**	**risposero**
sapere	**seppi**	**sapesti**	**seppe**	**sapemmo**	**sapeste**	**seppero**
stare	**stetti**	**stesti**	**stette**	**stemmo**	**steste**	**stettero**
tenere	**tenni**	**tenesti**	**tenne**	**tenemmo**	**teneste**	**tennero**
venire	**venni**	**venisti**	**venne**	**venimmo**	**veniste**	**vennero**
vivere	**vissi**	**vivesti**	**visse**	**vivemmo**	**viveste**	**vissero**

164 Bilde folgende regelmäßige Formen des *passato remoto*:

1. mangiare – io ....
2. dormire – voi ....
3. scendere – tu ....
4. comprare – loro ....
5. aprire – lei ....
6. credere – noi ....
7. aspettare – tu ....
8. sentire – io ....
9. pensare – lui ....

10. offrire – noi ....
11. guardare – voi ....
12. parlare – io ....
13. ripetere – loro ....
14. girare – lei ....
15. partire – tu ....
16. lasciare – voi ....
17. capire – loro ....
18. baciare – io ....

R Trapassato

Das *trapassato* ist die Vorvergangenheit. Sie drückt **Vorzeitigkeit in der Vergangenheit** aus (siehe Seite 98).
Bei der Bildung dieser Verbform geht man vom *passato prossimo* aus. Das Hilfsverb (*ho, sono*) wird ins
imperfetto gesetzt. Das Partizip muss bei den Verben, die mit *essere* gebildet werden, angepasst sein.

ho dormito ▶ *avevo* dormito – ich hatte geschlafen

io	avevo	
tu	avevi	
lui/lei	aveva	**dormito**
noi	avevamo	
voi	avevate	
loro	avevano	

sono andato/a ▶ *ero* andato/a – ich war gegangen

io	ero	
tu	eri	andato/a
lui/lei	era	
noi	eravamo	
voi	eravate	andati/e
loro	erano	

Trapassato prossimo kann zB

- Begründungen ausdrücken (nach **perché**)
  Ero nervoso perché avevo dormito male. Ich war nervös, weil ich schlecht geschlafen hatte.

- in Relativsätzen zur näheren Erläuterung vorkommen (nach **che**)
  Ho messo un vestito che avevo comprato al mercato.
  Ich habe ein Kleid angezogen, das ich am Markt gekauft hatte.

- nach **dopo che** die Beziehung zwischen Handlungen in der Vergangenheit ausdrücken
  Dopo che avevo lasciato la mia ragazza ero molto triste.
  Nachdem ich meine Freundin verlassen hatte, war ich sehr traurig.

- in der **indirekten Rede die Vorzeitigkeit** zum Verb des Sagens ausdrücken (siehe Seite 99)
  Ho raccontato che avevo avuto un incidente. Ich erzählte, dass ich einen Unfall gehabt hatte.

165 Wandle folgende *passato prossimo*-Formen in *trapassato* um:

trapassato

1. ho dormito ....
2. hai detto ....
3. sono andati/e ....
4. ha letto ....
5. abbiamo fatto ....
6. siamo stati/e ....

trapassato

7. sono uscito/a ....
8. ha detto ....
9. siamo venuti/e ....
10. abbiamo scritto ....
11. ho dato ....
12. sei partito/a ....

166 Ergänze die Sätze mit den passenden *trapassato*-Formen.

1. Ieri sera, prima di andare a letto, Giovanni (*bere*) .... un bicchiere di latte?
2. Ma tu prima di vedere il film (*leggere*) .... il libro?
3. La settimana scorsa abbiamo mangiato troppo perché Rosa (*preparare*) .... molti gnocchi.
4. I Giuliani non sono venuti al cinema perché (*leggere*) .... una critica negativa.
5. Gianpietro ha portato il pane e il salame perché (*avere*) .... paura di non mangiare!
6. L'anno scorso in agosto (*noi – fare*) .... già tre settimane di vacanza.
7. Dopo che Franca e Gianna mi (*dire*) .... questo, non ho più parlato.

167 Verbinde.

1. Avete cantato una canzone
2. Hai cucinato quel piatto
3. Siamo stati in una regione
4. Abbiamo comprato un libro
5. Siamo andati dal dentista

in cui non eravamo mai stati prima.
che ci aveva curato l'anno scorso.
che non avevate cantato allo scorso concerto.
che il professore ci aveva consigliato.
di cui mi avevi dato la ricetta?

168 *Olga non è venuta a scuola ieri e oggi ha detto al professore che ...*

1. (*avere*) .... la febbre.
2. (*andare*) .... dal dottore.
3. non (*suonare*) .... la sveglia.
4. (*fare*) .... un esame del sangue.
5. (*studiare*) .... latino.
6. (*partire*) .... per Vienna.

S Congiuntivo presente

Der **congiuntivo** ist eine Art Konjunktiv und steht nach bestimmten Wörtern. Er ist eigentlich keine „Zeit", sondern ein „Modus". Der *congiuntivo* ist eine „Art und Weise", über Dinge zu sprechen. Es kann den *indicativo* (die „normale" Form) in allen Zeiten ersetzen.

indicativo	normaler Modus: Ausdruck von Bestimmtheit, Objektivität, Wirklichkeit	*Sono sicuro che la Gioconda **è** di Leonardo.*
congiuntivo	besonderer Modus mit Abschwächungscharakter: vermittelt Wünsche, Gefühle, subjektive Meinungen; vornehmlich in Nebensätzen	***Penso** che questo quadro **sia** di Leonardo.*

- **Bildung**

		io	*tu*	*lui/lei*	*noi*	*voi*	*loro*
amare	am	*-i*	*-i*	*-i*	*-iamo*	*-iate*	*-ino*
ridere	rid	*-a*	*-a*	*-a*	*-iamo*	*-iate*	*-ano*
sentire	sent	*-a*	*-a*	*-a*	*-iamo*	*-iate*	*-ano*
finire	fin	*-isca*	*-isca*	*-isca*	*-iamo*	*-iate*	*-iscano*

Den Stamm bildet wie immer der Infinitiv abzüglich Endung; wenn man die 1. Person Singular des *presente* nimmt, hat man auch bei den Unregelmäßigen die richtige Ausgangsform.

	io	*tu*	*lui/lei*	*noi*	*voi*	*loro*
dire (dico)	*dica*	*dica*	*dica*	*diciamo*	*diciate*	*dicano*
dovere (devo bzw. debbo)	*debba*	*debba*	*debba*	*dobbiamo*	*dobbiate*	*debbano*
fare (faccio)	*faccia*	*faccia*	*faccia*	*facciamo*	*facciate*	*facciano*
piacere (piaccio)	*piaccia*	*piaccia*	*piaccia*	*piacciamo*	*piacciate*	*piacciano*
potere (posso)	*possa*	*possa*	*possa*	*possiamo*	*possiate*	*possano*
uscire (esco)	*esca*	*esca*	*esca*	*usciamo*	*usciate*	*escano*
venire (vengo)	*venga*	*venga*	*venga*	*veniamo*	*veniate*	*vengano*
volere (voglio)	*voglia*	*voglia*	*voglia*	*vogliamo*	*vogliate*	*vogliano*

- Folgende **unregelmäßige Verben** haben eigene Formen:

	io	*tu*	*lui/lei*	*noi*	*voi*	*loro*
avere	*abbia*	*abbia*	*abbia*	*abbiamo*	*abbiate*	*abbiano*
essere	*sia*	*sia*	*sia*	*siamo*	*siate*	*siano*
dare	*dia*	*dia*	*dia*	*diamo*	*diate*	*diano*
sapere	*sappia*	*sappia*	*sappia*	*sappiamo*	*sappiate*	*sappiano*
stare	*stia*	*stia*	*stia*	*stiamo*	*stiate*	*stiano*
andare	*vada*	*vada*	*vada*	*andiamo*	*andiate*	*vadano*

169 Vervollständige die Tabelle mit den *congiuntivo*-Formen der folgenden regelmäßigen Verben:

io	tu	lui/lei	noi	voi	loro
1.				cantiate	
2.					mangino
3.		viviamo			
4.	metta				
5. dorma					
6.	parta				
7. capisca					
8. preferisca					

170 Bilde den *congiuntivo* von folgenden Formen des *indicativo presente*:

1. (*lui*) fa ....
2. (*lei*) sente ....
3. (*tu*) dormi ....
4. (*voi*) credete ....
5. (*noi*) sappiamo ....
6. (*io*) penso ....
7. (*loro*) bevono ....
8. (*voi*) capite ....

9. (*lui*) viene ....
10. (*tu*) vai ....
11. (*loro*) escono ....
12. (*voi*) vivete ....
13. (*io*) rido ....
14. (*lei*) capisce ....
15. (*loro*) entrano ....
16. (*io*) so ....

T *Congiuntivo* und *indicativo*

Der *congiuntivo presente* wird von bestimmten Vokabeln ausgelöst, die man sich merken muss und kann. Es sind keine beliebigen, sondern um bestimmte Themen kreisende Vokabeln: subjektive Eindrücke, Meinungen, Unsicherheiten, Gefühle. Es gibt auch eine Reihe von Bindewörtern (Konjunktionen), die den *congiuntivo* nach sich ziehen.

■ **Verben und Ausdrücke, die Meinungen und Gefühle vermitteln**

Meinungsäußerung/Stellungnahme	*credo* (ich glaube), *penso* (ich denke), *mi sembra* (mir scheint)
Ausdruck eines Gefühls	*sono contento (felice, sorpreso),* (ich bin froh, glücklich, überrascht), *mi dispiace* (es tut mir leid), *ho paura* (ich habe Angst)
Ausdruck von Hoffnung, Wunsch, Wille	*spero* (ich hoffe), *voglio* (ich will), *desidero* (ich wünsche), *preferisco* (mir ist lieber), *sono d'accordo* (ich bin einverstanden)

Es gibt auch mehrere Ausdrücke zum Thema „Meinung", die den **Indikativ** verlangen. Achte darauf.

Secondo me + indicativo	meiner Meinung nach
A mio parere + indicativo	meiner Meinung nach
Sono sicuro che + indicativo	ich bin sicher, dass (Bei Frage und Verneinung steht bei *sicuro che* allerdings der *congiuntivo*.)

■ **Unpersönliche Ausdrücke (es scheint), die eine Stellungnahme, eine Forderung, eine Ungewissheit beinhalten**

es scheint, dass es ist wahrscheinlich/möglich, dass	*pare/sembra che* *è probabile/possibile che*
es ist schön/gut/besser/richtig/ notwendig/zwecklos, dass	*è bello/bene/meglio/giusto/* *necessario/inutile che*
es ist ein Glück/schade, dass	*è una fortuna/un peccato che*
es ist Zeit, dass	*è ora che*

■ **Bestimmte Konjunktionen (Bindewörter)**

obwohl	*benché (auch sebbene, malgrado, nonostante)*
bevor	*prima che*
ohne, dass	*senza che*
unter der Bedingung, dass	*purché (a condizione che)*

 Wenn der Nebensatz dasselbe Subjekt wie der Hauptsatz hat, wird der Nebensatz mit einer Infinitivkonstruktion aufgelöst. Man sagt statt **Io penso che io sia** *felice* – **Io penso di essere** *felice.*

171 Setze die passenden Formen des *congiuntivo* ein.

1. Credo che lui (*essere*) .... innamorato di Elvira. 2. Immaginiamo che voi (*essere*) ....

stanchi. 3. Pensi che Gerardo e io (*potere*) .... prendere una pizza in due? 4. Immagino che tu (*sapere*)

.... tutte le regole di grammatica. 5. Credete che Babbo Natale (*esistere*) ....?

6. Le sembra che la vita in Austria (*costare*) .... più che in Italia?

172 Verbinde.

1. Sono proprio felice	che suo fratello sia già andato via.
2. Giovanni ha paura	che tu sia venuta!
3. A Serena dispiace molto	che vogliate anche un gelato.
4. Lidia e Licia sono tristi	che Antonio vi abbia chiamate?
5. Non siamo sorpresi	che i loro amici Pietro e Federico siano partiti.
6. Siete contente	che Marta lo lasci.

173 Setze die passenden Formen des *congiuntivo* ein.

1. Speriamo che domenica il tempo (*essere*) .... bello.

2. Giacomo, è ora che tu la (*finire*) ....!

3. Desidero che tu (*sapere*) .... quanto ti amo!

4. Sembra che tutta la classe (*fare*) .... quello che vuole ...

5. Volete che Alberto e Carlo (*venire*) .... alla festa?

6. È necessario che io (*portare*) .... qualche bottiglia d'acqua?

7. Siamo d'accordo che voi (*andare*) .... al cinema con Gianni.

8. È davvero un peccato che tu non (*potere*) .... venire con noi!

9. Mia madre preferisce che io (*restare*) .... a casa.

10. È probabile che voi (*avere*) .... la febbre.

174 Wandle folgende Feststellungen in *penso che*-Sätze um:

Beispiel: *Franca ha fame.* ▶ *Penso che Franca abbia fame.*

1. Silvia e Luigi non vengono. ....

2. Tu non bevi mai birra. ....

3. Aldo è antipatico. ▶ Penso che ... .

4. Antonio studia sempre. ....

5. Sua madre fa una torta. ....

175 Formuliere folgende Sätze um:

1. Secondo me Carla è felice nella sua nuova casa. ▶ Penso che ....

2. A mio parere avete portato troppo vino! ▶ Mi sembra che ....

3. Paolo è sicuro che Giorgia e Luca non vengono. ▶ Paolo crede che ....

4. Secondo mia madre hai mangiato troppo ... ▶ Mia madre pensa che ....

5. Sei sicura che oggi l'insegnante spiega. ▶ Credi che ....

6. Secondo voi domani possiamo ballare alla festa? ▶ Pensate che ....

176 Verbinde.

1. Andiamo a sciare	prima che chiuda.
2. Sebbene sia agosto	fa abbastanza freddo.
3. Va' in banca	non si rilassano.
4. Vengo in vacanza con voi	preferisce stare con Lucia.
5. Nonostante Angelo ami Anna	purché mi lasciate in pace!
6. Benché siano in vacanza	benché ci sia poca neve.

177 Setze die passenden *congiuntivo*- bzw. *indicativo*-Formen ein.

1. Sappiamo che voi (*amare*) .... la bella vita!

2. È possibile che voi (*amare*) .... la bella vita?

3. Ad Erica sembra che loro (*amare*) .... la bella vita ...

4. Mario crede che io (*amare*) .... la bella vita.

5. Sebbene noi (*amare*) .... la bella vita, vogliamo anche lavorare.

6. È bello che anche tu (*amare*) .... la bella vita!

7. Vedi che anche Giovanni (*amare*) .... la bella vita?

8. So solo che la vita (*essere*) .... bella!

178 Setze das angegebene Verb in der passenden Form ein.

1. I tuoi genitori vogliono che noi li (*invitare*) ....? Per noi va bene!

2. John viene da Londra a trovarmi benché io non (*avere*) .... tempo per lui.

3. Sono molto contenta che lo nostra casa vi (*piacere*) ....

4. Mi dispiace che tutto (*essere*) .... così caro.

5. Secondo me gli austriaci e i tedeschi (*parlare*) .... bene l'inglese.

6. Chiara dice che dopo la bella vacanza in Francia tutto le (*sembrare*) .... più facile.

7. È possibile che questi jeans (*costare*) .... 500 €?

8. Credete che mia sorella (*potere*) .... entrare in questa discoteca?

9. Dico che voi non (*dovere*) .... disturbarci quando tornate tardi la sera.

10. A mio parere Andrea Camilleri (*scrivere*) .... veramente molto bene.

11. Non vedete che Marco (*sentirsi*) .... poco bene?

12. Sono d'accordo che tu non (*volere*) .... lavorare troppo, ma anche troppo poco non va bene!

13. Filippo chiede se noi gli (*dare*) .... un po' del nostro pane.

14. Non è possibile che Lorenzo (*avere*) .... intenzione di fare il giro del mondo.

15. Mia madre è felicissima che io (*aspettare*) .... un bambino.

16. Spero che il mio ragazzo (*ritornare*) .... presto dal suo viaggio di lavoro.

17. Secondo te, (*essere*) .... possibile dormire solo tre ore per notte per due settimane?

18. Non crediamo che i nostri amici (*arrivare*) .... prima delle 11.

19. A tuo parere l'ultimo film di Benigni (*dovere*) .... essere visto?

20. Il leader della band desidera che noi (*fare*) .... tutto quello che vuole lui.

21. Mio padre dice sempre che noi (*dovere*) .... studiare per la vita e non per la scuola.

22. Vedo che voi (*mangiare*) .... veramente poco!

23. Non ti sembra che la macchina (*andare*) .... meno veloce del solito?

24. I miei amici sanno che io (*bere*) .... pochissimo.

25. È probabile che lo spettacolo (*finire*) .... dopo mezzanotte.

26. Sono veramente molto triste che le vacanze (*essere*) .... già finite.

27. A nostro parere Celentano (*cantare*) .... sempre molto bene.

28. Pensate che il Festival di Sanremo (*essere*) .... ancora importante?

29. Non dovete comprare la macchina prima che io la (*controllare*) ....!

30. Benché non (*avere*) .... ancora 16 anni mia sorella vuole sposarsi.

U Congiuntivo imperfetto

Das ist der Konjunktiv der Vergangenheit. Er hat zwei wichtige Funktionen:

- Es steht nach den bekannten Konjunktivauslösern, wenn der Haupsatz in der Vergangenheit steht und Gleichzeitigkeit gegeben ist:

  Penso che lei sia in Italia. Ich glaube, dass sie in Italien ist.
  Pensavo che lei fosse in Italia. Ich glaubte, dass sie in Italien sei.

- Es steht im *se*-Satz im *periodo ipotetico* (Wenn-Satz) (siehe Seite 96):

  Se fossi un uccello, volerei via. Wenn ich ein Vogel wäre, würde ich wegfliegen.

		io	*tu*	*lui/lei*	*noi*	*voi*	*loro*
amare	am	**-assi**	**-assi**	**-asse**	**-assimo**	**-aste**	**-assero**
ridere	rid	**-essi**	**-essi**	**-esse**	**-essimo**	**-este**	**-essero**
sentire	sent	**-issi**	**-issi**	**-isse**	**-issimo**	**-iste**	**-issero**

Als Stamm dient die um die Endsilbe verkürzte 1. Person Singular des *imperfetto*, was bei den drei unregelmäßigen Verben *bere*, *dire* und *fare* sichtbar wird:

bere	bev – evo ► bevessi						
dire	dic – evo ► dicessi	-essi	-essi	-esse	-essimo	-este	-essero
fare	fac – evo ► facessi						

- **Ausnahmen**

essere	fossi	fossi	fosse	fossimo	foste	fossero
dare	dessi	dessi	desse	dessimo	deste	dessero
stare	stessi	stessi	stesse	stessimo	steste	stessero

179 **Vervollständige die Tabelle mit den *congiuntivo*-Formen der folgenden regelmäßigen Verben:**

io	tu	*lui/lei*	noi	voi	loro
1.				parlaste	
2.					mangiassero
3.		credessimo			
4.	mettessi				
5. partissi					
6.		soffrisse			
7.	capissi				
8. finissi					

180 **Bilde von den *congiuntivo*-Formen zuerst die Infinitive und dann die entsprechende Person im *imperfetto indicativo*, zB *credesse* ► *credere* ► *credeva*.**

1. fossi (io) ....

2. sentissimo ....

3. dormiste ....

4. credessi (tu) ....

5. beveste ....

6. venisse ....

7. uscissi (tu) ....

8. avessero ....

9. dessi (io) ....

10. rideste ....

11. parlasse ....

12. andassimo ....

13. facessi (tu) ....

14. metteste ....

181 Wähle die richtigen Formen aus.

1. Credevo che tu stessi / stassi male.
2. Giulia non immaginava che Roberto avisse / avesse paura.
3. Non pensavano che fosse / fossi già così tardi.
4. Sembrava che arrivaste / arrivasse alla festa anche il ragazzo di Paola.
5. Attilio e Luisa erano d'accordo che Pietro e Claudia gli telefonassero / telefonassimo.
6. Mattia era convinto che Marco lavoraste / lavorasse in ospedale.
7. Gioia credeva che Andrea giocasse / giochesse a tennis.
8. A Massimo pareva che tutti andassero / vadassero al cinema.

182 Verbinde.

1. andasse   sentire, 2. P. Pl.
2. soffrissimo   andare, 1. P. Pl.
3. sentissero   soffrire, 3. P. Pl.
4. credeste   andare, 3. P. Sg.
5. andaste   andare, 2. P. Pl.
6. credesse   soffrire, 1. P. Pl.
7. soffrissero   sentire, 3. P. Pl.
8. sentiste   credere, 2. P. Pl.
9. andassimo   credere, 1. bzw. 2. P. Sg.
10. credessi   credere, 3. P. Sg.

183 Setze die passenden Formen des *congiuntivo imperfetto* ein.

1. Credevo che lui (*essere*) .... innamorato di Elvira.

2. Immaginavamo che voi (*essere*) .... stanchi.

3. Pensavi che Gerardo e io (*potere*) .... prendere una pizza in due?

4. Immaginavo che tu (*sapere*) .... tutte le regole di grammatica.

5. Credevate che Babbo Natale (*esistere*) ....?

6. Le sembrava che la vita in Austria (*costare*) .... più che in Italia?

184 Setze folgende Sätze in die Vergangenheit (Hauptsatz: *presente* ▶ *imperfetto*):

1. Sono proprio felice che tu sia a Vienna! ▶ ....

2. Giuliano ha paura che Marta lo lasci. ▶ ....

3. A Simona dispiace molto che sua sorella non sia a casa. ▶ ....

4. Leda e Lucia sono tristi che i loro amici Pietro e Federico partano. ▶ ....

5. Non siamo sorpresi che vogliate anche un gelato. ▶ ....

6. Siete contente che Daniela vi inviti alla festa? ▶ ....

185 Setze folgende Sätze in die Vergangenheit (Hauptsatz: *presente* ▶ *passato prossimo*):

1. Andiamo a sciare benché ci sia poca neve. ▶ ....

2. Sebbene sia agosto fa abbastanza freddo. ▶ ....

3. Luigi va in banca prima che chiuda. ▶ ....

4. Voglio venire in vacanza con voi purché mi lasciate in pace. ▶ ....

5. Nonostante Angelo ami Anna preferisce stare con Lucia. ▶ ....

6. Benché siano in vacanza non si rilassano. ▶ ....

V Passivo

Das Passiv ist die sogennante „Leideform", die ausdrückt, dass mit einer Person oder einer Sache etwas geschieht:

Sono stata vista da tutti. Ich bin von allen gesehen worden.

Es kann von Verben gebildet werden, die ein Objekt nach sich ziehen, also transitiv sind.

| **essere** (in allen Personen und Zeiten) | + **Partizip** (übereingestimmt) | **da qualcuno** |

■ *presente*

sono		ich werde gesehen
sei	*visto/a*	du wirst gesehen
è		er/sie wird gesehen
siamo		wir werden gesehen
siete	*visti/e*	ihr werdet gesehen
sono		sie werden gesehen

■ *passato prossimo*

sono stato/a		ich wurde gesehen
sei stato/a	*visto/a*	du wurdest gesehen
è stato/a		er/sie wurde gesehen
siamo stati/e		wir wurden gesehen
siete stati/e	*visti/e*	ihr wurdet gesehen
sono stati/e		sie wurden gesehen

■ **Andere Zeiten**

ero		ich wurde damals gesehen
sarò		ich werde gesehen werden
sarei	*visto/a*	ich würde gesehen werden
ero stato		ich war gesehen worden
che sia stato		dass ich gesehen werde

■ **Andere Passivkonstruktionen**

venire + Partizip: Unterstreichung des Vorgangs, kann alle einteiligen Zeiten von *essere* ersetzen.

vengo		ich werde gesehen
venivo		ich wurde gerade gesehen
verrò	*visto/a*	ich werde gesehen werden
verrei		ich würde gesehen werden

andare + Partizip: **gemacht werden müssen**

vado		ich muss gesehen werden
andavo		ich musste gesehen werden
andrò	*visto/a*	ich werde gesehen werden müssen
andrei		ich müsste gesehen werden

186 Verbinde.

1. il libro   vengono viziate (*werden verwöhnt*)
2. la camera   verrà mangiata
3. la pizza   è stata riservata
4. le torte   vengono curati
5. i denti   era bevuto
6. gli stivali   è amata
7. la mamma   vengono comprati
8. le bambine   vengono cucinate
9. la canzone   sarà letto
10. il cocktail   è stata cantata

187 Setze passende Partizipien ein, um Passivformen zu bilden.

1. Paolo non è stato (*invitare*) .... alla festa di Caterina.

2. Lorenzo e Giuditta sono (*amare*) .... dai loro compagni di classe.

3. La professoressa di greco è (*odiare*) .... dagli studenti.

4. Il preside della scuola non è (*rispettare*) .... da tutti.

5. I biglietti del cinema non sono stati (*comprare*) .... prima.

6. Le fragole non sono ancora state (*lavare*) ....

7. Le rate dell'auto sono state (*pagare*) .... per due anni.

8. Il compleanno di Filomena sarà (*festeggiare*) .... tre giorni dopo.

188 Verbinde.

1. Il nuovo film di Moretti   sono state prodotte in Italia.
2. La mia collana di perle   è spiegata male.
3. Il mio pullover blu   sono molto amati in Europa centrale.
4. Le sue scarpe da ginnastica   è stato comprato al mercato.
5. La partita di calcio   sarà giocata alle 20:00.
6. La grammatica italiana   non è stata rubata.
7. Un vestito poco elegante   sono preferite dai ragazzi italiani.
8. Una casa così bizzarra   non è stata costruita mai.
9. Le ragazze bionde del nord   è stato visto da tutti.
10. I ragazzi abbronzati del sud   sarebbe visto male ad un ballo.

189 Forme folgende Sätze nach dem Muster um. Achte auf die Zeiten!

Beispiel: *Antonella ha fatto una torta al cioccolato.* ► *Una torta al cioccolato è stata fatta da Antonella.*

1. Mario ha letto un libro ► ....

2. Alice e Luna hanno vinto un premio ► ....

3. Helmut e Wolfgang lavano l'auto ► ....

4. Noi compreremo il vino ► ....

5. Ludovica farebbe un panino ► ....

6. Massimo inviterà anche Carla e Maria alla festa ► ....

190 Forme folgende Sätze nach dem Muster um:

Beispiel: *Il pane deve essere comprato.* ► *Il pane va comprato.*

1. La mozzarella deve essere mangiata entro domani. ► ....

2. Quel film è splendido: deve essere assolutamente visto! ► ....

3. Gli gnocchi di mia nonna devono essere provati. ► ....

4. Gli spaghetti devono essere assaggiati. ► ....

5. Le brutte esperienze devono essere dimenticate. ► ....

6. Le relazioni pericolose devono essere evitate. ► ....

191 Ergänze die Sätze mit den passenden Passivformen.

1. La storia di Romeo e Giulietta (*raccontare – passato prossimo*) .... da Shakespeare.

2. Il film "La vita è bella" (*girare – passato prossimo*) .... da Benigni.

3. Le Olimpiadi del 2008 (*organizzare – passato prossimo*) .... a Pechino.

4. Gli europei di calcio 2008 (*giocare – passato prossimo*) .... in Austria e Svizzera.

5. La finale degli Euro 08 (*vincere – passato prossimo*) .... dalla Spagna.

6. Da chi (*vincere – futuro*) .... la finale nel 2012?

7. Il libro "Il rosso e il nero" (*scrivere – passato prossimo*) .... da Stendhal.

8. La cioccolata (*amare – presente*) .... da tutti i bambini.

11. KAPITEL: Pronomen

A Fragepronomen

Unveränderliche Fragepronomen		
che (che cosa, cosa)?	was?	*Che cosa fai oggi?*
	welche/r, was für ein?	*Che tipo sei?*
chi?	wer?	*Chi è Carlo Goldoni?*
	wen?	*Chi cerchi?*

Fragewörter: *dove*? – wo?   *come* ? – wie?   *quando*? – wann?   *perché*? – warum?

Präpositionen mit Fragewörtern: Die Bedeutung eines Frageworts kann durch eine Präposition verändert werden.

Di dove? – Von wo? Per chi? – Für wen? Per dove? – Wohin? Su cosa? – Worüber? Di cosa? – Wovon?

Veränderliche Fragepronomen		
quale/i *Quale* hat zwei Endungen, wie ein Adjektiv auf **-e.**	welche/r?	*Quale torta?* *Quali tramezzini?*
quanto/a/i/e *Quanto* hat vier Endungen, wie ein Adjektiv auf **-o.**	wie viel/e?	*Quanto pane? Quanta mozzarella?* *Quanti capperi? Quante olive?*

192 Setze passende Fragewörter ein.

1. .... stai facendo? **2.** .... è quel ragazzo? **3.** .... non mangi? **4.** .... sta andando, Signorina? **5.** Con .... parlate? **6.** .... arriva il treno da Verona? **7.** .... conosci a Firenze? **8.** Di .... sei? Di Genova o di Savona? **9.** .... torta preferisci? **10.** .... zucchero metti nel caffè? **11.** .... grissini compri tu? **12.** Di .... parla questo libro? **13.** A .... vuoi telefonare? **14.** Per .... sono questi fiori? **15.** Su .... montagna vuoi salire? **16.** .... amici inviti alla tua festa? **17.** .... ami di più? Stefano o Luigi? **18.** .... valigie hai? **19.** .... era Boccaccio? **20.** .... vuoi bere? **21.** .... anni hai? **22.** .... sono le tue amiche? **23.** .... ridi? **24.** .... si trova la pizzeria? **25.** .... sta il tuo ragazzo? **26.** .... preferisci: me o lui? **27.** .... borsa preferisci: questa o quella?

193 Welche Fragewörter machen Sinn? Kreuze sie an.

1. Perché	
Con chi	vai in vacanza?
Che cosa	

4. Quale	
Perché	macchina prendi?
Di chi	

2. Quale	
Dove	vivi?
Come	

5. Su cosa	
Dove	dormi?
Quando	

3. Da dove	
Quando	vieni?
Con cosa	

6. Dove	
Come	parli?
Chi	

194 Übersetze.

1. Wann reist ihr ab? **2.** Warum schaut sie mich an? **3.** Wo ist das WC? **4.** Wohin geht sie? **5.** Welchen Film seht ihr? **6.** Was hast du gesagt? **7.** Wer kommt heute nicht? **8.** Welches Brot willst du? **9.** Wie singt sie? **10.** Welches Lied bevorzugst du? **11.** Wen kennst du hier nicht? **12.** Worüber schreibt er? **13.** Wie sind seine Bücher? **14.** Warum schlafen sie nicht? **15.** Wer ist dein Lieblingssänger?

B Hinweisende Pronomen – *questo* und *quello*

Questo und *quello* sind hinweisende Pronomen. Es gibt verschiedene Formen.

- **Allein stehend:**

Questo – der hier: wie ein Adjektiv auf *-o/-a*.

Quest**o**	è	Marco.
Quest**a**		Cristina.
Quest**i**	sono	i miei amici.
Quest**e**		le mie amiche.

Quello – der dort: wie ein Adjektiv auf *-o/-a*.

Quell**o**	è	Filippo.
Quell**a**		Romina.
Quell**i**	sono	i miei fratelli.
Quell**e**		le mie compagne.

Das (hier)	ist	Marco. Cristina.
	sind	meine Freunde. meine Freundinnen.

Das (dort)	ist	Filippo. Romina.
	sind	meine Brüder. meine Kameradinnen.

- **Mit Substantiv:**

diese/r (hier)

questo ragazzo
questi ragazzi
questa ragazza
queste ragazze

jene/r (der dort)

(il ►)	**quel**	quel ragazzo
(lo ►)	**quello**	quello zio
(l' ►)	**quell'**	quell'uomo
(i ►)	**quei**	quei ragazzi
(gli ►)	**quegli**	quegli zii
(la ►)	**quella**	quella ragazza
(l' ►)	**quell'**	quell'italiana
(le ►)	**quelle**	quelle ragazze

195 Setze die passende Form von *questo* ein.

1. .... albero
2. .... banche
3. .... pizzerie
4. .... chiese
5. .... duomo
6. .... casa
7. .... autostrada
8. .... palazzi
9. .... monumento
10. .... alberghi
11. .... parco
12. .... ristoranti
13. .... arco
14. .... galleria
15. .... pensione

196 Setze die passende Form von *quello* ein.

1. .... alberi
2. .... banca
3. .... pizzeria
4. .... chiesa
5. .... duomi
6. .... case
7. .... autostrade
8. .... palazzo
9. .... monumenti
10. .... albergo
11. .... parchi
12. .... ristorante
13. .... archi
14. .... gallerie
15. .... pensioni

197 Übersetze (der/die/das hier ► *questo/a*, der/die/das dort ► *quello/a*).

1. Ich wohne in dieser Straße hier. 2. Kennst du den Herrn dort? 3. Diese CDs hier sind fantastisch. 4. Die Trattoria dort ist gut. 5. Dieser Wein hier schmeckt mir. 6. Das Mineralwasser dort ist sehr teuer! 7. Dieser Käse hier ist französisch? 8. Ich arbeite mit dem Mann dort. 9. Wie heißt das Mädchen dort? 10. Diese zwei Autos gehören mir (sind meine). 11. Gefällt euch das Haus dort? 12. Die Italiener dort sind in unserem Hotel. 13. Diese Pizza hier ist nicht gut. 14. Warum sind die Fenster dort offen? 15. Schließe bitte diese Tür hier. 16. Ich esse oft in diesem Restaurant hier. 17. Die Burschen dort sind meine Brüder. 18. Diese Sache hier ist furchtbar. 19. Mit den Mädchen dort gehe ich nicht aus!

C Relativpronomen

- **che**: ist <u>das</u> Relativpronomen und steht für der, die (Sg.), das, den, die (Pl.).

  Quella è la casa che mi piace tanto.   Das ist das Haus, das mir so gut gefällt.

  Voglio conoscere la ragazza che hai sposato.   Ich will die junge Frau kennenlernen, die du geheiratet hast.

- **il quale – la quale – i quali – le quali**

  Der bestimmte Artikel *il/la/i/le* + *quale/i* kann **che** ersetzen (Schriftsprache), zB:

  La donna che vedi ▶ *La donna **la quale** vedi.*

- **cui:** steht statt *che* nach einer Präposition

*la donna **a cui** scrivo*	die Frau, der ich schreibe
*il motivo **per cui** ti telefono*	der Grund, aus dem ich dich anrufe
*le attrici **di cui** parlo*	die Schauspielerinnen, von denen ich rede
*i signori **con cui** lavoro*	die Herren, mit denen ich arbeite

- **quello che**: das, was

***Quello che** dici è giusto.*	(Das), was du sagst, ist richtig.
*Facciamo **quello che** vuoi tu.*	Wir machen (das), was du willst.
*Prendi **tutto quello che** vuoi.*	Nimm alles (das), was du willst.

- **chi:** derjenige, welche

  Chi cerca, trova.   Wer suchet, der findet.

198 Verbinde.

1. Non conosco nessuno	cui ti ho parlato ieri.
2. Questo è il tavolo su	che parli bene il cinese.
3. Potete mangiare tutto	non è molto bello, sai?
4. Voglio vedere tutti i film	che ho comprato ieri?
5. Chi vuole	quello che volete.
6. Questo è il libro di	può venire alla mia festa.
7. Quello che hai fatto	che fatto Federico Fellini.
8. Dov'è il prosciutto	cui Goethe ha scritto il "Faust".

199 Setze *che* oder *cui* ein.

1. Ho parlato con un signore .... dice che ti conosce. **2.** Voglio trovare una persona a .... posso dare le mie chiavi di casa. **3.** Chi è il ragazzo con .... hai fatto un viaggio Interrail? **4.** Chi è la ragazza .... ami? **5.** Dove sono le fragole .... ho portato ieri? **6.** Ti faccio vedere la casa in .... abitato da piccolo. **7.** Non posso dirti le cose .... mi ha detto il mio ex-ragazzo. **8.** Quello .... non capisco è perché sei venuto così tardi. **9.** C'è ancora una cosa .... volevo dirti. **10.** Un motivo per .... non esco è che sono stanchissimo. **11.** La musica .... preferisco è l'opera italiana. **12.** Ecco il ragazzo di .... ti parlavo ieri. **13.** Finalmente! Questo è il momento .... aspettavo da anni. **14.** È Marisa la ragazza .... devo telefonare. **15.** Torino è la città italiana .... preferisco. **16.** Queste sono cose di .... non voglio parlare. **17.** Vorrei una casa .... non mi dà troppo lavoro. **18.** Per me "La bestia nel cuore" è il film migliore .... ha fatto Cristina Comencini. **19.** Giovanna Mezzogiorno è un'attrice .... amo molto. **20.** L'amica da .... vado oggi si chiama Sofia. **21.** I problemi .... hai tu non sono molto grandi, per fortuna! **22.** Cos'è quello .... vuoi dire? Non ti capisco!

200 Setze die passenden Pronomen und Fragewörter ein. Als Unterstützung hast du hier eine Liste aller Wörter, die vorkommen.

 Tipp: *qui* im Satz deutet auf eine Form von *questo*, *là* auf *quello*.

che 8x – che cosa 2x – chi 6x – come 2x – cui 7x – dove 3x – perché 2x – quale 4x – quali 1x – quando 2x – quante 2x – quanti 3x – quegli 1x – quel 1x – quell' 1x – quella 4x – quelle 1x – quello che 4x – questa 2x – queste 1x – questi 2x – questo 1x

1. .... è Roberto Benigni? È .... attore e regista .... ha fatto "La vita è bella"?

2. Dove sono i miei jeans? Forse sulla sedia su .... ho messo anche gli altri miei vestiti?

3. Vorrei avere un amico su .... posso contare sempre, ... mi aiuta e non parla male di me.

4. .... non capisco assolutamente è .... non mi hai telefonato.

5. .... non vuole capire, non capisce. .... è la verità.

6. .... panini vuoi preparare? Per .... persone?

7. .... fate stasera? Restate a casa o andate in .... ristorante là dove siamo stati una volta?

8. .... abita tuo fratello? .... si fa ad arrivarci?

9. Con .... esci stasera? Con Lisa e Sara o con .... ragazze là .... hai conosciuto al mare?

10. .... volete partire per il nostro viaggio? .... ci incontriamo?

11. .... valigia prendi? .... rossa o .... blu?

12. Con .... mangia dovrebbe già pesare 100 chili!

13. Con .... amici andate in Sardegna? Con .... macchina?

14. L'amico .... mi ha telefonato ieri è .... hai visto per strada la settimana scorsa.

15. Voglio mettere la gonna nera .... ho comprato al mercato.

16. Il videogioco di .... parlavamo prima è proprio fantastico, sai?

17. .... arriva il treno da Padova e su .... binario?

18. .... (*jene*) alberghi in Toscana di .... parla la guida sono veramente di lusso.

19. Perché non mi fai leggere l'email .... ti ha scritto Giorgia?

20. .... ragazza qui è mia sorella e .... là è mia cugina.

21. Credete che troveremo una persona .... ci aiuta?

22. .... anni ha il tuo ragazzo? Da .... viene? .... l'hai conosciuto?

23. Il motivo per .... ti telefono è che voglio invitarti a cena da me.

24. .... volete fare domani? .... ci organizziamo?

25. .... libri qui sono interessantissimi. .... non li vuoi leggere?

26. Tutto .... ti chiedo è di portarmi a casa!

27. .... mi ama, mi segue!

28. Uffa! .... storie qui sono veramente noiose!

29. A .... ora vogliamo andare al cinema? .... film avete scelto?

30. .... volta là in cui siamo stati in Sardegna è successa una cosa incredibile.

31. .... formaggio qui mi piace moltissimo! .... l'ha comprato?

32. .... ore dura il musical per .... hai comprato i biglietti?

33. .... vuole venire con me al supermercato?

34. Nella mia casa ci sono delle persone con .... non vado assolutamente d'accordo.

35. .... di .... film qui avete già visto?

D Personalpronomen

- **Subjektpronomen (Pronomen im 1. Fall)**

Subjekt (betont)	
io	ich
tu	du
lui, lei, Lei	er, sie, Sie
noi	wir
voi	ihr
loro	sie

Io *vado* betont das Subjekt: **Ich** gehe!
Vado bedeutet „ich gehe".

Da die Person durch die Verbform ausgedrückt wird, ist das automatisch die unbetonte Form. (Siehe auch Seite 79)

- Die *pronomi indiretti* entsprechen dem 3. Fall.

unbetont	betont	
mi	*a me*	mir
ti	*a te*	dir
gli, le, Le	*a lui, a lei, a Lei*	ihm, ihr, Ihnen
ci	*a noi*	uns
vi	*a voi*	euch
gli (loro)	*a loro*	ihnen

- Die *pronomi diretti* entsprechen dem 4. Fall.

unbetont	betont	
mi	*me*	mich
ti	*te*	dich
lo, la	*lui, lei, Lei*	ihn, sie, Sie
ci	*noi*	uns
vi	*voi*	euch
li, le	*loro*	sie

- **Wortstellung:** Unbetontes Pronomen steht **vor dem Verb**:

Carlo **mi** *saluta.* Carlo grüßt mich.
Carlo **mi** *ha salutato.* Carlo hat mich gegrüßt.

Die betonten und unbetonten Pronomen unterscheiden sich durch ihre **Funktion,** ihre **Form** sowie durch ihre **Stellung** im Satz.

Ti **amo**. *Ti amo tanto.*	Ich **liebe** dich. Ich liebe dich sehr.	normale (unbetonte) Form: Verb ist wichtig
Amo **te**. *Non amo lei/lui.*	Ich liebe **dich**. Ich liebe nicht sie/ihn.	betonte Form: die Person wird hervorgehoben

- Die **betonte Form** wählt man immer
  - bei **Hervorhebungen:** *Io sono il capo qui!* **Ich** bin hier der Chef!
  - bei **Gegenüberstellungen:** *Ami me o lui?*
  - bei **Einwortantworten:** *Chi ami?* **Lui**.
  - nach *anche, come, quanto, secondo, solo, sempre*
  - nach **Präpositionen:** *a me* (mir), *di te* (von dir), *contro lui* (gegen ihn), *senza di* (ohne)

- Im *passato prossimo* kann in Sätzen mit *mi, ti, ci, vi* im 4. Fall das Partizip mit Geschlecht und Zahl der Person, auf die Bezug genommen wird, übereingestimmt werden:

*Carla: Mamma, mi hai vist**a**/o?*
*Franco e Mario: Papà, ci hai vist**i**/o?*

- **Reflexivpronomen** (siehe auch Seite 84)

lavarsi	**sich waschen**
mi lavo	ich wasche mich
ti lavi	du wäschst dich
si lava	er/sie wäscht sich
ci laviamo	wir waschen uns
vi lavate	ihr wascht euch
si lavano	sie waschen sich

1   *Pronomi indiretti*

unbetont	betont			
mi	*a me*	mir	*Mi dai un bacio?* Gibst du mir einen Kuss?	
ti	*a te*	dir	*Ti presto la moto.* Ich borge dir das Motorrad.	
gli	*a lui*	ihm	*Gli regalo un CD.* Ich schenke ihm eine CD.	
le	*a lei*	ihr	*Le dico addio.* Ich sage ihr Lebewohl.	
Le	*a Lei*	Ihnen	*Le presento il signor Guerrini.* Ich stelle Ihnen Herrn Guerrini vor.	
ci	*a noi*	uns	*Ci presenti la tua amica.* Du stellst uns deine Freundin vor.	
vi	*a voi*	euch	*Vi faccio vedere una lettera.* Ich zeige euch einen Brief.	
loro (gli)	*a loro*	ihnen	*Mando loro (gli mando) un pacco.* Ich schicke ihnen ein Paket.	

Sie ersetzen Objekte im 3. Fall.

Verben, die *pronomi indiretti* (wie 3. Fall) nach sich ziehen, verlangen immer die Präposition *a*.

Die lernt man am besten gleich mit, zB: *dare a* – geben
(Genauer gesagt: *dare qualcosa a qualcuno* – jemandem etwas geben)

*Dai i soldi **a Federico**?*　　　　　　　　　*Sì, **gli** do i soldi.*
Gibst du Federico das Geld?　　　　　　　Ja, ich gebe ihm das Geld.

*Date la lettera **a Maria**?*　　　　　　　　*Sì, **le** diamo la lettera.*
Gebt ihr Maria den Brief?　　　　　　　　Ja, wir geben ihr den Brief.

*Regaliamo i fiori **ai nonni**?*　　　　　　　*Sì, regaliamo **loro** i fiori.* (korrekte Form)
Schenken wir den Großeltern die Blumen?　*Sì, **gli** regaliamo i fiori.* (umgangssprachlich)
　　　　　　　　　　　　　　　　　　　Ja, wir schenken ihnen die Blumen.

201 Beantworte folgende Fragen mit Ja, verwende *pronomi indiretti*:

1. Mi presti una biro? ....

2. Dai 10 € a Paolo? ....

3. Ci regali due uova? ....

4. La macchina ti piace? ....

5. Fai vedere la camera a Elisa? ....

6. Ci dici ciao? ....

7. Presti la macchina agli amici? ....

8. Dici tutto a Marco? ....

9. Mi raccontate tutto? ....

10. L'appartamento piace a Pietro? ....

202 Übersetze.

1. Du schickst mir die E-Mail. 2. Er borgt uns die CD. 3. Wir zeigen euch den Park. 4. Ich gebe ihm den Schlüssel. 5. Sie sagt uns alles. 6. Sie borgen ihnen das Motorrad. 7. Ich gebe dir mein Mobiltelefon. 8. Ihr sagt uns Guten Tag. 9. Er schenkt mir eine Rose. 10. Sie schicken uns die Kinder. 11. Ich zeige dir die Stadt. 12. Schenkt ihr uns ein Hotdog? 13. Meine Freundin gibt Alex einen Kuss! 14. Zeigt ihr mir euer neues Motorrad? 15. Du borgst Camilla eine DVD. 16. Wir geben ihm 100 €. 17. Ihr schickt Luisa viele E-Mails. 18. Eros Ramazzotti gefällt euch nicht? 19. Ich erzähle ihm die Geschichte nicht. 20. Du schenkst mir viele Blumen. 21. Rom gefällt uns sehr. 22. Er gefällt ihr sehr.

2 Pronomi diretti

Sie ersetzen Objekte im 4. Fall.

unbetont	betont		
mi	*me*	mich	*Mi vedi?* Siehst du mich?
ti	*te*	dich	*Ti vedo.* Ich sehe dich.
lo	*lui*	ihn	*Vedi Paolo? Lo vedo.* Ich sehe ihn.
la	*lei*	sie	*Vedi Chiara? La vedo.* Ich sehe sie.
La	*Lei*	Sie	*Mi vede? Sì, La vedo.* Ja, ich sehe Sie.
ci	*noi*	uns	*Ci vedi?* Siehst du uns?
vi	*voi*	euch	*Vi vedo.* Ich sehe euch.
li	*loro*	sie	*Vedi i ragazzi? Li vedo.* Ich sehe sie (m.).
le			*Vedi le ragazze? Le vedo.* Ich sehe sie (f.).

Tipp: Man muss immer vom „italienischen Objekt" ausgehen, denn viele Begriffe haben im Deutschen ein anderes Geschlecht oder eine andere Zahl.
Achte auf den Unterschied zwischen betonten und unbetonten Pronomen, was die Bedeutung betrifft.
(*Lo* **conosci***?* Kennst du ihn? *Preferisci* **lui** *o* **lei***?* Bevorzugst du ihn oder sie?)

Im *passato prossimo* wird das Partizip in Zahl und Geschlecht mit dem Pronomen übereingestimmt.
Nur hier ist es nicht automatisch auf *-o*.

Hai preso il pane?	*Sì, l'ho pres**o**.*	Da alle Formen von *avere* im *passato* mit Vokalen (*h* ist
Hai preso la pizza?	*Sì, l'ho pres**a**.*	stumm) beginnen, reduzieren sich *lo* und *la* immer auf *l'*.
Hai preso gli spaghetti?	*Sì, **li** ho pres**i**.*	*Li* und *le* werden nicht apostrophiert (sie bleiben immer
Hai preso le penne?	*Sì, **le** ho pres**e**.*	unverändert).

203 **Setze die passenden Pronomen ein.**

1. Conosci mia sorella? No, non .... conosco.

2. Parlate il francese? No, non .... parliamo.

3. Prendete i tramezzini al formaggio? Sì, ... prendiamo.

4. Incontrano Paolo e Luca? Sì, ... incontrano al bar.

5. Ami l'opera italiana? Sì, ... amo moltissimo.

6. Chiudi le finestre? Sì, ... chiudo sempre.

7. Guardi la televisione tutte le sere? No, non .... guardo tutte le sere!

204 **Beantworte folgende Fragen mit Ja, verwende *pronomi diretti*:**

1. Stefano, parli l'italiano? ....

2. Ragazzi, conoscete Maria? ....

3. Camilla ascolta le canzoni di Paolo Conte? ....

4. Chiudete sempre la finestra di sera? ....

5. Matteo, conosci Bea e Valentina? ....

6. Incontriamo mio fratello? ....

7. Chiudono sempre la porta? ....

8. Jacopo saluta Lorenzo? ....

9. Giovanni conosce la mia voce? ....

10. Gli austriaci amano l'Italia? ....

205 **Übersetze.**

1. Kennt ihr ihn? **2.** Er hört uns. **3.** Wir lieben euch sehr. **4.** Ich sehe ihn immer. **5.** Sie kennt mich. **6.** Ich liebe sie (f., Pl.).
7. Stefania grüßt euch. **8.** Meine Freunde sehen uns in der Schule. **9.** Wir hören euch zu. **10.** Kennt ihr mich nicht?
11. Warum grüßt du mich nicht? **12.** Ich höre dich gut.

3 Unterschiede zwischen Italienisch und Deutsch

- *chiedere/domandare, telefonare, interessare + a*

Pronome indiretto	4. Fall
Chiedo una cosa a Marco. Gli chiedo una cosa.	Ich frage Marco etwas. Ich frage ihn etwas.
Telefono a Marco. Gli telefono.	Ich rufe Marco an. Ich rufe ihn an.
Interesso a Marco. Gli interesso.	Ich interessiere Marco. Ich interessiere ihn.

- *ringraziare, ascoltare, aiutare, seguire*

Pronome diretto	3. Fall
Ringrazio Marco. Lo ringrazio.	Ich danke Marco. Ich danke ihm.
Ascolto Marco. Lo ascolto.	Ich höre Marco zu. Ich höre ihm zu.
Aiuto Marco. L'aiuto.	Ich helfe Marco. Ich helfe ihm.
Seguo Marco. Lo seguo.	Ich folge Marco. Ich folge ihm.

In den folgenden Übungen kommen alle möglichen Verben vor!

206 Setze die gesuchten Pronomen ein.

1. Ringrazi tu i nonni per i bei regali? Sì, ………… ringrazio per telefono. 2. Vedete Chiara e Gioia al cinema stasera? Sì, ………… vediamo sicuramente. 3. Chiudi tutte le porte, per favore? Sì, ……… chiudo subito. 4. Aiutate zio Sandro domani? No, non ……… aiutiamo, non abbiamo tempo. 5. Dai la tua roba a Filippo quando parti. Sì, ………………… do tutta la mia roba. 6. Seguite le ragazze? No, non ………… seguiamo, cosa credi? 7. Regali il tuo computer a tuo fratello? Davvero? Sì, è proprio vero, ………… regalo il mio computer. 8. Chiedi 100 € a papà e mamma? No, non chiedo ………… 100 €. 9. Prestate la vostra barca a Giovanni? Sì, ………… prestiamo la nostra barca per una settimana. 10. Mi fai vedere la tua borsetta nuova? Sì, ……… faccio vedere la borsetta. È bellissima, sai? 11. Aiutate Sofia con la matematica? Sì, certo, ……… aiutiamo. 12. Ringraziate mia sorella per l'invito alla festa? Sì, chiaro, ……… ringraziamo subito. 13. Telefoni tutte le sere alla tua ragazza? Certamente! …………… telefono tutte le sere! 14. Racconti volentieri le barzellette ai tuoi amici? Sì, racconto …………… molto volentieri le barzellette. 15. Ascolti spesso le notizie alla radio? No, non ………… ascolto molto spesso. 16. Chiedi un'informazione al poliziotto? Sì, ………… chiedo un'informazione sulla direzione che dobbiamo prendere. 17. Vedi la luna, cara? Sì, ……… vedo, caro! 18. Incontri sempre i tuoi amici al bar? Sì, ………… incontro al bar dopo cena. 19. Ti devo ringraziare per il tuo aiuto! – Ma no, non …………… devi ringraziare. 20. Ti interessa la Germania? Sì, ………… interessa molto. 21. E Marco? Perché non …………… telefoni? – Non ho voglia.

207 Übersetze.

1. Er folgt mir. 2. Wir helfen euch. 3. Ihr ruft uns an. 4. Wir danken dir! 5. Luca interessiert mich sehr. 6. Maria hört mich nicht. 7. Helft ihr ihnen (m.), bitte? 8. Er fragt mich viele Sachen. 9. Ich liebe sie (f., Sg.)! 10. Er schickt ihr 20 Rosen. 11. Er trifft sie im Kino. 12. Mir gefällt dieser Film sehr. 13. Ich schließe sie (die Tür) gleich! 14. Interessiert euch mein Buch? 15. Viele Probleme? Wir sehen sie nicht. 16. Er erzählt mir seine Geschichte. 17. Du hilfst mir, nicht wahr? 18. Wir danken ihnen (Pl., m.). 19. Sie geben uns viel. 20. Borgt ihr uns euer Haus? 21. Rufst du mich an? 22. Hört er sie? 23. Zeigt ihr mir das Motorrad? 24. Folgt sie dir immer? 25. Öffnet er sie (Sg.)? 26. Du zeigst mir heute die Stadt.

208 Setze die Pronomen ein. Es kommen *pronomi diretti* und *indiretti* vor.

1. A Maria piace il pane ma non .... mangia mai perché è a dieta.

2. Quando vedo Marco .... racconto tutta la storia.

3. Non so dove sono quelle lettere perché non .... ho mai viste.

4. Se mi dai l'indirizzo email di tua sorella .... mando un invito alla festa.

5. Ma come? Hai visto Giovanni e Federico e non .... hai salutati?

6. Fai sempre così: tu apri la finestra ma poi non .... chiudi!

7. Ho telefonato al mio ragazzo ma non .... ho detto in quale cinema andiamo.

8. Lisa, senti, ho bisogno di una macchina. Se .... presti la tua 500 sei proprio gentile, sai?

9. Ogni giorno vediamo un cane per strada: .... segue sempre fino a casa nostra.

10. Cosa stai dicendo? Mi dispiace ma non .... sento bene, c'è troppo rumore qui.

11. Capisco bene il francese ma non .... parlo perché ho paura di fare errori.

12. Quando vedo Carlotta .... faccio vedere la mia borsetta nuova.

13. Sei divertente e simpatico. .... piaci molto, sai?

14. Ho già visto i tuoi fratelli qualche volta ma non .... conosco bene.

15. Mia madre aiuta molto nonna Luisa e .... telefona tutti i giorni.

16. Le opere italiane mi piacciono molto, ... ascolto sempre alla radio.

17. Ragazzi, perché non leggete queste riviste? Non .... interessano?

18. Giorgia non mangia mai le mie torte perché non .... piacciono.

19. Quando è il compleanno di Marco i suoi amici .... offrono una serata in pizzeria.

20. Signora, è stata molto gentile a portarmi a casa. .... ringrazio molto!

21. I miei vicini di casa sono molto tranquilli. Non .... sento quasi mai.

22. Mamma, non abbiamo più soldi! .... dai qualcosa per uscire stasera, per favore?

23. Abbiamo incontrato Marco sul tram. .... ha raccontato una storia incredibile.

24. A Dario piace molto mia sorella. Oggi .... telefona e .... chiede di uscire con lui.

25. Veronica è là, non .... vedi? Adesso .... chiamo. Veronicaaaa!

26. Papà sicuramente ti presta la sua macchina. Perché non .... parli?

27. Hai dei problemi col nuovo Windows? Se vuoi .... aiuto, sono un esperto.

28. Stasera telefono ai miei genitori e racconto .... cosa mi è successo.

29. Se volete .... mando le mie foto delle vacanze via email.

30. Abbiamo voglia di vedere la vostra nuova casa. .... invitate uno di questi giorni?

31. Volentieri! Domani .... telefoniamo e poi .... facciamo vedere la nostra casa.

32. Ehi, Lorenzo! .... apri la porta, per favore? Lorenzo! Non .... senti?

33. È il compleanno di Marta oggi. Tu cosa .... regali?

34. L'anno scorso .... ho regalato un CD ma non .... ha ringraziato. Penso che .... telefonerò solo.

35. Gloria, ... piacciono i miei jeans nuovi? .... ho comprati a Londra.

36. Le tue sorelle? .... incontro sempre dal dentista!

37. Ho lasciato il mio cellulare a casa. .... presti il tuo, per favore?

38. La mia amica e io andiamo a vedere tutti i film di Nanni Moretti perché .... piace moltissimo.

39. Non .... seguo! Parla più lentamente, per favore, se no non .... capisco.

40. Sabrina è sempre in contatto con i suoi genitori. Manda .... un'email quasi ogni giorno.

41. Ragazzi, ... piace questo locale? .... conoscete?

42. Jeanne, sappiamo che Parigi è la tua città. .... mostri il centro?

43. Signor Rossi, se vuole .... mostro il Suo ufficio.

E Betonte Pronomen

Die Formen

soggetto	pronome indiretto	pronome diretto
io	a me	me
tu	a te	te
lui	a lui	lui
lei	a lei	lei
Lei	a Lei	Lei
noi	a noi	noi
voi	a voi	voi
loro	a loro	loro

Die **betonte Form** wählt man immer

- bei **Hervorhebungen**: *Io* sono il capo qui! **Ich** bin hier der Chef!

- bei **Gegenüberstellungen**: *Ami me o lui*? Liebst du mich oder ihn?

  *Telefoni **a noi** o **a loro***? Rufst du uns an oder sie?

- bei **Einwortantworten**: *Chi ami? Lui!* Wen liebst du? Ihn!

- nach *anche* (auch), *solo* (nur), *sempre* (immer), *come* (wie) (*come me/te* = wie ich/du bzw. wie mich/dich), *secondo me, te, lui ecc.* (meiner, deiner, seiner usw. Meinung nach)

- nach **Präpositionen**: *a me* (mir), *di te* (von dir), *contro di lui* (gegen ihn), *senza di te* (ohne dich)

209 Verbinde.

1. Chi vedi?	o anche lei?
2. Secondo te	ma di loro!
3. Vedi bene solo lui	come me?
4. Vuoi sapere se mi interesso	volevi sapere tutto su di loro!
5. Non parliamo di te,	Loro due!
6. Cosa? Tu non sei	di te o di loro?
7. Ma se eri tu che	cosa stanno facendo?

8. con loro	ihm
9. per me	immer ich
10. anche tu	ihr
11. sempre io	mit ihnen
12. a lui	auch dich
13. anche te	für mich
14. a lei	auch du

210 Setze die passenden Pronomen ein.

1. Ami veramente solo (*mich*) ....? **2.** Secondo (*deiner Meinung nach*) ...., posso venire anche (*ich*) .... alla festa di Marina? **3.** Parliamo di (*uns*) .... ! **4.** Preferisci (*mich*) .... o (*sie*) .... ? **5.** (*Wir*) .... siamo i responsabili qui, non (*ihr*) .... ! **6.** L'amo tanto, farei tutto per (*ihn*) .... ! **7.** Perché telefoni sempre a (*mich*) .... ? **8.** Chi guardi, amore? (*Dich*) .... ! **9.** Vorrei uscire sempre solo con (*ihm*) .... perché è il più simpatico di tutti. **10.** Dai tutta la tua roba a Lorenzo? Ma perché non la dai a (*mir*) .... ? **11.** Andate in vacanza in Sardegna? Anche (*wir*) ....! **12.** Papà, sono già alto come (*du*) .... **13.** Non è vero, sei alto come la mamma! – Ma no, sono molto più alto di (*sie*) ....! **14.** Secondo (*unserer Meinung nach*) .... hai ragione. **15.** Stasera tutti i miei amici vengono da (*mir*) .... **16.** Con chi parli? Con (*ihnen*) .... **17.** A chi stai pensando? A (*uns*) .... **18.** (*Er*) .... viene, (*sie*) .... no. **19.** Con chi vogliono giocare Stefano e Pietro? Con Max e Nina? – No, non con (*ihnen*) .... Con (*dir*) .... **20.** Chi ha vinto? (*Ihr*) .... o (*sie – Pl.*) ....? – (*Wir*) .... !

F Pronomi combinati

Wenn zwei Objekte da sind, können beide ersetzt werden.

Anna mi dà la pizza. **Me la** *dà.*   Anna gibt mir die Pizza. Sie gibt **sie mir**.

Sie müssen richtig zusammengesetzt werden: in der umgekehrten Reihenfolge wie im Deutschen.

	lo	la	li	le
mi	me lo	me la	me li	me le
ti	te lo	te la	te li	te le
gli	glielo	gliela	glieli	gliele
le	glielo	gliela	glieli	gliele
ci	ce lo	ce la	ce li	ce le
vi	ve lo	ve la	ve li	ve le
gli	glielo	gliela	glieli	gliele

 Wenn indirekte und direkte Pronomen zusammenkommen, wird das *-i* der indirekten Pronomen zu einem *-e*, zB: *mi + lo* ▸ *me lo*. Dadurch schauen sie wie betonte Pronomen aus, was sie aber nicht sind.

211 Verbinde.

I panini ...

1. ce li date?	*Gebe ich sie ihm?*
2. me li dai?	*Gebt ihr sie uns?*
3. te li do?	*Geben sie sie uns?*
4. ve li diamo?	*Geben sie sie euch?*
5. ve li danno?	*Gebe ich sie dir?*
6. glieli do?	*Geben wir sie euch?*
7. ce li danno?	*Gibst du sie mir?*

La porta ...

8. gliela apri?	*Öffnen sie sie uns?*
9. te la apro?	*Öffnen wir sie euch?*
10. ce la aprono?	*Öffnest du sie ihm?*
11. ve la apriamo?	*Öffnet er sie mir?*
12. me la apre?	*Öffnen wir sie ihm?*
13. te la apre?	*Öffne ich sie dir?*
14. gliela apriamo?	*Öffnet er sie dir?*

212 Wähle die passende Pronomenkombination aus. Setze im Lösungswort der Reihe nach die Buchstaben ein, die an der Spitze der Spalte stehen, aus der du die Pronomen wählst.

	R	M	O	N	P	E
1. La pizza, ... paghi ? (*mir*)	mela	mella	mi la	mila	me la	me l'
2. Il lavoro, ... fate? (*uns*)	ce lo	celo	cell'	ci lo	cilo	cello
3. La casa, ... fai vedere? (*ihm*)	gli la	glie la	gliela	gliella	le la	lela
4. Le foto, ... mando per posta? (*euch*)	vi la	vela	vel'	ve le	ve la	vi le
5. I limoni, ... hai portati? (*mir*)	meli	mile	me li	mi li	mi lo	milo
6. Il giornale, ... hai comprato? (*ihm*)	glilo	glielo	glie lo	gli lo	li lo	lilo
7. La storia, ... ho raccontata? (*dir*)	tela	te la	ti la	tila	til'	te l'

Lösungswort: __ __ __ __ __ __ __

213 Wähle die passenden *pronomi combinati* aus und setze sie ein. Welche vier bleiben über?

me le – te le – ve li – gliele – ce li – glieli – te l'ho – me la – me li – glielo – gliele – gliela

1. L'email, ... (*dir*) già mandata! **2.** La tua ragazza, ... (*mir*) presenti? **3.** Il pacco, ... (*ihm*) mandi, a Giovanni? **4.** Le rose, ... (*ihr*) hai comprate, a nonna Marta? **5.** Le magliette, ... (*mir*) hai già lavate, mamma? **6.** I mobili nuovi, ... (*euch*) hanno già portati? **7.** Le notizie, ... (*ihm*) avete già date? **8.** I soldi, ... (*ihr*) dobbiamo dare, a Sofia?

214 Beantworte die Fragen mit Ja.

Beispiel: *Mi hai già preparato la colazione?* ► *Sì, te l'ho già preparata.*

1. Mi comprate il giornale quando andate in centro? ....
2. Gli date la vostra macchina per le vacanze? ....
3. Marco ci porta il suo cane stasera? ....
4. Le date le informazioni necessarie? ....
5. Mi paghi il biglietto per il concerto? ....
6. Gli fai vedere la tua discoteca preferita? ....
7. Ci raccontate la vostra avventura in India? ....
8. Parti per l'India e le regali tutte le tue cose? ....
9. Ciao Carlo, mi presenti la tua ragazza? ....
10. Sentite, ci comprate le cartoline, per favore? ....
11. Gli avete già lavato la macchina? ....
12. Ci avete mandato l'email con tutti i dati? ....
13. Mi aprite la porta quando vengo? ....
14. Quando viene Sara le diamo le sue cose? ....
15. Mi fai vedere la tua nuova casa? ....
16. Voi ci prestate i vostri libri? ....
17. Alessandro ti regala i suoi CD? ....
18. Le hai portato le rose rosse? ....
19. Mi avete chiuso le finestre? ....
20. Vi abbiamo presentato i nostri figli? ....

215 Wähle von den vorgeschlagenen Antworten die richtige. Kreuze sie an.

1. Ci dai il tuo coltello?	Te lo do.	Te li do.
2. Le prepari il pranzo?	Glielo preparo.	Le lo preparo.
3. Mi dai i soldi?	Me li dai.	Te li do.
4. Vi abbiamo dato il nostro libro?	Ce lo avete dato.	Ce lo hanno dato.
5. Gli presenti tuo fratello?	Glielo presento.	Gliel'ho presentato.
6. Mi hai portato la pasta?	Te la porto.	Te l'ho portata.
7. Ci hai detto la verità?	Ve le ho dette.	Ve l'ho detta.
8. Mi mandi le email?	Ti le mando.	Te le mando.
9. Le scrivi la lettera?	Glie la scrivo.	Gliela scrivo.
10. Ti ho dato la borsa?	Te la ho dato.	Me l'hai data.
11. Vi danno la macchina?	Ce la danno.	Ci le danno.
12. Mi porti il lavoro?	Te lo porto.	Te lo lavoro.
13. Le offri la cocacola?	Lela offro.	Gliela offro.
14. Ci mandi la cartolina?	Vi le mando.	Ve la mando.
15. Gli porti il gelato?	Glielo porto.	Gliela porta.
16. Mi hai scritto il testo?	Telo scrivo.	Te l'ho scritto.
17. Vi ho dato la borsa?	Ce la dai.	Ce l'hai data.
18. Le dici le mie cose?	Gliele dico.	Gliele dici.

G Angehängte Pronomen

Wenn ein Pronomen an einen Infinitiv angehängt wird, verschwindet das -e der Infinitivendung und wird durch das Pronomen ersetzt: *guardare* ▶ *guardar* ▶ *guardarmi*.

Pronomen können nur an unveränderliche Verbformen (Infinitiv, *gerundio*) und Imperativ 2. P. Sg., 1. und 2. P. Pl. angehängt werden, nie aber an weitere abgewandelte Verbformen (also Verbformen, die eine Person ausdrücken, wie zB *io guardo*).
Es handelt sich dabei immer um unbetonte Pronomen.

■ **Sie müssen angehängt werden an:**

Imperativ in der Du-Form	*Guardami, per favore!*
Imperativ von Reflexivverben	*Alzati!*
gerundio semplice/composto	*Vedendola/Avendola vista ...*

■ **Sie können angehängt werden an:**

Infinitivkonstruktionen mit Modalverben (angehängt bzw. vor dem Modalverb)	*Devi guardarmi.* = *Mi devi guardare.*
Infinitiv des Verbots	*Non guardarmi.* = *Non mi guardare.*
stare + gerundio (angehängt bzw. vor *stare*)	*Stai guardandomi.* = *Mi stai guardando.*
Dasselbe gilt für die *pronomi combinati*. Werden sie angehängt, wird alles zu einem Wort.	*Dammi il libro. Dammelo.* *Stai portandomelo?* *Me lo devi dare. Devi darmelo.*

■ **Stellung der Pronomen**

Wo ein Pronomen steht, hängt davon ab, ob es betont oder unbetont ist.

Betonte Pronomen	nach dem Verb	*Vedi me.*
	nach Präpositionen	*Parli con me.*
	nach *anche, solo* etc.	*Vedi anche lui.*
Unbetonte Pronomen	vor dem Verb	*Mi vedi.*
	vor dem Hilfsverb	*Mi hai visto.*
	angehängt an den Infinitiv	*Devi guardarmi.*
	an den Imperativ	*Guardami!*
	an das *gerundio*	*Stai guardandomi?*

216 Hänge die Pronomen an.

Beispiel: *Lo devo vedere.* ▶ *Devo vederlo.*

1. Ti voglio baciare. ....

2. Mi potete lasciare? ....

3. Lo sto facendo! ....

4. Li so fare. ....

5. Ve li stiamo dando. ....

6. Ce lo devi dire. ....

7. La sta cercando. ....

8. Me li voglio comprare. ....

9. Le sta aprendo. ....

10. Glielo devo dire. ....

11. Mi sta chiamando. ....

12. Le deve chiudere. ....

13. Ce lo devo trovare. ....

14. Ve li posso dare. ....

217 **Bilde Befehle.**

Beispiel: *Devi darmi il libro.* ▸ *Devi darmelo.* ▸ *Dammelo.*

1. Devi portargli il pane. ....

2. Devi darci la macchina. ....

3. Devi comprargli la moto. ....

4. Devi lasciarle la camera. ....

5. Devi darmi l'informazione. ....

6. Devi trovarci l'albergo. ....

7. Devi regalarle il tuo computer. ....

8. Devi indicarci la strada. ....

9. Devi insegnarmi lo spagnolo. ....

10. Devi riparargli la moto. ....

218 **Beantworte die Fragen.**

Beispiel: *Mi stai facendo la pasta? Sì, te la sto facendo/sto facendotela.*

1. Le state portando il pacco? ....

2. Ci stanno dicendo la verità? ....

3. Mi sta scrivendo la lista? ....

4. Vi sto rovinando la giornata? ....

5. Ti stiamo creando un problema? ....

6. Ci state ordinando il pranzo? ....

7. Vi stanno aprendo la porta? ....

8. Mi stai dando il tuo pullover? ....

9. Gli stiamo facendo il lavoro? ....

10. Le stai preparando il caffè? ....

219 **Setze folgende Wortteile so zusammen, dass sich Verbformen mit angehängten Pronomen bilden. Führe die Verbformen mit ihrer Übersetzung zusammen.**

prendete	telo
portando	le
portate	mi
telefonate	glieli
prendendo	le
lavate	celi
lava	melo
lavando	gliele
porta	mi
lavate	mi
prendi	celi

1. SIE (f., Pl.) NEHMEND ....

2. RUFT MICH AN ....

3. WASCHT SIE (f., Pl.) ....

4. BRINGT ES MIR ....

5. WASCHT MICH ....

6. SIE (f., Pl.) IHM WASCHEND ....

7. WASCH ES DIR ....

8. BRING MICH ....

9. NIMM SIE (m., Pl.) UNS ....

10. SIE (m., Pl.) IHM BRINGEND ....

11. NEHMT SIE (m., Pl.) UNS ....

H Verbi riflessivi al presente

Es gibt in **allen drei Konjugationen** reflexive Verben, die wie gewohnt abgewandelt werden.
Der Infinitiv eines reflexiven (rückbezüglichen) Verbs endet auf **-si (-arsi, -ersi, -irsi)**:
lavarsi (sich waschen), *vedersi* (sich sehen), *sentirsi* (sich fühlen)

Pronomen			
mi	mich	*(io) mi chiamo*	ich nenne mich
ti	dich	*(tu) ti chiami*	du nennst dich
si	sich	*(lui/lei) si chiama*	er/sie nennt sich
ci	uns	*(noi) ci chiamiamo*	wir nennen uns
vi	euch	*(voi) vi chiamate*	ihr nennt euch
si	sich	*(loro) si chiamano*	sie nennen sich

- **Körperpflege**

vestirsi	sich anziehen
lavarsi i denti	sich die Zähne putzen
truccarsi	sich schminken
lavarsi	sich waschen
pettinarsi	sich frisieren
farsi la barba	sich rasieren
farsi la doccia	sich duschen

- **Befindlichkeiten**

annoiarsi	sich langweilen
arrabbiarsi	sich ärgern
divertirsi	sich amüsieren
riposarsi	sich ausruhen
sentirsi (bene)	sich (gut) fühlen
innamorarsi (di qc.)	sich verlieben (in jem.)

- **Manche Verben** sind nur in einer der beiden Sprachen reflexiv:

addormentarsi	einschlafen
svegliarsi	aufwachen
alzarsi	aufstehen

- **Manche reflexive Verben** drücken „Gegenseitigkeit bzw. Wechselseitigkeit" zwischen mehreren Personen aus und werden deswegen nur im Plural verwendet:

conoscersi	sich kennenlernen
incontrarsi	sich treffen
baciarsi	sich küssen
telefonarsi	sich anrufen
parlarsi	miteinander sprechen
capirsi	sich verstehen
separarsi	sich trennen

220 Bilde die Verbformen.

	1. Sg.	3. Sg.	1. Pl.	2. Pl.
1. vestirsi				
2. truccarsi				
3. lavarsi				
4. pettinarsi				
5. annoiarsi				
6. arrabbiarsi				
7. separarsi				
8. divertirsi				
9. riposarsi				
10. innamorarsi				
11. capirsi				
12. conoscersi				

221 Setze die gesuchten Verbformen ein.

1. Oggi (*io – alzarsi*) .... presto perché ho molto da fare.

2. Anna e Paolo (*conoscersi*) .... bene e sono buoni amici.

3. Mia cugina non (*truccarsi*) .... e non (*vestirsi*) .... molto bene.

4. Adesso vado in campagna e (*riposarsi*) .... per due settimane!

5. Ma come! Oggi non (*voi – pettinarsi*) ....? Vi piacete così?

6. Tiziana (*addormentarsi*) .... alle 12 e (*alzarsi*) .... alle 6.

7. Ma tu non (*annoiarsi*) .... quando fai dei lunghi viaggi in macchina?

8. Noi (*divertirsi*) .... molto quando andiamo in discoteca.

9. Beppe (*innamorarsi*) .... sempre di ragazze sbagliate, poverino.

10. Ragazzi, ma cosa fate? (*Baciarsi*) .... durante la lezione?

11. Non vado più d'accordo con il mio ragazzo. Forse (*separarsi*) .... da lui.

12. Che caldo! Adesso vado a casa e (*farsi*) .... una bella doccia.

13. Ieri ero malata ma oggi (*sentirsi*) .... già molto meglio, per fortuna.

14. Melania e io non (*vedersi*) .... spesso ma (*telefonarsi*) ....

15. Bambino mio, come sei sporco! Adesso vai in bagno e (*lavarsi*) ....

16. Perché (*tu – arrabbiarsi*) .... così con me? Non è colpa mia!

17. Quando non ha la televisione (*annoiarsi*) ....

18. Quando (*voi – vedersi*) .... la prossima volta tu e John?

19. Oggi lavoro ma domani (*riposarsi*) .... tutto il giorno.

20. Alberto e Paolo quando (*incontrarsi*) .... parlano per due ore.

21. Voi a che ora (*svegliarsi*) .... normalmente?

22. Giada ogni mattina (*lavarsi*) .... i capelli ma non li pettina.

23. I miei genitori (*arrabbiarsi*) .... spesso con mio fratello.

24. Tu sei un'amica di Barbara, no? Come (*chiamarsi*) ....?

25. Fulvia, non capisco proprio perché tu (*arrabbiarsi*) .... così.

26. Sono innamoratissimi. (*Baciarsi*) .... per delle ore.

27. Quando andate in discoteca normalmente (*divertirsi*) ....?

28. Scusa, come (*chiamarsi*) .... i tuoi fratelli?

29. Sara, come (*tu – vestirsi*) .... stasera? Jeans o gonna?

30. Il mio ragazzo ed io forse (*separarsi*) .... perché discutiamo sempre.

31. Il bebè (*addormentarsi*) .... sempre senza problemi.

32. Quando (*io – svegliarsi*) .... prendo subito un caffè.

33. Anna è molto impulsiva. (*Innamorarsi*) .... spesso.

34. Jacopo ed io andiamo d'accordo e (*capirsi*) ....

35. Lorenzo e Filippo (*conoscersi*) .... da dieci anni.

36. Mia sorella e tuo fratello non (*parlarsi*) .... mai.

37. Cara, quando (*noi – sposarsi*) ....?

38. So che sei in ritardo ma non (*io – arrabbiarsi*) .... Tanto non serve a niente.

39. Allora stasera (*noi – vedersi*) .... Dove (*noi – incontrarsi*) ....?

40. Cesare non (*farsi*) .... ancora la barba?

41. (*Io – lavarsi*) .... i denti e poi vengo.

42. Voi avete uno stile moderno e (*vestirsi*) .... molto bene.

43. Mamma, come (*tu – sentirsi*) .... oggi?

I Verbi riflessivi al passato

Im Italienischen werden die reflexiven Verben **immer mit _essere_** ins _passato prossimo_ gesetzt.
Mi sono innamorato. – Ich habe mich verliebt.

Daher wird das Partizip – wie ein Adjektiv – in Zahl und Geschlecht übereingestimmt. (Siehe Seite 19 und 53)
Achte wie immer auf die Wortstellung.

_io_	_mi_	_sono_	
_tu_	_ti_	_sei_	_innamorato/a_
lui/lei	_si_	_è_	
noi	_ci_	_siamo_	
voi	_vi_	_siete_	_innamorati/e_
loro	_si_	_sono_	

- **Reziproke („wechselseitige") Verben:** Das Hilfsverb im _passato prossimo_ ist immer _essere_. _Conoscersi_: sich kennenlernen

  Si conoscono: sie lernen sich kennen bzw. sie kennen sich

si **sono** conosciuti	sie **haben** sich kennengelernt

- **Andere wechselseitige Verben:**
  incontrarsi – sich treffen, _telefonarsi_ – sich anrufen, _baciarsi_ – sich küssen, _vedersi_ – sich sehen etc.

222 **Bilde die Verbformen im _passato prossimo_.**

	1. Sg. m.	3. Sg. f.	3. Pl. m.
1. vestirsi			
2. truccarsi			
3. lavarsi			
4. pettinarsi			
5. annoiarsi			
6. arrabbiarsi			
7. separarsi			
8. divertirsi			
9. riposarsi			
10. innamorarsi			
11. capirsi			
12. pulirsi			
13. farsi la doccia			
14. vedersi			
15. alzarsi			
16. svegliarsi			
17. sentirsi bene			
18. abituarsi			
19. perdersi			

223 **Setze die gesuchten Verbformen im *passato prossimo* ein.**

1. Stasera tu non mi disturbi quando ci sono i miei amici. (*noi – capirsi*) ....?

2. Oggi (*alzarmi – io*) .... tardi perché ero stanchissima.

3. Livia e Fabio (*conoscersi*) .... a Firenze l'anno scorso.

4. (*loro – innamorarsi*) .... subito e hanno passato due settimane insieme.

5. Purtroppo (*loro – separarsi*) .... dopo un mese!

6. Meglio così. Forse non (*loro – capirsi*) ....

7. Debbie (*addormentarsi*) .... alle 8 e (*alzarsi*) .... alle 5.

8. Non (*tu – annoiarsi*) .... ieri sera a teatro?

9. Lei (*divertirsi*) .... molto questa estate al mare.

10. Walter (*innamorarsi*) .... di una ragazza cinese che vive a Pechino.

11. Federico e Romina (*vedersi*) .... la prima volta a una festa di amici.

12. (*noi – telefonarsi*) .... ieri sera per parlare del programma di oggi.

13. Dopo la partita sono andato a casa e (*farsi*) .... una doccia.

14. Stamattina (*io – sentirsi*) .... improvvisamente male.

15. Quando (*voi – vedersi*) .... l'ultima volta tu e Roberto?

16. Dopo avere lavorato in giardino (*io – lavarsi*) .... bene le mani.

17. Mio padre (*arrabbiarsi*) .... con me perché avevo rotto una finestra.

18. Ieri sera alla festa di zia Giuseppa (*noi – annoiarsi*) .... un po'.

19. Quando (*voi – vedersi*) .... l'ultima volta tu e John?

20. Durante le vacanze (*loro – riposarsi*) .... bene.

21. Ti ricordi, Laura? (*noi – incontrarsi*) .... alla presentazione di un libro.

22. Quando (*tu – alzarsi*) .... stamattina, Tommaso?

23. Giacomino (*addormentarsi*) .... molto presto oggi, non trovi?

24. La direttrice (*arrabbiarsi*) .... molto e ha urlato per mezz'ora.

25. Papà e mamma, dove (*voi – sposarsi*) ....?

26. (*io – innamorarsi*) .... di una ragazza molto carina.

27. Siamo stati tutti e due allo stesso cinema ma non (*vedersi*) .... Che strano!

28. Ieri sera sono uscita ma non (*divertirsi*) .... per niente.

29. Come (*voi – organizzarsi*) .... per il vostro viaggio?

30. Come (*tu – vestirsi*) .... per andare a teatro, Paola?

31. Roberta e il suo ragazzo (*separarsi*) .... perché non andavano d'accordo.

32. Mio padre (*addormentarsi*) .... sul divano.

33. (*lei – svegliarsi*) .... e ha subito fatto colazione.

34. Mia sorella (*innamorarsi*) .... del fratello del mio ragazzo.

35. Giancarlo (*stressarsi*) .... troppo questo inverno.

36. La mia amica (*occuparsi*) .... dell'organizzazione del viaggio.

37. (*noi – parlarsi*) .... per telefono la settimana scorsa.

38. Quando (*separarsi*) .... i tuoi genitori?

39. (*io – abituarsi*) .... presto a vivere da sola.

40. (*loro – incontrarsi*) .... al supermercato e (*salutarsi*) ....

41. Mio fratello (*farsi*) .... la barba la prima volta stamattina.

42. Non (*voi – lavarsi*) .... i denti, si vede subito!

43. Per il matrimonio di sua figlia zia Aurelia (*vestirsi*) .... elegantissimamente.

44. (*noi – abituarsi*) .... a lavorare 80 ore la settimana.

J Si impersonale

Si + 3. Person Sg. bedeutet „man".

Si parla italiano. Man spricht Italienisch.

Es kann auch die Bedeutung von „wir" haben: *Cosa si fa stasera?* Was machen wir heute Abend?

■ **Si + direktes Objekt**

Si prende una cocacola. Man nimmt ein Coca-Cola.   *Si leggono i giornali.* Man liest die Zeitungen.

Objekt im Sg. ▶ Verbform 3. P. Sg.   Objekt im Pl. ▶ Verbform 3. P. Pl.

■ **Si + verbi riflessivi**

Wenn die *si*-Konstruktion bei einem reflexiven Verb eingesetzt wird, würden zwei *si* hintereinanderstehen. Damit das nicht passiert, wird das erste *si* zu einem *ci*:

si si vede ▶ **ci si** *vede* – Man sieht sich.

■ **Si + è + Adjektiv**

Das Adjektiv ist immer maskulin Plural: *Si è felici.* Man ist glücklich.

224 **Setze die passenden Verbformen ein.**

1. Si (*andare*) .... al cinema stasera? **2.** Questo non si (*fare*) ....! **3.** Dopo pranzo si (*prendere*) .... un espresso. **4.** In questo letto si (*dormire*) .... molto bene. **5.** Come si (*mangiare*) .... in questo ristorante? **6.** Come si (*dire*) .... "mamma" in tedesco? **7.** Si (*potere*) .... dire "Mama" o "Mami". **8.** Perché non si (*fare*) .... un giro in moto insieme? **9.** Si (*dovere*) .... sempre controllare tutto? **10.** Si (*lavorare*) .... bene su questo computer? **11.** Come si (*giocare*) .... a "canasta"? **12.** Nella pasta si (*mettere*) .... burro o olio? **13.** È vero che in Austria a volte si (*usare*) .... lo zucchero per condire l'insalata? **14.** In Gran Bretagna si (*guidare*) .... sulla sinistra. **15.** Al mare si (*fare*) .... il bagno e si (*prendere*) .... il sole.

225 **Verbinde.**

1. Dopo 12 ore di lavoro	si vede?	**8.** Cosa si	si veste?
2. Nei bar si bevono	domani o dopodomani?	**9.** Quali amici	usano i piatti di carta?
3. Quando ci	si devono prendere?	**10.** Come ci	è tutti contenti.
4. Quante lingue	si prende per il Colosseo?	**11.** Perché non si	invita anche Pablo?
5. Ci si telefona	si parlano in Europa?	**12.** Durante la cena si	mangia stasera?
6. Quali mezzi pubblici	normalmente si è stanchi.	**13.** Perché non si	chiacchiera tutti insieme.
7. Quale autobus	molti cappuccini.	**14.** Alla fine si	s'invitano a cena?

226 **Übersetze.**

1. Wo trifft man sich? **2.** Man ist immer ein bisschen gestresst *(stressato/a)*. **3.** Man gibt immer zu viele Sachen in den Koffer. **4.** Geht man wirklich immer nach Paris, wenn man verliebt ist? **5.** Wie sagt man *luna* auf Deutsch? **6.** Kann man diesen Sessel nehmen? **7.** Man findet viele Dinge in diesem Supermarkt. **8.** Manchmal langweilt man sich. **9.** Man isst zu viele süße Sachen. **10.** Man verwendet viel den Computer. **11.** Man fährt (*andare*) oft mit dem Auto auf Urlaub. **12.** Man macht das so!

227 **Verbinde.**

1. A Milano	si mangiano i "Gianduiotti".
2. A Roma	si fa shopping.
3. A Torino	si sale sulla torre.
4. A Napoli	si gira in vaporetto.
5. A Pisa	si ammirano le colline.
6. A Firenze	si passeggia sul Ponte Vecchio.
7. A Venezia	si mangiano delle pizze fantastiche.
8. In Toscana	si visita il Foro.

228 **Lies die folgenden Aussagen und entscheide, ob sie wahr (*vero*) oder falsch (*falso*) sind.**

	vero	falso
1. Per fare gli spaghetti si deve sempre cuocerli per almeno mezz'ora.	❏	❏
2. In Italia si usano sempre i pomodori freschi per il sugo.	❏	❏
3. In Sicilia si parla lo stesso dialetto come in Sardegna.	❏	❏
4. Per preparare il tiramisù si usano le uova fresche.	❏	❏
5. Nel minestrone si mettono solo carote e zucchini.	❏	❏
6. Per dire "ciao" si può anche dire "salve".	❏	❏
7. Per andare da Genova in Sardegna con la macchina si prende il traghetto.	❏	❏
8. A Natale si mangia il panettone.	❏	❏
9. Per Natale si fanno i biscotti in casa come in Austria.	❏	❏
10. A Pasqua si regalano le uova di cioccolato.	❏	❏

229 **Setze die passende Form des *si impersonale* ein.**

1. A scuola (*leggere*) .... molti libri e (*scrivere*) .... molti testi.

2. Durante le vacanze (*dormire*) .... di più e (*essere*) .... più rilassati.

3. Per fare la pasta (*usare*) .... i pelati o i pomodori freschi.

4. Viaggiare in treno è comodo perché (*rilassarsi*) ....

5. Quando (*lavorare*) .... troppo (*essere*) .... spesso molto nervosi.

6. Al bar (*prendere*) .... il caffè, (*incontrare*) .... amici, (*leggere*) .... il giornale.

7. Dopo avere fatto sport (*farsi*) .... una doccia e (*mettere*) .... dei vestiti puliti.

8. A teatro (*spegnere*) .... il cellulare e non (*parlare*) .... con il vicino.

9. In molti paesi del mondo (*darsi*) .... la mano per salutarsi.

10. Secondo te, quando (*essere*) .... giovani (*innamorarsi*) .... più facilmente?

11. In certi treni non (*potere*) .... aprire le finestre.

12. Come (*lavare*) .... questi pullover?

13. Quante volte all'anno (*pagare*) .... il gas?

14. (*Essere*) .... molto felici quando (*trovare*) .... un lavoro.

15. (*Comprare*) .... spesso troppe cose quando non (*fare*) .... una lista prima.

16. (*Dire*) .... delle cose esagerate quando (*essere*) .... arrabbiati.

17. In Francia (*mangiare*) .... del pane chiamato "baguette".

18. In Austria e in Germania (*trovare*) .... tantissimi tipi di salame.

19. Quando (*essere*) .... malati (*sentirsi*) .... spesso anche soli.

20. Per andare al duomo (*andare*) .... di qua o di là?

K *Ci*

Das kleine Pronomen *ci* hat immer etwas mit **Ortsangaben** oder mit der Präposition *a* zu tun.
Wir kennen es von der Phrase: *c'è – ci sono* (da ist, er/sie ist da – da sind, sie sind da).

Ci ersetzt **Ortsangaben** ▶	*Vai a Roma? Sì, ci vado.*
Ci ersetzt Ausdrücke mit *a* ▶	*Credi all'amore? Sì, ci credo.*

- ■ *Ci* bezieht sich immer auf einen bereits erwähnten bzw. bekannten Ort. Es verhindert die Wiederholung dieser Ortsangabe. Es bezieht sich mehr auf ein **Wort** als auf einen **Ort**.

	Vado	*in Austria*	*tutti gli anni.*
Ci	*vado*		*tutti gli anni.*

Ci steht im Zusammenhang mit Verben wie *andare, arrivare, essere, restare, vivere, abitare*.

- ■ **Ausdrücke mit *a* bzw. *ci***

  Die Präposition *a* und ihr Anhang werden ebenfalls durch *ci* ersetzt: *Credi a questa storia? Sì, ci credo.*

pensare a qc.	an etwas denken	*ci penso*	ich denke daran
credere a qc.	an etwas glauben	*ci credo*	ich glaube es
rinunciare a qc.	auf etwas verzichten	*ci rinuncio*	ich verzichte darauf
provare a fare qc.	versuchen, etwas zu tun	*ci provo*	ich versuche es
riuscire a fare qc.	es schaffen, etwas zu tun	*ci riesco*	ich schaffe es

- ■ **Wortstellung** wie bei den Personalpronomen:

  - ▪ vor der abgewandelten Verbform: *Ci vado subito.*
  - ▪ an den Infinitiv angehängt: *Voglio andarci subito.*
  - ▪ an den Imperativ angehängt: *Vacci.* (Siehe Seite 82)

230 Verbinde.

1. Come va con la matematica?	Non ci penso neanche! Sai che non mi piace!
2. Quando vai a Venezia?	Non lo so ... Adesso ci provo. È difficile?
3. Vieni con me a fare shopping domani?	Ci penso. In che condizioni è?
4. Ho vinto 5 000 000 € al lotto!	Certo che ci credo, io l'ho trovato.
5. Sai usare questo programma?	Male! Non ci riesco proprio!
6. Vuoi comprare la mia macchina?	Non ci credo! Non è possibile!
7. Credi all'amore per sempre?	Ci vado in primavera con il mio ragazzo!

231 Beantworte die Fragen.

Beispiel: *Quando vai a Palermo? (in ottobre)* ▶ *Ci vado in ottobre.*

1. Con chi andate in Francia? (*Ludovica e Giorgia*) ....

2. Quando vuoi andare a casa? (*subito*) ....

3. Da quanto tempo vivete a Torino? (*due anni*) ....

4. Quanto vuoi restare in montagna? (*una settimana*) ....

5. Quando arriviamo a Firenze? (*fra un'ora*) ....

6. Chi sta nella tua casa? (*mio fratello*) ....

7. Perché vai al mare? (*per riposarmi*) ....

8. Quanto spesso vai dal dentista? (*una volta all'anno*) ....

9. Chi va al cinema? (*tutti*) ....

10. Chi vive sugli alberi? (*tanti animali*) ....

L Ne

Ne bedeutet **davon, darüber**. In vielen Fällen bleibt es unübersetzt. Ähnlich wie *ci* bezieht sich **ne** auf etwas bereits Erwähntes. Das Schlüsselwörtchen bei **ne** ist die Präposition **di**.

Gebräuchliche Phrasen: *Me ne vado.* – Ich gehe. *Me ne frego.* – Es ist mir egal. (umgangssprachlich)

- **Ne als Stellvertreter für Ausdrücke mit di**

Parli spesso di Venezia?	*Sì, ne parlo spesso.*
Sprichst du oft über Venedig?	Ja, ich spreche oft darüber.

- **Ne und Mengen**

Wenn die Antwort auf die Frage nach einer Menge ein ganzer Satz ist, enthält sie **ne**.

Quanta pasta prendi? Ne prendo un po'.	Ich nehme ein bisschen (davon).
Quanti biscotti prendi? Ne prendo due.	Ich nehme zwei (davon).

- **Ne und *passato prossimo***

Im *passato prossimo* wird das Partizip mit dem Objekt, auf das sich *ne* bezieht, übereingestimmt.

Quante chiese hai visto?	**Ne** *ho vist**e** tant**e**.*
Wie viele Kirchen hast du gesehen?	Ich habe viele gesehen.

Weitere Beispiele: *sapere di* (wissen), *dire di* (sagen), *pensare di* (denken), *essere convinto/a di* (überzeugt sein), *essere sicuro/a di* (sicher sein).

- **Wortstellung** wie bei den Personalpronomen (siehe Seite 82)
  - vor der abgewandelten Verbform: *Ne prendo uno.*
  - an den Infinitiv angehängt: *Voglio prenderne due.*
  - an den Imperativ angehängt: *Prendine tre.*

232 Verbinde.

1. Voi parlate spesso del passato?	Ne voglio comprare due o tre chili.
2. Quanti giornali devo comprare?	Me ne vado via di qui.
3. Volete parlare del programma per stasera?	Niente. Me ne frego!
4. Cosa fai adesso?	Ne so molto: è mio padre!
5. Quanti zucchini vuoi comprare?	No. Non ne parliamo quasi mai.
6. Cosa pensi del nuovo ragazzo di Chiara?	Certo! Ne parliamo molto volentieri.
7. Sai qualcosa del nuovo direttore?	Boh … Comprane due o tre.

233 Beantworte die Fragen.

Beispiel: *Sei sicuro di quello che dici? (sicurissimo)* ► *Ne sono sicurissimo.*

1. Quante fragole vuole, signora? (*un chilo*) ....

2. Cosa sapete della rivoluzione francese? (*poco*) ....

3. Con chi parli dei tuoi problemi? (*mia sorella*) ....

4. Sei convinto di questa tua idea? (*molto*) ....

5. Quanti DVD vuoi prendere? (*uno*) ....

6. Cosa dici del mio nuovo computer? (*niente*) ....

7. Quante macchine vedi? (*dieci*) ....

8. Quanti musei avete visto? (*solo due*) ....

9. Quante cartoline hai comprato? (*cinque*) ....

10. Hai fatto delle gite? (*sì, tante*) ....

234 **Beantworte die Fragen in ganzen Sätzen. Verwende *ne* oder *ci*.**

1. Quando volete tornare in Italia? (*l'anno prossimo*) ....

2. Da quanti anni abitano in Germania? (*dieci*) ....

3. Quanti limoni vuole, Signora? (*mezzo chilo*) ....

4. Cosa sai della tua famiglia? (*molto*) ....

5. Con chi discuti di politica? (*mio zio*) ....

6. Quanto tempo passano al mare i tuoi? (*un mese*) ....

7. Quando arrivate all'albergo? (*domani*) ....

8. Chi dorme nella vostra camera? (*nostra cugina*) ....

9. Sei contento della tua carriera? (*non molto*) ....

10. Quanti pomodori prende, Signora? (*due chili*) ....

11. Cosa fai sul balcone? (*prendere il sole*) ....

12. Chi va a parlare con il direttore? (*il signor Neri*) ....

13. Come parlano dell'Italia all'estero? (*non molto bene*) ....

14. Quante persone conti? (*dodici*) ....

15. Perché andate al lago? (*avere una casa lì*) ....

16. Quanto spesso andate a Berlino? (*due volte al mese*) ....

17. Chi va a prendere un gelato? (*solo tu ed io*) ....

18. Cosa ti importa del tuo ex-ragazzo? (*niente*) ....

19. Chi vive al terzo piano? (*i Rossi*) ....

20. Cosa sai della Croazia? (*molto poco*) ....

21. Con chi vai al mare? (*Max*) ....

22. Quanti elefanti hai visto? (*circa dieci*) ....

23. Quanti pezzi di pizza hai mangiato? (*troppi*) ....

24. Avete preparato delle torte? (*due*) ....

25. Riuscite a riparare la moto? (*sì*) ....

26. Credi al matrimonio perfetto? (*No*) ....

27. Quando arrivi a Monaco? (*alle due*) ....

28. Hanno comprato dei giornali? (*tre*) ....

29. Quanti programmi prende la televisione? (*43*) ....

30. Perché non parli mai del futuro? (*vivo nel presente*) ....

31. Mangi tante mele? (*una al giorno*) ....

32. Credete alla storia di Alex? (*no*) ....

33. Quanti problemi hai? (*tanti*) ....

34. Vai al mare questa estate? (*no*) ....

35. Chi lavora in questo ufficio? (*Grazia Caravelli*) ....

36. Che lavori fai sul computer? (*scrivo i miei testi*) ....

37. Cosa prepari in cucina? (*tutto*) ....

38. Chi pensa ai biglietti? (*io*) ....

39. Carlotta riesce a studiare il cinese? (*no*) ....

40. Hai visto tante cose nuove? (*no, non tante*) ....

41. Chi va a prendere il latte? (*zia Lucia*) ....

42. Dormiamo noi nella camera grande? (*i miei genitori*) ....

43. Sei convinto della tua decisione? (*sì*) ....

235 **Setze folgende Pronomen ein:** *diretti, indiretti, combinati, ci, ne.*

1. Pronto? Ciao Chiara, sono io. Ti telefono per dir......... che ho passato l'esame di maturità. Sono felice!

2. Che bella moto! .... presti per fare un giro con la mia amica? (*Borgst du sie mir?*)

3. Ho una bella casa in campagna ma non .... vado mai perché è troppo lontana.

4. Il mio ragazzo dice sempre che .... vuole insegnare la sua lingua ma poi non .... fa.

5. Signora, di queste fragole quante .... vuole? Un chilo o due?

6. .... dico sempre a mio fratello che non deve leggere il mio diario, ma non serve a niente. (*ich sage es ihm*)

7. Carolina prova sempre a preparare il tiramisù ma non .... riesce. Non capisco perché.

8. Paolo ha un problema con la macchina. .... dobbiamo aiutare!

9. Vai alla festa di Veronica stasera? Non so, forse .... vado, forse no. .... devo pensare.

10. Giulia vorrebbe provare a usare il mio computer ma io non voglio prestar............... . (*ihn ihr borgen*)

11. Signora Finardi, ... posso offrire un caffè? .... farebbe un grosso piacere, sa?

12. Stefania è una bellissima ragazza. Durante le lezioni .... guardo sempre.

13. Ragazzi, dovete seguir......... . Non possiamo sempre aspettar............! (*uns folgen, auf euch warten*)

14. La mia amica .... ha invitato ad andare a casa sua, ma io non .... voglio andare.

15. È arrivato il pacco per zio Piero! .... porti tu, per favore? (*bringst du es ihm*)

16. Il re aveva una figlia chiamata Bellarosa. Il principe Belfiore .... era innamoratissimo.

17. Fa freddo e la finestra è aperta. Chiudi......... per favore!

18. Mamma vuole andare in vacanza al mare, papà in montagna. Tu cosa .... pensi, Giovanni?

19. Federico, hai fatto il compito di matematica? .... sto facendo, mamma!

20. Ragazze, la porta è aperta. Chiudete......... subito. O devo far...... io?

21. Mi piacciono le tue matite. .... presti per un po'? (*borgst du sie mir?*)

22. Carlotta, potresti dar...... un po' di carta? Alex ed io vogliamo disegnare un po'.

23. Adesso telefono a Lorenzo e .... dico che voglio uscire con lui.

24. Fiona, devi telefonare a Maria e dir...... che è nata la bambina di Jessica.

25. Qualcuno deve andare in banca a prendere dei soldi. .... vai tu, per favore?

26. Non .... penso neanche! Non ho tempo! Perché non .... vai tu?

27. Ho fatto una torta e ...... ho messa sul tavolo.

28. Ha telefonato zio Filippo dall'America. .... dici tu a mamma e papà? (*sagst du es ihnen*)

29. Che fame! Che bei biscotti hai! Me .... dai un po'?

30. A casa ho le foto delle vacanze. Posso farte...... vedere? Vuoi venire un po' da .... ? (*zu mir*)

31. Grazia, cosa .... dici di andare a cena fuori stasera?

32. Pronto, Giusi? Quando vai al supermercato? – .... sto andando proprio adesso.

33. Mi porti il pane? Certo, ... porto! Devo portarti anche qualcos'altro?

34. Ecco il nostro tavolo nuovo. Guardate......! .... piace?

35. Quanti figli aveva Maria Teresa? – .... aveva sedici!

36. Aveva una figlia sposata in Francia e .... scriveva delle bellissime lettere.

37. Perché hai cambiato programma? Non capisco. .... devi spiegare. (*es mir erklären*)

38. Giuliano, da .... una biro. Devo scrivere un numero. (*gib mir*)

39. Vuoi le lasagne? Ho capito! .... sto preparando! Aspetta un minuto! (*ich bereite sie dir zu*)

40. Andate al mercato? Anche noi! .... andiamo insieme? Aspettate.........!

41. .... ho portato il giornale. Leggete...... prima voi, poi .... leggo io.

42. Sei contento del tuo letto nuovo? No, non .... sono molto contento, purtroppo.

43. Mi hanno regalato dei cioccolatini. Per fortuna .... ho mangiati solo due o tre.

12. KAPITEL: Adverbien

Es gibt Adverbien, die eigene Wörter sind (*bene, molto, tardi*) und andere, die von Adjektiven abgeleitet werden. Adverbien sind unveränderlich. Sie geben genauere Informationen zum Inhalt des Satzes.

■ **Adverbien können Verben, Adjektive, Adverbien oder ganze Sätze näher bestimmen.**

Verben	*Io canto. Io canto **bene**.*	Ich singe **gut**.
Adjektive	*Sono brava. Sono **veramente** brava.*	Ich bin **wirklich** gut.
Adverbien	*Oggi canto **particolarmente** bene.*	Heute singe ich **besonders** gut.
ganze Sätze	***Probabilmente** nel 2020 canto all'opera.*	**Wahrscheinlich** singe ich 2020 in der Oper.

Achte auf die unterschiedliche Funktion von Adjektiv und Adverb:

*Sono **brava**.* – Ich bin gut.   *Canto **bene**.* – Ich singe gut.

*Sono una **brava** cantante.* – Ich bin eine gute Sängerin.

Bene und *male*: **eigene Formen**

	Adjektiv	Adverb
	buono/a	**bene**
	cattivo/a	**male**

■ **Adverbien, die von Adjektiven abgeleitet werden**

Adjektiv auf	Übergangsform		Adverb
-o/-a (rapido/a)	*rapida …*		*rapidamente*
-e (veloce)	*veloce …*	**+ mente**	*velocemente*
-le (probabile)	*probabil …*		*probabilmente*
-re (particolare)	*particolar …*		*particolarmente*

■ **Adverbiale Ausdrücke**

Neben Adjektiv + *mente* gibt es auch die Umschreibung mit *in modo/in maniera* + **Adjektiv**.
(*il modo, la maniera*: die Art, die Weise)

simpatico ► *in modo simpatico, in maniera simpatica*

■ **Steigerung des Adverbs**

Unregelmäßige Formen	**bene** (gut)	**meglio** (besser)
	male (schlecht)	**peggio** (schlechter)
Regelmäßige Formen	**velocemente** (schnell)	**più velocemente** (schneller)

236 **Bilde die Adverbien zu folgenden Adjektiven:**

1. vero ....
2. estremo ....
3. gentile ....
4. sicuro ....
5. fortunato ....
6. veloce ....
7. normale ....
8. lento ....
9. brillante ....
10. speciale ....
11. tranquillo ....
12. comodo ....
13. allegro ....
14. grave ....

15. paradossale ....
16. improvviso ....
17. raro ....
18. colossale ....
19. intenso ....
20. aperto ....
21. sincero ....
22. cortese ....
23. perfetto ....
24. completo ....
25. brutale ....
26. felice ....
27. semplice ....
28. finale ....

237 Setze das angegebene Wort in der passenden Form ein. Adjektiv oder Adverb?

1. (*vero*)   Secondo te io non so parlare l'inglese? Ma non è ....!

2. (*estremo*)   Mio fratello è .... veloce quando lavora.

3. (*gentile*)   Se me lo chiedi .... ti aiuto volentieri.

4. (*sicuro*)   .... il clima mondiale sta cambiando.

5. (*fortunato*)   Giulia è proprio ....: ha vinto una bella somma al lotto.

6. (*veloce*)   Non devi guidare così ....! È pericoloso!

7. (*normale*)   .... mi addormento alle 12 e mi alzo alle 6.

8. (*lento*)   .... capisco perché sei così arrabbiato!

9. (*brillante*)   Paolo è proprio intelligente: ha passato .... l'esame di maturità.

10. (*speciale*)   Il prosciutto di San Daniele è veramente ....!

11. (*tranquillo*)   A me piace passare le mie serate .... a casa mia.

12. (*comodo*)   Il mio letto purtroppo non è molto .... È durissimo.

13. (*sicuro*)   Per fortuna abitiamo a Vienna che è una città molto ....

14. (*allegro*)   Nella mia famiglia sono tutti .... e ottimisti.

15. (*perfetto*)   Ti ho capito ....: vuoi uscire con me. Va bene!

16. (*felice*)   Pronto, mamma? Sì, siamo .... arrivati.

17. (*grave*)   Questo problema non è molto .... C'è sempre una soluzione!

18. (*paradossale*) La nostra situazione è .... Ci amiamo ma ci separiamo ...

19. (*improvviso*)   .... è arrivato il lupo.

20. (*raro*)   Andiamo in Italia molto ....

21. (*comodo*)   Non prendiamo la macchina! Possiamo andare .... a piedi!

22. (*colossale*)   "Il Gladiatore" è veramente un film .... Bellissimo!

23. (*intenso*)   La scena d'amore mi piace molto, è particolarmente ....

24. (*aperto*)   Te lo dico ....: sei impossibile!

25. (*gentile*)   Mia sorella è una persona ...., sai?

26. (*sincero*)   ...., Marco, dimmi perché sei in ritardo.

27. (*cortese*)   Se glielo chiedi molto .... zia Gina ti darà la sua macchina.

28. (*perfetto*)   Mia sorella crede di essere .... Come si fa?

29. (*completo*)   Quello che stai dicendo è .... sbagliato! Credimi!

30. (*brutale*)   Jack the Ripper era un assassino molto ....

31. (*felice*)   Ci siamo sposati dieci anni fa e siamo molto .... insieme.

32. (*semplice*)   Il matrimonio di Chiara e Alberto è stato molto ....

33. (*finale*)   La scena .... dell'opera non mi è piaciuta.

34. (*completo*)   È nata la bambina: adesso siamo una famiglia ....

35. (*raro*)   Che fortuna! In un negozietto abbiamo trovato dei libri molto ....

36. (*vero*)   La vita di Giacomo Casanova è stata .... avventurosa.

37. (*aperto*)   Sono solo le sei: i negozi sono sicuramente ancora ....

38. (*comodo*)   La nostra casa è grande e molto ....

39. (*sincero*)   Ludovica, mi dici delle cose che non sono vere. Lo sento: non sei ....

40. (*brutale*)   La vittima è stata assassinata ....

41. (*semplice*)   Fulvia, trovo che sei .... fantastica.

42. (*improvviso*) Quella di mio nonno è stata una morte ....

13. KAPITEL: *Periodo ipotetico*

Se-*Satz*	Hauptsatz	
1. *presente*	*presente* **oder** *futuro*	*Se hai un biglietto puoi entrare.* Wenn du eine Eintrittskarte hast, kannst du eintreten.
Ich stelle fest, was die Folge eines bestimmten Ereignisses wäre oder sein wird.		
2. *congiuntivo imperfetto*	*condizionale presente*	*Se avessi 20 € potresti comprare un biglietto.* Wenn du 20 € hättest, könntest du eine Karte kaufen.
Ich überlege, was die Folge einer Handlung wäre.		
3. *congiuntivo trapassato*	*condizionale passato*	*Se avessi visto il film ti saresti divertito.* Wenn du den Film gesehen hättest, hättest du dich gut unterhalten.
Ich rede über Dinge, die vergangen sind, und zeige auf, wie sie sich anders hätten entwickeln können.		

Bildung des
congiuntivo trapassato

avessi	+ Partizip	avessi avuto
fossi	+ Partizip (o/a)	fossi stato/a

Bildung des
condizionale passato

avrei	+ Partizip	avrei avuto
sarei	+ Partizip (o/a)	sarei stato/a

238 **Schreibe folgende Verbformen in die richtige Spalte:**

fossimo – fossimo andati – potessi – sapresti – avrebbe pagato – avreste comprato – credesse – direbbe – doveste – andassero – andrebbero – avessi capito – aveste detto – saremmo stati – vedremmo – facessimo – fosse stato – avrebbero avuto – fossero partiti – sarebbero venuti – sarei arrivata – verrei

congiuntivo imperfetto	condizionale presente	congiuntivo trapassato	condizionale passato

239 **Verbinde.**

1. Se potessi fare quello che voglio	puoi venire con me.
2. Se hai tempo e se hai voglia	perderà il suo volo.
3. Se avessi capito che programmi avevi	si potrebbe andare in spiaggia a fare il bagno.
4. Se Sofia lo sposasse	su cosa sarebbe secondo te?
5. Se mio fratello arriva tardi all'aeroporto	andrei in India per un anno.
6. Se facesse caldo	lui sarebbe felice, ma lei?
7. Se Roberto Benigni facesse un nuovo film	avrei cercato di farti cambiare idea.

240 **Verbinde.**

1. Se mi presti la tua macchina	i giornalisti non avrebbero saputo cosa scrivere.
2. Se sapessi parlare bene qualche lingua straniera	stasera sarai molto più in forma.
3. Se Carla Bruni non avesse sposato Sarkozy	forse avrei dei voti migliori.
4. Se dormi un po' oggi pomeriggio	li avrei invitati a cena.
5. Se aspetti un attimo	sei proprio gentile.
6. Se papà mi aiutasse con la matematica	possiamo andare a casa insieme.
7. Se i tuoi amici fossero venuti da noi	sarei veramente felice.

241 **Bilde die Verbformen.**

1. Se avessi più tempo (*io uscire*) .... molto più spesso.

2. Se (*avere*) .... tempo Luca passa al supermercato e compra del prosciutto.

3. Se tu (*arrivare*) .... in tempo non avresti perso l'inizio del film.

4. Se Cristoforo Colombo non avesse scoperto l'America, chi l'(*scoprire*) ....?

5. Se Marco Polo non (*andare*) .... in Cina, si sarebbe annoiato a Venezia.

6. Se devo lavorare (*preferire*) .... farlo velocemente.

7. Se (*piovere*) .... non possiamo andare in montagna.

8. Se papà dormisse meglio (*essere*) .... più rilassato.

9. Se i miei amici non (*venire*) .... alla mia festa sarei stata molto triste.

10. Se domani fa bel tempo (*noi – potere*) .... fare un bel giro insieme.

11. Se la mia ragazza mi (*lasciare*) .... sarebbe veramente un problema per me.

12. Se (*voi – volere*) .... possiamo andare a prendere un gelato.

13. Se non avessi fatto lo scontrino alla cassa il barista non mi (*fare*) .... un caffè.

14. Se mi (*tu – guardare*) .... così non so che faccia fare.

15. Se Nanni Moretti non fosse così bravo i suoi film non (*essere*) .... così belli.

16. Se (*mangiare*) .... tanto così durante le vacanze ingrasserai di tre chili.

17. Se l'Italia non fosse così bella non (*venire*) .... tanti visitatori.

18. Se Romeo avesse aspettato tutto, (*finire*) .... bene.

19. Se (*bere*) .... troppo caffè poi non riesco a dormire.

20. Se preferisci (*noi – potere*) .... andare prima al cinema e poi a ballare.

21. Se la vita non fosse così cara la gente (*stare*) .... meglio.

22. Se tu non mi (*disturbare*) .... avrei potuto finire il mio lavoro.

23. Se i ragazzi (*guardare*) .... meno la televisione secondo te sarebbe meglio?

24. Se vado al mare questa estate (*volere*) .... imparare a fare surf.

25. Se tu leggessi "Tre metri sopra il cielo" ti (*piacere*) .... di sicuro.

26. Se fossi stata a casa ieri sera (*io – andare*) .... a letto presto.

27. Se (*andare*) .... a Roma devi assolutamente visitare il Colosseo.

28. Se voi poteste andare dove volete quale paese (*scegliere*) ....?

29. Se tu (*comprare*) .... dei pomodori avremmo fatto la caprese.

30. Se i miei amici avessero una moto (*noi – potere*) .... fare un giro insieme.

31. Se (*sapere*) .... suonare la chitarra suonerei tutto il giorno.

32. Se tu avessi messo in ordine la casa (*io – essere*) .... sorpresa.

33. Se la medicina fosse più facile la (*studiare*) ....

34. Se i ragazzi italiani fossero meno mammoni non (*stare*) .... a casa così a lungo.

35. Se mi (*regalare*) .... il tuo panino mi fai felice.

36. Se avessi una bella voce (*fare*) .... la cantante d'opera.

37. Se (*io – nascere*) .... in America avrei avuto il passaporto americano.

38. Se gli alberghi non fossero così cari non (*noi – andare*) .... in campeggio!

39. Sono sicuro che se ti concentri (*capire*) .... il film anche in lingua originale.

40. Se gli italiani non avessero Sofia Loren cosa (*fare*) ....?

41. Se (*avere*) .... dei problemi perché non vai da uno psicologo?

42. Se mi (*dire*) .... che problemi hai potrei aiutarti.

43. Se avessi la possibilità di viaggiare (*io – andare*) .... in Russia.

14. KAPITEL: Zeitenfolge

Unter Zeitenfolge versteht man die zeitliche Beziehung verschiedener Handlungen oder Ereignisse zueinander. Die Zeitenfolge drückt aus, ob etwas gleichzeitig stattfindet, vorzeitig stattgefunden hat oder nachzeitig stattfinden wird. Diese verschiedenen Zeitstufen können innerhalb eines Satzes zu finden sein:

Ho mangiato un panino che avevo comprato al supermercato.

oder in einem größeren Zusammenhang:

Ho mangiato un panino. L'avevo comprato al mercato quando ero uscito per fare la spesa.

Es gibt drei Möglichkeiten (hier in der Vergangenheit):

Gleichzeitigkeit	*Ho mangiato un panino perché avevo fame.* Ich aß ein Sandwich, weil ich Hunger hatte. (Hunger ► Essen: gleichzeitig)	*(passato prossimo/imperfetto – imperfetto)*
Vorzeitigkeit	*Ho mangiato un panino che avevo comprato al supermercato.* Ich aß ein Sandwich, das ich im Supermarkt gekauft hatte. (Essen ► Kaufen: vorzeitig)	*(passato prossimo/imperfetto – trapassato)*
Nachzeitigkeit	*Ho deciso che dopo sarei uscito.* Ich beschloss, dass ich ausgehen würde. (Beschließen ► Ausgehen: nachzeitig)	*(passato prossimo/imperfetto – condizionale passato)*

242 Bilde Sätze nach den Angaben.

Beispiel: *io: giocare a calcio – fare la doccia* ► *Dopo che avevo giocato a calcio ho fatto la doccia.*

1. Beatrice: dormire un po' – uscire

....

2. io: telefonare al mio ragazzo – andare da Giulia

....

3. noi: comprare i biglietti – salire sul treno

....

4. tu: alzarsi – preparare la colazione

....

5. Lorenzo: finire la scuola – partire per l'Australia

....

243 Bilde Relativsätze nach den Angaben.

Beispiel: *Ho incontrato un'amica che (conoscere dieci anni fa)* (vorz.) *avevo conosciuto dieci anni fa.*

1. Giorgio ha sposato la ragazza che (*vivere*) .... con lui da 2 anni. (*gleichz.*)

2. Era una ragazza che (*conoscere*) .... all'università. (*vorz.*)

3. Sapeva che era un matrimonio che (*funzionare*) .... (*nachz.*)

4. Abitavano in un appartamento che (*comprare*) .... suo padre. (*vorz.*)

5. Avevano degli amici che (*stare*) .... nella stessa casa. (*gleichz.*)

6. Era un'amicizia che (*durare*) .... tutta la vita. (*nachz.*) (*durare: è durato!*)

7. Giorgio faceva un lavoro che non gli (*piacere*) .... molto. (*gleichz.*)

8. Lei voleva terminare gli studi che (*cominciare*) .... da tempo. (*vorz.*)

9. Hanno avuto il bambino che (*loro – sempre desiderare*) .... (*vorz.*)

10. Per loro era un bambino che (*avere*) .... tutto. (*nachz.*)

11. Erano un padre e una madre che non (*sapere*) .... mai dire no. (*gleichz.*)

15. KAPITEL: Indirekte Rede

Im Italienischen steht in der indirekten Rede kein **congiuntivo**. Ausschlaggebend für die Zeit des Nebensatzes ist die Zeit, in der das Verb des Sagens (Hauptsatz) steht. Ebenfalls zu beachten ist die Zeitenfolge. (Siehe Seite 98)

Ausgangspunkt Gegenwart

	ha lavorato.	*passato prossimo*: vorzeitig
Dice che	*lavora.*	*presente*: gleichzeitig
	lavorerà.	*futuro*: nachzeitig

Ausgangspunkt Vergangenheit

	aveva lavorato.	*trapassato prossimo*: vorzeitig
Ha detto che	*lavorava.*	*imperfetto*: gleichzeitig
	avrebbe lavorato.	*condizionale passato*: nachzeitig

- **Personalpronomen** und **Possessivpronomen** sowie **Demonstrativpronomen** werden sinngemäß angepasst (*questo* ▶ *quello*).

  Paolo dice: "Questa sera io esco con il mio amico."   *Ha detto che quella sera lui usciva con il suo amico.*

- **Orts- und Zeitangaben**

Direkte Rede ▶	Indirekte Rede		
domani	morgen	*il giorno dopo*	am Tag danach
ieri	gestern	*il giorno prima*	am Tag davor
oggi	heute	*quel giorno*	an jenem Tag
ora/adesso	jetzt, nun	*allora/in quel momento*	damals
poco fa	vor kurzem	*poco prima*	kurz davor
qui/qua	hier	*lì/là*	dort
tra/fra	in (zeitlich)	*dopo*	danach
tra/fra poco	in Kürze, bald	*poco dopo*	kurz danach

- **Indirekte Befehlssätze**

  Verb des Sagens + *di* + Infinitiv: *Paolo dice: "Parla piano!"* ▶ **Paolo dice di parlare piano.**
  (*Chiedere di* bedeutet „auffordern zu")

- **Indirekte Fragesätze**

  Se = ob. *Paolo chiede: "Hai capito?"* ▶ **Paolo chiede se ho capito.**
  (*Chiedere se* bedeutet „fragen ob")
  Alle Fragepronomen bleiben gleich: *Quando vieni?* ▶ *Mi chiede quando vengo.*

244 **Gib an, um welche Satzart es sich handelt. Setze die Buchstaben der Reihe nach ein. Wie heißt die Lösung?**

	Aussagesatz	Fragesatz	Befehlssatz
1. Filippo dice che devo uscire con lui.	I	O	D
2. Chiara mi ha chiesto se le presto la mia giacca nera.	A	L	S
3. Beatrice domanda dove sono le sue foto.	C	G	P
4. Milena mi ha detto di telefonarle stasera.	R	D	I
5. Veronica dice di andare a trovarla domenica.	T	A	O
6. I miei amici chiedono se possono prendere la mia barca.	M	R	U
7. Mi domando perché tutti vogliono andare a Venezia.	E	N	T
8. Tu mi dici di non lavorare troppo, ma come faccio?	U	E	O
9. Mio fratello ha detto che aveva dormito malissimo.	D	N	R
10. Giorgia chiede se ho comprato il pane.	I	O	E
11. Dirò ai miei amici di portarmi dei videogiochi.	G	R	P
12. Dimmi con chi vai in vacanza!	H	O	C

LÖSUNG: ....

245 **Setze die Verben in der passenden Form ein.**

1. Maria mi ha chiesto se il giorno dopo (*io – essere*) .... a casa.

2. Ho detto a mio fratello che il giorno prima (*io – avere*) .... un incidente.

3. Caterina dice che domani (*lei – andare*) .... dal dentista.

4. Mia mamma mi ha detto di (*mettere*) .... in ordine la mia camera.

5. Daria ci ha raccontato che quel giorno (*volere*) .... partire presto per il mare.

6. Ho domandato alla mia amica dove (*lei – essere*) .... il giorno dopo.

7. Veronica chiede se (*noi – volere*) .... fare una vacanza con lei.

8. A scuola ho spiegato alla mia prof che purtroppo non (*fare*) .... i compiti per casa.

9. Carlo mi ha chiesto se (*io – capire*) .... quello che mi aveva detto.

10. Ho chiesto a mio fratello di non (*fare*) .... troppo rumore.

11. Nina ci dice sempre di (*dire*) .... la verità. Odia le bugie.

12. I turisti ci hanno domandato dove (*essere*) .... il Duomo.

13. Giovanni mi ha detto che il giorno dopo (*lui – partire*) .... alle sei.

14. Ieri mi hai chiesto se (*io – volere*) .... sposarti. Oggi ti rispondo: sì!

15. Jonathan mi ha raccontato che da piccolo (*imparare*) .... a nuotare da solo.

16. Luisa ci ha detto che poco prima (*lei – vedere*) .... un gatto nero.

17. Vi ho già detto mille volte di non (*interrompere*) .... quando parlo!

18. Vorrei sapere dove (*io – potere*) .... trovare un negozio di scarpe.

19. Mi chiedo se un giorno (*io – lavorare*) .... come avvocato.

20. Ti interessa sapere quanti amici (*venire*) .... stasera alla nostra festa?

246 **Setze Marcos Äußerungen in die indirekte Rede. Beginne mit *Marco ha ...***

Marco ha detto/ha chiesto:

1. Domani andrò a fare un giro in moto.

....

2. Poco fa ho incontrato un mio vecchio amico.

....

3. Uscite anche voi con me fra un'ora?

....

4. Non restate sempre qui!

....

5. Vestiti e vieni con noi!

....

6. Ieri ho comprato un nuovo videogioco.

....

7. Adesso voglio provarlo.

....

8. Lo conoscete, ci avete mai giocato?

....

9. Sul mio computer certi giochi non funzionano.

....

TEST 1: ÜBEREINSTIMMUNG

Vervollständige die Tabelle. Gib dir für jedes richtige Wort 1 Punkt.

Singular	Plural
1. la casa grande	le case ....
2. il .... libro	i miei libri
3. una ragazza	.... ragazze
4. il problema importante	i problemi ....
5. .... amico austriaco	degli amici austriaci
6. questo bello stadio	questi .... stadi
7. .... spagnolo simpatico	gli spagnoli simpatici
8. l'italiana gentile	le italiane ....
9. una mia	delle mie colleghe
10. la crisi politica	le .... politiche
11. .... zio	i nostri zii
12. la foto speciale	le foto ....
13. il .... tradizionale	i bar tradizionali
14. quel bel ragazzo	.... bei ragazzi
15. il .... politico	i sistemi politici
16. la mia amica	le .... amiche
17. .... stupido errore	degli stupidi errori
18. quella bellissima città	quelle bellissime ....
19. un uovo	delle uova fresche
20. la mano grande	le .... grandi
21. .... signore elegante	questi signori eleganti
22. l'uomo alto	gli .... alti
23. una festa	delle feste tradizionali
24. lo sport difficile	gli .... difficili
25. il toast molto	i toast molto caldi
26. un albergo carissimo	.... alberghi carissimi
27. la .... francese	le giornaliste francesi
28. quel cinema moderno	.... cinema moderni
29. l'auto	le auto rosse
30. uno zoo particolare	degli zoo ....
31. l'........................... domestico	gli animali domestici
32. questa situazione complicata	queste .... complicate
33. .... vacanza carissima	le vacanze carissime
34. un'autostrada nuova	delle .... nuove

Ergebnis: ..../34 Punkten

Auswertung:
28 bis 34 Punkte – Super!
18 bis 27 Punkte – Könnte (noch) besser sein!
Unter 18 Punkte – Bitte wiederholen!

TEST 2: VERBFORMEN

Gib dir für jede richtige Verbform 1 Punkt.

prendere	imperfetto, 2. Sg. ▶ *prendevi*

arrivare	futuro, 1. Pl.
1.	

credere	presente, 3. Pl.
2.	

andare	congiuntivo presente, 3. Sg.
3.	

venire	passato prossimo, 1. Sg.
4.	

preferire	presente, 3. Pl.
5.	

dire	condizionale, 2. Pl.
6.	

fare	gerundio semplice
7.	

volere	imperfetto, 1. Pl.
8.	

dormire	congiuntivo presente, 2. Sg.
9.	

leggere	passato prossimo, 3. Pl.
10.	

preferire	congiuntivo imperfetto, 2. Sg.
11.	

ballare	gerundio semplice
12.	

partire	imperfetto, 2. Sg.
13.	

bere	passato prossimo, 1. Pl.
14.	

avere	gerundio
15.	

essere	imperfetto, 1. Pl.
16.	

dare	condizionale, 3. Sg.
17.	

mettere	congiuntivo presente, 2. Pl.
18.	

uscire	futuro, 1. Sg.
19.	

scrivere	passato prossimo, 3. Pl.
20.	

pagare	congiuntivo imperfetto
21.	

sapere	presente, 1. Pl.
22.	

correre	imperfetto, 2. Pl.
23.	

finire	condizionale, 3. Pl.
24.	

Ergebnis: ..../24 Punkten

Auswertung:
20 bis 24 Punkte – Super!
11 bis 19 Punkte – Könnte (noch) besser sein!
Unter 11 Punkte – Bitte wiederholen!

TEST 3: PRÄPOSITIONEN

Kreuze an, welche Lösung richtig ist. Gib dir für jede richtige Antwort 1 Punkt.

1. Zia Carolina vive	a Roma. in Roma. da Roma.	**11.** Ci vediamo stasera	al ristorante. in ristorante. a ristorante.
2. Oggi facciamo colazione	con il balcone. nel balcone. sul balcone.	**12.** Ho visto Marco	a fermata del tram. sulla fermata del tram. alla fermata del tram.
3. Il treno da Verona arriva	del binario 3. dal binario 3. al binario 3.	**13.** Conosco Anna	di tre anni. dai tre anni. da tre anni.
4. Fa freddo. Metto un	pullover di lana. pullover da lana. pullover della lana.	**14.** Cosa fate voi	da Natale? a Natale? in Natale?
5. Stasera vado	di un amico. a un amico. da un amico.	**15.** Gioco a tennis	dalle 2 alle 3. da 2 a 3. delle 2 alle 3.
6. Anna Netrebko canta	in italiano? a italiano? d'italiano?	**16.** Preferisco comprare	in un negozio. a un negozio. nel un negozio.
7. Com'è elegante il tuo	vestito da sera! vestito di sera! vestito della sera!	**17.** Voglio andare in vacanza	a moto. in moto. su moto.
8. È bello essere campioni	di mondo. dal mondo. del mondo.	**18.** Ti piace guidare	in notte? a notte? di notte?
9. La tua bici è	in mio garage. nel mio garage. nella mia garage.	**19.** Prendo un chilo	di mele. da mele. dalle mele.
10. Faccio una vacanza	di Toscana. a Toscana. in Toscana.	**20.** Voglio dare un bacio	da Marco. a Marco. Marco.

Ergebnis: ....../20 Punkte

Auswertung:
17 bis 20 Punkte – Super!
11 bis 16 Punkte – Könnte (noch) besser sein!
Unter 11 Punkte – Bitte wiederholen!

TEST 4: PRONOMEN

Finde die richtige Übersetzung und gib dir für jede richtige Antwort 1 Punkt.

1. Siehst du mich?	*a. Me vedi?* *b. Mi vedi?* *c. Vedi mi?*	**11.** Ich gehe gerade dorthin.	*a. Ci andando sto.* *b. Ci sto andando.* *c. Vado ci adesso.*
2. Was gibst du ihm?	*a. Cosa gli dai?* *b. Gli cosa dai?* *c. Cosa dai gli?*	**12.** Willst du es mir geben?	*a. Mi lo vuoi dare?* *b. Vuoi darelomi?* *c. Vuoi darmelo?*
3. Wie alt ich bin? Ich bin 16! *Quanti anni ho?*	*a. Ne ho 16!* *b. Ci ho 16!* *c. Li ho 16!*	**13.** Schaut uns an!	*a. Guardatenoi!* *b. Guardateci!* *c. Noi guardate!*
4. Gibst du mir die DVD? Ja, ich gebe sie dir! *Mi dai il DVD?*	*a. Sì, lo ti do.* *b. Sì, ti do lo.* *c. Sì, te lo do.*	**14.** Ich habe ihn gesehen.	*a. Ho lui visto.* *b. Ho visto lo.* *c. L'ho visto.*
5. Maria? Ich kenne sie!	*a. Lei conosco!* *b. La conosco!* *c. Conoscola!*	**15.** Er würde mir nicht glauben.	*a. Non mi crederebbe.* *b. Melo non crederebbe.* *c. Non crederebbemelo.*
6. Gehst du dorthin?	*a. Là vai?* *b. Ci vai?* *c. Vaici?*	**16.** Und Giulia? Hast du sie schon gesehen?	*a. Hai già la visto?* *b. Hai la già vista?* *c. L'hai già vista?*
7. Was schenkst du ihr?	*a. Cosa la regali?* *b. Cosa regali lei?* *c. Cosa le regali?*	**17.** Es hat mir sehr gefallen.	*a. Mi molto è piaciuto.* *b. È mi piaciuto molto.* *c. Mi è piaciuto molto.*
8. Gibst du uns die Bücher? Ja, ich gebe sie dir. *Ci dai i libri?*	*a. Sì, ti li do.* *b. Sì, te li do.* *c. Sì, li te do.*	**18.** Küss mich!	*a. Mi baciare!* *b. Baciami!* *c. Baciame!*
9. Wie viele Mädchen sind da? Es sind drei da. *Quante ragazze ci sono?*	*a. Ci sono tre.* *b. Ne tre sono.* *c. Ce ne sono tre.*	**19.** Deine Spaghetti? Ich esse sie gerade. *I tuoi spaghetti?*	*a. Li sto mangiando.* *b. Sto li mangiando.* *c. Gli sto mangiando.*
10. Frage es mich nicht!	*a. Non chiedi lo mi!* *b. Non chiedermelo!* *c. Non mi lo chiedi!*	**20.** Die Dusche? Reparieren Sie sie mir! *La doccia?*	*a. Me la ripari!* *b. Me la ripara!* *c. Riparimela!*

Ergebnis: ....../20 Punkte

Auswertung:
17 bis 20 Punkte – Super!
11 bis 16 Punkte – Könnte (noch) besser sein!
Unter 11 Punkte – Bitte wiederholen!

TEST 5: *CONGIUNTIVO* UND *IMPERFETTO*

Congiuntivo presente oder *indicativo presente*? Setze die passende Verbform ein. Gib dir für jede richtige Verbform 1 Punkt.

1. Marco dice sempre che non (*parlare*) .... bene l'inglese.

2. Non è possibile che (*piovere*) .... di nuovo! Tutti i giorni la stessa cosa!

3. Ho paura che Luca (*essere*) .... innamorato di me. Io non sento niente per lui!

4. Molti credono che in Italia si (*stare*) .... sempre bene ma non è vero!

5. Sono sicura che tu (*conoscere*) .... questa canzone.

6. Secondo me noi adesso (*dovere*) .... prendere una decisione.

7. Mio fratello non è soddisfatto benché (*avere*) .... un bel voto.

8. È un peccato che voi non (*potere*) .... venire alla mia festa.

9. So che i gelati (*costare*) .... di più in Italia che in Austria.

10. Giovanni mi chiede se (*volere*) .... andare in Turchia con lui.

11. Non capisci che Andrea (*essere*) .... un nome maschile?

12. A mio parere l'ultimo libro di Camillleri si (*leggere*) .... molto bene.

13. Preferisco che tu non (*venire*) .... stasera perché ho tanto lavoro da fare.

14. Sono sempre felice quando (*potere*) .... stare tranquilla a casa.

15. È bene che tu (*mettere*) .... un pullover perché fa veramente freddo oggi.

Ergebnis: ..../15 Punkten

Imperfetto – passato prossimo: Setze die passende Verbform ein.
Gib dir für jede richtige Verbform 1 Punkt.

1. A Roma non sono andata a trovare Chiara perché non (*sapere*) .... il suo indirizzo.

2. Ieri sera Sara prima (*andare*) .... al cinema e poi in pizzeria.

3. Stamattina alle otto (*esserci*) .... un bel sole, che peccato che adesso piova!

4. Mia sorella è già mamma! (*avere*) .... un bambino due mesi fa.

5. Ciao Filippo! (*io – sapere*) .... da Lorenzo che presto partirai per New York. Buon viaggio!

6. L'altro giorno mentre (*noi – cenare*) .... è arrivato un pacco per me.

7. Alla festa di mia cugina (*io – conoscere*) .... un ragazzo simpaticissimo.

8. La festa (bellissima!) (*durare*) .... fino alle tre di notte.

9. Domenica al mare (*nuotare*) .... molto perché avevo bisogno di fare movimento.

10. Cosa? Lorenzo si è sposato? Io non (*sapere*) .... neanche che aveva una ragazza!

11. Io avrei una bella guida di Venezia ma purtroppo (*lasciarla*) .... a casa.

12. Da piccolo (*volere*) .... sempre che la mamma mi raccontasse delle storie.

13. Ragazzi, sapete quando (*incominciare*) .... la guerra in Vietnam?

14. La maestra è entrata in classe e ha visto un bambino che (*copiare*) .... il compito.

15. L'estate scorsa (*noi – essere*) .... prima in Italia e poi in Croazia.

Ergebnis: ..../15 Punkten

Auswertung:
25 bis 30 Punkte – Super!
16 bis 24 Punkte – Könnte (noch) besser sein!
Unter 16 Punkte – Bitte wiederholen!

TEST 6: *PERIODO IPOTETICO* UND INDIREKTE REDE

Periodo ipotetico: Gib dir für jede richtige Verbform 1 Punkt.

1. Se (*tu – essere*) .... d'accordo, oggi ti faccio vedere le mie foto delle vacanze.

2. Se volessi (*io – potere*) .... usare la Mercedes di mio padre tutti i giorni.

3. (*Venire*) .... alla mia festa ieri sera se vi avessi invitati?

4. Se non mi (*dare*) .... il tuo numero non posso chiamarti.

5. Non criticherei gli altri se (*essere*) .... al tuo posto! Anche tu non sei perfetto.

6. Avrei capito meglio il film se non (*essere*) .... in lingua originale.

7. Se mi (*offrire*) .... un caffè ti racconto tutta la storia.

8. Se il mio ragazzo mi tradisse lo (*lasciare*) .... subito.

9. Se (*mangiare*) .... tutta quella roba avrei avuto mal di stomaco.

10. Se mi (*chiedere*) .... subito scusa non mi arrabbio.

11. Gli italiani sarebbero più contenti se la benzina (*costare*) .... meno.

12. Ci (*prestare*) .... le vostre biciclette se ve le riportiamo stasera?

13. (*Cantare*) .... in pubblico se nessuno vi conoscesse?

14. Se ti (*conoscere*) .... prima forse mi sarei innamorata di te.

15. Se tu aprissi le finestre (*entrare*) .... un po' d'aria fresca.

Ergebnis: ..../15 Punkte

Indirekte Rede: Setze den Satz in die indirekte Rede.
Gib dir für jeden ganz richtigen Satz 2 Punkte. Achte auf alle Details.

1. Martina ha detto: "Oggi voglio uscire con mia sorella."

   Martina ha detto ....

2. Marco ha chiesto: "Tu domani verrai con noi nella nostra casa di campagna?"

   Marco ha chiesto ....

3. La mia amica ha detto: "Ieri ho fatto la spesa al supermercato."

   La mia amica ha detto ....

4. Lorenzo ci ha chiesto: "Volete venire a suonare nel mio locale stasera?"

   Lorenzo ci ha chiesto ....

5. Ho detto al mio ragazzo: "Tra poco daremo dare l'esame di maturità."

   Ho detto al mio ragazzo ....

6. Romeo ha detto a Giulietta: "Ti amerò per tutta la vita."

   Romeo ha detto a Giulietta ....

7. Giovanni ha raccontato: "Due giorni fa ho incontrato una mia ex-ragazza."

   Giovanni ha raccontato che ....

8. Ha domandato al suo amico: "Mi puoi aiutare a organizzare una festa?"

   Ha domandato al suo amico ....

Ergebnis: ..../30 Punkte

Auswertung:
40 bis 45 Punkte – Super!
23 bis 39 Punkte – Könnte (noch) besser sein!
Unter 22 Punkte – Bitte wiederholen!

TEST 7: UNREGELMÄSSIGE VERBEN IM PRÄSENS

Übersicht über die häufigsten unregelmäßigen Verben im Präsens

	andare (gehen)	*avere* (haben)	*bere* (trinken)	*dare* (geben)
io	vado	ho	bevo	do
tu	vai	hai	bevi	dai
lui/lei	va	ha	beve	dà
noi	andiamo	abbiamo	beviamo	diamo
voi	andate	avete	bevete	date
loro	vanno	hanno	bevono	danno

	dire (sagen)	*dovere* (müssen)	*essere* (sein)	*fare* (machen)
io	dico	devo	sono	faccio
tu	dici	devi	sei	fai
lui/lei	dice	deve	è	fa
noi	diciamo	dobbiamo	siamo	facciamo
voi	dite	dovete	siete	fate
loro	dicono	devono	sono	fanno

	morire (sterben)	*muovere* (bewegen)	*piacere* (gefallen)	*potere* (können)
io	muoio	muovo	piaccio	posso
tu	muori	muovi	piaci	puoi
lui/lei	muore	muove	piace	può
noi	moriamo	muoviamo	piacciamo	possiamo
voi	morite	muovete	piacete	potete
loro	muoiono	muovono	piacciono	possono

	sapere (wissen)	*scegliere* (wählen)	*spegnere* (löschen)	*tenere* (halten)
io	so	scelgo	spengo	tengo
tu	sai	scegli	spegni	tieni
lui/lei	sa	sceglie	spegne	tiene
noi	sappiamo	scegliamo	spegniamo	teniamo
voi	sapete	scegliete	spegnete	tenete
loro	sanno	scelgono	spengono	tengono

	tradurre (übersetzen)	*uscire* (hinausgehen)	*venire* (kommen)	*volere* (wollen)
io	traduco	esco	vengo	voglio
tu	traduci	esci	vieni	vuoi
lui/lei	traduce	esce	viene	vuole
noi	traduciamo	usciamo	veniamo	vogliamo
voi	traducete	uscite	venite	volete
loro	traducono	escono	vengono	vogliono

TEST 7: UNREGELMÄSSIGE VERBEN IM PRÄSENS

Wie gut kannst du die unregelmäßigen Verben im Präsens?
Gib dir für jede richtige Verbform 1 Punkt.

andare	1. Plural
andiamo	

bere	3. Sg.
1.	

dare	2. Plural
2.	

sapere	2. Singular
3.	

tenere	3. Singular
4.	

morire	3. Plural

uscire	2. Plural
6.	

potere	2. Singular
7.	

fare	2. Plural
8.	

scegliere	1. Singular
9.	

essere	3. Singular
10.	

volere	3. Plural
11.	

morire	3. Singular
12.	

avere	3. Plural
13.	

volere	1. Plural
14.	

spegnere	2. Singular
15.	

piacere	3. Plural
16.	

muovere	3. Singular
17.	

tradurre	1. Singular
18.	

dovere	1. Plural
19.	

dare	3. Plural
20.	

dire	2. Singular
21.	

tenere	1. Singular
22.	

andare	3. Singular
23.	

piacere	1. Singular
24.	

Ergebnis: ..../24 Punkten

Auswertung:

20 bis 24 Punkte – Super!

11 bis 19 Punkte – Könnte (noch) besser sein!

Unter 11 Punkte – Bitte wiederholen!

TEST 8: UNREGELMÄSSIGE PARTIZIPIEN

Liste der häufigsten unregelmäßigen Partizipien

accendere ►	**acceso**	anzünden, aufdrehen
aprire ►	**aperto**	öffnen
bere ►	**bevuto**	trinken
chiedere ►	**chiesto**	fragen, bitten
chiudere ►	**chiuso**	schließen
correggere ►	**corretto**	verbessern
correre ►	**corso**	laufen
decidere ►	**deciso**	beschließen
dire ►	**detto**	sagen
discutere ►	**discusso**	diskutieren, besprechen
dividere ►	**diviso**	teilen
essere ►	**stato**	sein
fare ►	**fatto**	machen
leggere ►	**letto**	lesen
mettere ►	**messo**	setzen, stellen, legen, anziehen
morire ►	**morto**	sterben
nascere ►	**nato**	geboren werden
offrire ►	**offerto**	anbieten, spenden
perdere ►	**perso**	verlieren, versäumen
prendere ►	**preso**	nehmen, bekommen
produrre ►	**prodotto**	herstellen
promettere ►	**promesso**	versprechen
ridere ►	**riso**	lachen
rimanere ►	**rimasto**	(übrig)bleiben
rispondere ►	**risposto**	antworten
rompere ►	**rotto**	brechen
scendere ►	**sceso**	absteigen
scegliere ►	**scelto**	auswählen
scrivere ►	**scritto**	schreiben
spegnere ►	**spento**	löschen, abdrehen
succedere ►	**successo**	passieren
togliere ►	**tolto**	wegnehmen
tradurre ►	**tradotto**	übersetzen
uccidere ►	**ucciso**	töten
vedere ►	**visto**	sehen
venire ►	**venuto**	kommen
vincere ►	**vinto**	gewinnen
vivere ►	**vissuto**	leben

TEST 8: UNREGELMÄSSIGE PARTIZIPIEN

Wie gut kannst du die unregelmäßigen Partizipien? Ergänze die Tabelle.

1. (übrig)bleiben	*rimanere*	
2. absteigen		*sceso*
3. anbieten, spenden	*offrire*	
4.	*rispondere*	*risposto*
5. anzünden, aufdrehen		*acceso*
6. auswählen	*scegliere*	
7. beschließen	*decidere*	
8.	*rompere*	*rotto*
9. diskutieren, besprechen	*discutere*	
10. fragen, bitten	*chiedere*	
11. geboren werden		*nato*
12.	*vincere*	*vinto*
13. herstellen		*prodotto*
14.	*ridere*	
15. laufen		*corso*
16. leben	*vivere*	
17.	*leggere*	*letto*
18. löschen, abdrehen		*spento*
19. nehmen, bekommen		
20. öffnen	*aprire*	
21. passieren		*successo*
22.	*chiudere*	*chiuso*
23. schreiben	*scrivere*	
24. sehen	*vedere*	
25. setzen, stellen, legen, anziehen		*messo*
26.	*morire*	*morto*
27. teilen		*diviso*
28. töten	*uccidere*	
29. trinken	*bere*	
30. verlieren, versäumen		*perso*
31.	*promettere*	*promesso*
32. wegnehmen		*tolto*

Ergebnis: ..../34 Punkte

Auswertung:
28 bis 34 Punkte – Super!
18 bis 27 Punkte – Könnte (noch) besser sein!
Unter 18 Punkte – Bitte wiederholen!

GRAMMATIKALISCHE AUSDRÜCKE

Allgemeines

Adjektiv (*aggettivo*), auch Eigenschaftswort	schön, lang, groß, gut
Adverb *(avverbio),* auch Umstandswort	freundlicherweise
Artikel (*articolo*)	best.: der, die, das; unbest.: ein, eine, ein
Imperativ (*imperativo*), auch Befehlsform	geh! komm! fahr!
Infinitiv (*infinito*), auch Nennform	gehen, kommen, fahren
Modalverb (*verbo servile*)	müssen, dürfen, können
Partizip (*participio*), auch Mittelwort	gegangen, gekommen, gefahren
Perfekt (*passato prossimo*), auch Vergangenheit	ich bin gegangen
Possessivpronomen, auch besitzanzeigendes Fürwort	mein, dein, sein
Präposition (*preposizione*), auch Vorwort	in, vor, auf
Präsens (*presente*), auch Gegenwart, Jetztzeit	ich gehe (jetzt)
Pronomen (*pronome*), auch Fürwort	ich, mir, mich, du, er, ihm
Reflexives Verb (*verbo riflessivo*), rückbezügliches Verb	sich waschen, sich langweilen
Substantiv (*sostantivo*), auch Hauptwort, Namenwort	Auto, Reise, Brief, Buch
Verb (*verbo*), auch Tunwort, Zeitwort	fahren, essen, trinken

Italienische Spezialitäten

pronomi combinati (zusammengesetzte Pronomen)	*me lo, gliela*
„angehängte" Pronomen (bestimmte Pronomen werden an den Infinitiv und den Imperativ angehängt)	*Apri la finestra! Aprila, dico. Non vuoi aprirla?*
preposizioni articolate (mit dem bestimmten Artikel verschmolzene Präpositionen)	*nello, dei, dalle, ...*
indicativo (die „normalen" Verbformen, also alles, was nicht *congiuntivo* und nicht *condizionale* ist)	*Secondo me, tu sei bravo*
congiuntivo (eine Art Konjunktiv, der nach bestimmten Ausdrücken vornehmlich des Denkens, Fühlens und Wollens im Nebensatz, auch bei Wenn-Sätzen, stehen muss)	*Penso che tu sia bravo.*
condizionale (eine Art Konjunktiv, der Bedingungen ausdrückt und im Hauptsatz von Wenn-Sätzen steht)	*Vorrei un caffè.* *Se fossi in te, prenderei un caffè.*
gerundio (eine Art Mittelwort, das Nebensätze ersetzt)	*Sono usciti salutando tutti.*
imperfetto (eine eigene Zeit – eigentlich ein „Aspekt" – der Vergangenheit, der nichts mit dem deutschen Imperfekt zu tun hat. Drückt Verlauf, Wiederholung, Versuch von Handlungen aus.)	*Mentre dormivo, è arrivato mio padre.*

ÜBERSICHT ÜBER ZEITEN UND VERBFORMEN

Unveränderliche Formen: Sie werden nicht abgewandelt

infinito (presente)	Infinitiv (Nennform) der Gegenwart	*mangiare*	essen
infinito passato	Infinitiv der Vergangenheit	*avere mangiato*	gegessen haben (Ausdruck der Vorzeitigkeit)
gerundio semplice	„Gerundium"	*mangiando*	beim Essen, durch das Essen etc.
gerundio composto	zusammengesetztes „Gerundium"	*avendo mangiato*	nach dem Essen etc.
participio passato	Partizip (Mittelwort) der Vergangenheit	*mangiato*	zur Bildung von zusammengesetzten Zeiten: *ho mangiato, avevo mangiato* etc.

Veränderliche Formen: Sie werden abgewandelt

presente	Gegenwart	*mangio*	ich esse (jetzt, immer)
sto + gerundio	Verlaufsform der Gegenwart	*sto mangiando*	ich bin dabei zu essen
futuro	Zukunft	*mangerò*	ich werde essen (ferne Zukunft)
condizionale	Bedingungsform	*mangerei*	ich würde essen (höfliche, „umständliche" Form)
passato prossimo	(nahe) Vergangenheit	*ho mangiato*	ich habe gegessen
passato remoto	entfernte Vergangenheit	*mangiai*	ich aß (in Süditalien für *passato prossimo*), literarische Erzählzeit
imperfetto	ausgedehnte Vergangenheit	*mangiavo*	ich aß immer, aß gerade, wollte essen (ergänzt *passato prossimo* bzw. *passato remoto*)
trapassato	Vorvergangenheit	*avevo mangiato*	ich hatte gegessen (Vorzeitigkeit in der Vergangenheit)
congiuntivo presente	Konjunktiv Möglichkeitsform	*che io mangi*	von best. Wörtern abhängig, drückt subjektive Einstellung aus
congiuntivo imperfetto	Konjunktiv	*che io mangiassi*	wie *cong. pres.* in der Vergangenheit, außerdem in Wenn-Sätzen mit *condizionale*
passivo	Passiv (Leideform) in allen Zeiten	*La pizza è mangiata da tutti.*	Pizza wird von allen gegessen.

DURCH STARTEN

ITALIENISCH
GRAMMATIK

ÜBUNGSBUCH LÖSUNGSHEFT

VOKABELHEFT

Alle Lernjahre

VER1TAS

Gemeinsam besser lernen

1

a. quattordici, **b.** ventidue, **c.** trentotto, **d.** sette, **e.** quindici, **f.** cinquanta, **g.** cinque, **h.** centocinque, **i.** cinquecentocinquantacinque, **j.** ottocentonovantatré, **k.** trecentoquarantasette, **l.** diciassette, **m.** ottocentosettanta, **n.** sessantasei, **o.** trecentoventitré, **p.** millesei, **q.** quattromilauno, **r.** cinquemilacinquecentocinquantacinque, **s.** dodicimilanovecentotré, **t.** novantanove, **u.** settantaquattromilatrecentoventuno, **v.** duecentoottantanovemila, **w.** ottocentosettantaseimilacinquantaquattro, **x.** centomilaottocento, **y.** cinquecentosessantamilaottocentonovanta, **z.** trecentotrentatremilatrecentotrentatré

2

a. 960, **b.** 1 091, **c.** 14, **d.** 5 000, **e.** 18 900, **f.** 799, **g.** 62 301, **h.** 779 000, **i.** 206 056, **j.** 300 500, **k.** 570 013, **l.** 233 853

3

a. 4790288, **b.** 33 21 7 99, **c.** 041 97 91 120, **d.** 0039 06 70 50 716, **e.** 0043 698 32 36 86 14, **f.** 0676 81 74 32 11

4

a. millenovecentoquattordici, **b.** milleduecentoventidue, **c.** milleseicentotrentotto, **d.** millesettecentoquarantasei, **e.** millecinquecentosettantacinque, **f.** milleottocentocinquanta, **g.** millenovecentoottantacinque, **h.** duemilacinque, **i.** duemiladieci, **j.** duemilaquindici, **k.** milletrecentoquarantasette, **l.** millequattrocentodiciassette

5

a. settantacinque euro, **b.** trecentoventi euro, **c.** milleduecentoottanta euro, **d.** diecimilanovecento euro, **e.** dieci euro e trentacinque centesimi, **f.** un euro e cinquanta centesimi, **g.** novantanove centesimi, **h.** sessantanove euro e novanta centesimi

6

a. ventesimo, **b.** tredicesimo, **c.** settantasettesimo, **d.** centesimo, **e.** diciottesimo, **f.** ventitreesimo, **g.** ottavo, **h.** cinquantacinquesimo, **i.** seicentoventesimo, **j.** quarantaquattresimo, **k.** diciassettesimo, **l.** ottantesimo, **m.** decimo, **n.** primo

7

a. quarto, **b.** ventunesimo, **c.** quattordicesimo-tredicesimo, **d.** primo, **e.** sesto, **f.** terzo, **g.** secondo, **h.** cinquantatreesimo, **i.** quinto, **j.** settimo, **k.** decima

8

a. diciannove agosto millenovecentotrentotto, **b.** sedici giugno millenovecentoottantuno, **c.** undici marzo millenovecentosettantacinque, **d.** ventuno luglio millenovecentoquarantaquattro, **e.** tredici aprile milleduecentoquattro, **f.** ventinove maggio millequattrocentocinquantatré, **g.** otto novembre millenovecentoventidue, **h.** primo gennaio milletrecentoquarantacinque

9

a. 7.4.1920, **b.** 13.5.1841, **c.** 18.6.1506, **d.** 22.9.1919, **e.** 31.10.1373, **f.** 16.7.2008, **g.** 1.4.1855, **h.** 6.11.2015, **i.** 3.9.1982

10

a. ventitré, **b.** tre, **c.** due, **d.** terzo, **e.** quattordicesimo, **f.** quarto, **g.** decimo, **h.** ventuno, **i.** sette, **j.** secondo

11

a. 5 + 4 = 9, **b.** 7 – 2 = 5, **c.** 6 x 3 = 18, **d.** 20 : 4 = 5, **e.** 90%, **f.** 1/4, **g.** 1,7, **h.** 75%, **i.** 8 x 3 = 24, **j.** 9 : 3 = 3, **k.** 12 + 7 = 19, **l.** 1/8

12

1. a – enne – ti – o – enne – e – elle – elle – a esse – e – erre – erre – a – gi – i – o – ti – ti – o, **2.** effe – erre – a – enne – ci – o ci – a – elle – i – esse – pi – e – erre – i – di – i, **3.** emme – o – enne – i – ci – a ti – i – enne – ti – o – erre – e – ti – ti – o, **4.** a – enne – di – erre – e – a pi – a – vi – a – enne – e – elle – elle – o, **5.** esse – ti – e – effe – a – enne – i – a pi – a – pi – pi – a – elle – a – erre – di – o, **6.** gi – a – e – ti – a – enne – o esse – e – erre – erre – a – emme – a – enne – i – ci – a, **7.** erre – i – ci – ci – a – erre – di – o ci – o – ci – ci – i – a – erre – i – e – elle – elle – o, **8.** e – emme – a – enne – u – e – elle – a ci – erre – o – a – elle – e – esse – e

13

k	cosa, corsa, colore, carta
tsch	ciao, Cina, cena, cenere
sk	scatola, scultura, schema
sch	prosciutto, sciroppo, scena, sciare, discesa
g	gatto, Gabriella, ghianda, gambero, guanto, gusto
dsch	gelato, Giorgio, genere, regione, giro

14

1. a – emme – o – erre – e, **2.** bi – a – enne – a – enne – a, **3.** ci – acca – i – ti – a – erre – erre – a, **4.** pi – i – zeta – zeta – e – erre – i – a, **5.** bi – a – ci – i – o, **6.** vi – a – ci – a – enne – zeta – a, **7.** emme – a – erre – gi – acca – e – erre – i – ti – a, **8.** emme – e – di – i – ti – e – erre – erre – a – enne – e – o, **9.** ci – a – erre – a – emme – e – elle – elle – a, **10.** gi – i – o – erre – enne – a – elle – e, **11.** a – elle – elle – e – gi – erre – e – ti – ti – o, **12.** bi – u – o – enne – gi – i – o – erre – enne – o, **13.** pi – i – a – enne – o – effe – o – erre – ti – e, **14.** erre – i – esse – ti – o – erre – a – enne – ti – e, **15.** ci – o – ti – o – elle – e – ti – ti – a

15

1. serenata, **2.** amico, **3.** gatto, **4.** Firenze, **5.** capricciosa, **6.** spaghetti, **7.** ragazza, **8.** arrivederci, **9.** teatro, **10.** cinema, **11.** tramezzino, **12.** abbraccio, **13.** università, **14.** sconto, **15.** benzina

16

1. Giovanna non è simpatica. **2.** Francesco e Serena non sono sposati. **3.** Antonella non mi ama. **4.** Non capisco tutto. **5.** Non mi piace la grammatica. **6.** Stefano non abita in montagna. **7.** Giulio non ha fatto i compiti per casa. **8.** Tu non sei sempre la più intelligente.

17

1. Non capisco niente. **2.** Non vedo mai Carlotta. **3.** Non ho mangiato niente. **4.** Non ho visto nessuno. **5.** Non vedo niente. **6.** Non vado mai in discoteca. **7.** Non ho mai detto questo.

18

1. Questa città non mi piace. **2.** Tu non sei una vera amica. **3.** Giovanni non ama i gelati. **4.** Serena non beve mai birra. **5.** Antonella non mi ha mai telefonato. **6.** Non conosco nessuno a Parigi. **7.** Questo libro non ha avuto successo. **8.** Luigi non è mai stato a Lisbona. **9.** Cristina non ti ama. **10.** Mi dispiace, domani non posso venire da te.

19

Pamela: Ma tu sei Francesco, vero?
Federico: No, io mi chiamo Federico.
Pamela: Sì scusa, non mi ricordavo più.
Federico: Non importa! E tu sei Carmela?
Pamela: No, mi dispiace, io non mi chiamo Carmela. Sono Pamela!
Federico: Oh, scusami tanto, anch'io non mi ricordavo bene il tuo nome.
Pamela: Non ti preoccupare!

20

1. Questa città mi piace. **2.** Tu sei una vera amica. **3.** Giovanni ama i gelati. **4.** Serena beve sempre birra. **5.** Antonella mi ha telefonato sempre. **6.** Conosco qualcuno a Parigi. **7.** Questo libro ha avuto successo. **8.** Luigi è sempre stato a Lisbona. **9.** Cristina ti ama. **10.** Domani posso venire da te.

21

1. No, non abito a Genova. **2.** No, non ho sedici anni. **3.** No, non sono un avvocato. **4.** No, non lavoro in un'agenzia pubblicitaria. **5.** No, non ho quattro fratelli. **6.** No, non c'è una toilette qui. **7.** No, Giovanna non è arrivata. **8.** No, Alice non parla il francese.

22

1. mai, **2.** niente, **3.** nessuno, **4.** niente, **5.** niente, **6.** nessuno, **7.** mai, **8.** mai, **9.** niente

23

1. (Io) ho fame. (Io) non ho fame. **2.** (Tu) sei una bella ragazza. (Tu) non sei una bella ragazza. **3.** (Lui) ha una ragazza. (Lui) non ha una ragazza. **4.** (Noi) abbiamo paura. (Noi) non abbiamo paura. **5.** (Voi) siete italiani. (Voi) non siete italiani. **6.** (Loro) hanno una macchina. (Loro) non hanno una macchina. **7.** (Io) ho una nuova bicicletta. (Io) non ho una nuova bicicletta. **8.** (Tu) hai una ragazza simpatica. (Tu) non hai una ragazza simpatica. **9.** (Lui) è un insegnante. (Lui) non è un insegnante. **10.** (Lei) è una famosa cantante. (Lei) non è una famosa cantante. **11.** (Noi) abbiamo una chitarra. (Noi) non abbiamo una chitarra.

24

1. Lei, **2.** tu, **3.** tu, **4.** Lei, **5.** tu, **6.** Lei, **7.** tu, **8.** Lei, **9.** tu, **10.** Lei, **11.** Lei, **12.** tu, **13.** Lei, **14.** tu, **15.** tu, **16.** tu, **17.** Lei, **18.** tu, **19.** Lei, **20.** Lei

25

1. Come si chiama? **2.** Ma Lei è davvero di Praga? **3.** Lei è architetto o ingegnere? **4.** Lei è proprio gentile. **5.** Prende una pizza anche Lei? **6.** Non preferisce partire domani mattina? **7.** Studia anche Lei a Vienna? **8.** Lavora in un ambulatorio medico?

26

1. Tu abiti in Austria? **2.** Ti chiami Giovanni Pierpaoli? **3.** Di dove sei? **4.** Studi in Italia o in Svizzera? **5.** Anche tu parli lo spagnolo? **6.** Ti presento una mia carissima amica: Laura Cavalcata! **7.** Tu preferisci il tiramisù o lo strudel? **8.** Scusa, tu sei austriaca?

27

Riccardo: Salve, io sono Riccardo, e Lei come si chiama?
Silvia: Salve, mi chiamo Silvia!
Riccardo: E' italiana?
Silvia: No, sono svizzera, di Lugano. E Lei di dov'è?
Riccardo: Sono siciliano, di Palermo.
Silvia: Ah, che bella la Sicilia!
Riccardo: Eh sì, bellissima! E la Svizzera com'è? Le piace?
Silvia: Sì, è bella anche la Svizzera ... Quanti anni ha, Riccardo?
Riccardo: Ho ventinove anni. E Lei?
Silvia: Io ventisette.
Riccardo: Studia o lavora? Io studio ancora ...
Silvia: Io lavoro come segretaria in un ufficio. E Lei che cosa studia?
Riccardo: Ingegneria meccanica. Ma ho quasi finito!

28

1. Ti presento il Signor Guerrini. **2.** Scusi, come si chiama? **3.** Ha un telefonino? **4.** Non abiti a Vienna (Signora Fantini)? **5.** La amo, Enrico! **6.** Ti ringrazio molto. **7.** La prego, non dica niente. **8.** Ti prego, non dire niente. **9.** Lei è davvero un ragazzo simpatico! **10.** Non hai un indirizzo mail? **11.** Non ami la pizza, vero? **12.** La porto a Roma con me! **13.** Questa è la tua macchina? **14.** La Sua bicicletta non mi piace. **15.** Che lavoro fa? **16.** Non è di Francoforte, vero? **17.** Ti do il mio numero di telefono: 049 76 89 346. **18.** Le scrivo prestissimo! **19.** Preferisci un fax o una lettera? **20.** Tu non sai chi sono io!

29

1. Preferisci un gelato? / Preferisce un gelato? **2.** (Lei) è di Vienna? / (Tu) sei di Vienna? **3.** Le presento la mia ragazza: Helga. / Ti presento la mia ragazza: Helga. **4.** (Tu) lavori in un negozio, vero? / (Lei) lavora in un negozio, vero? **5.** (Lei) è a Roma per la prima volta? / (Tu) sei a Roma per la prima volta? **6.** (Tu) sei il mio tesoro! / (Lei) è il mio tesoro! **7.** Ti voglio bene! / Le voglio bene! **8.** (Lei) mi ama? / (Tu) mi ami?

30

Männlich: gatto, libro, tavolo, ragazzo, problema, frutto, piatto, tema, telefono, computer, palazzo, foglio, gioco, giro, calcio, vino, film, silenzio, cinema, bar
Weiblich: scena, melanzana, mela, figlia, pera, banana, bottiglia, forchetta, casa, identità, lampada, analisi, finestra, foglia, moto, porta, anima, vita, foto

31

1. gatti, **2.** scene, **3.** libri, **4.** tavoli, **5.** melanzane, **6.** ragazzi, **7.** mele, **8.** figlie, **9.** pere, **10.** problemi, **11.** banane, **12.** frutti, **13.** piatti, **14.** bottiglie, **15.** forchette, **16.** temi, **17.** case, **18.** identità, **19.** telefoni, **20.** computer, **21.** lampade, **22.** analisi, **23.** finestre, **24.** palazzi, **25.** fogli, **26.** foglie, **27.** giochi, **28.** giri, **29.** moto, **30.** calci, **31.** porte, **32.** anime, **33.** vite, **34.** vini, **35.** film, **36.** foto, **37.** silenzi, **38.** cinema, **39.** bar

32

1. cani, **2.** pani, **3.** giornali, **4.** soli, **5.** sali, **6.** amori, **7.** salami, **8.** fiori, **9.** mari, **10.** televisioni, **11.** notti, **12.** navi, **13.** fini, **14.** ceneri, **15.** immagini, **16.** origini, **17.** fedi, **18.** nevi

33

1. figlio, **2.** compagno, **3.** sorella, **4.** casa, **5.** parola, **6.** luna, **7.** libro, **8.** foglio, **9.** foglia, **10.** anima, **11.** vino, **12.** zucchino, **13.** tramezzino, **14.** melanzana, **15.** panino, **16.** pizza, **17.** bruschetta, **18.** antipasto, **19.** tortellino, **20.** gelato, **21.** ragazza

34

1. la scena, **2.** il sole, **3.** il silenzio, **4.** l'origine, **5.** il libro, **6.** la pera, **7.** il fiore, **8.** la banana, **9.** il frutto, **10.** la bottiglia, **11.** la fede, **12.** la forchetta, **13.** la neve, **14.** il telefono, **15.** l'amore, **16.** il problema, **17.** il computer, **18.** la nave, **19.** la lampada, **20.** la finestra, **21.** il palazzo, **22.** il foglio, **23.** la foglia, **24.** il gioco, **25.** il giro, **26.** il calcio, **27.** la porta, **28.** l'anima, **29.** la vita, **30.** il vino, **31.** il film, **32.** la foto, **33.** il cane, **34.** il piatto, **35.** il pane, **36.** il giornale, **37.** il tavolo, **38.** il sale, **39.** la mela, **40.** il salame, **41.** il mare, **42.** la televisione, **43.** la figlia, **44.** la notte, **45.** la fine, **46.** la casa, **47.** il gatto, **48.** l'analisi, **49.** la cenere, **50.** la melanzana, **51.** l'immagine, **52.** il ragazzo

35

1. le scene, **2.** i soli, **3.** i silenzi, **4.** le origini, **5.** i libri, **6.** le pere, **7.** i fiori, **8.** le banane, **9.** i frutti, **10.** le bottiglie, **11.** le fedi, **12.** le forchette, **13.** le nevi, **14.** i telefoni, **15.** gli amori, **16.** i problemi, **17.** i computer, **18.** le navi, **19.** le lampade, **20.** le finestre, **21.** i palazzi, **22.** i fogli, **23.** le foglie, **24.** i giochi, **25.** i giri, **26.** i calci, **27.** le porte, **28.** le anime, **29.** le vite, **30.** i vini, **31.** i film, **32.** le foto, **33.** i cani, **34.** i piatti, **35.** i pani, **36.** i giornali, **37.** i tavoli, **38.** i sali, **39.** le mele, **40.** i salami, **41.** i mari, **42.** le televisioni, **43.** le figlie, **44.** le notti, **45.** le fini, **46.** le case, **47.** i gatti, **48.** le analisi, **49.** le ceneri, **50.** le melanzane, **51.** le immagini, **52.** i ragazzi

36

1. lo stadio / gli stadi, **2.** la zanzara / le zanzare, **3.** la strada / le strade, **4.** lo zaino / gli zaini, **5.** lo stucco / gli stucchi, **6.** la psicologa / le psicologhe, **7.** lo sport / gli sport, **8.** lo strazio / gli strazi, **9.** lo spirito / gli spiriti, **10.** lo studio / gli studi, **11.** la strage / le stragi, **12.** lo yogurt / gli yogurt, **13.** lo zucchero / gli zuccheri, **14.** lo psicologo / gli psicologi, **15.** la zingara / le zingare, **16.** lo straniero / gli stranieri

37

1. un figlio, **2.** uno zucchero, **3.** una casa, **4.** un mare, **5.** una luna, **6.** degli stucchi, **7.** una foglia, **8.** uno / degli sport, **9.** degli amori, **10.** una mela, **11.** delle immagini, **12.** un sale, **13.** un'anima, **14.** delle notti, **15.** un vino, **16.** dei salami, **17.** uno zucchino, **18.** degli stranieri, **19.** un tramezzino, **20.** delle ceneri, **21.** un panino, **22.** una pizza, **23.** una bruschetta, **24.** un antipasto, **25.** un tortellino, **26.** una ragazza, **27.** dei cani, **28.** un foglio, **29.** dei pani, **30.** uno spirito, **31.** dei giornali, **32.** un sole, **33.** una zingara, **34.** delle televisioni, **35.** una sorella, **36.** degli studi, **37.** un libro, **38.** delle navi, **39.** delle nevi, **40.** degli stadi, **41.** una zanzara, **42.** delle strade, **43.** uno zaino, **44.** una psicologa, **45.** uno strazio, **46.** una strage, **47.** dei fiori, **48.** uno yogurt, **49.** uno psicologo, **50.** una parola, **51.** delle fedi, **52.** una melanzana, **53.** un gelato, **54.** delle origini

38

1. del vino, **2.** della pasta, **3.** della ricotta, **4.** della mozzarella, **5.** dello speck, **6.** del riso, **7.** del formaggio, **8.** dell'olio, **9.** dell'aceto, **10.** dell'insalata, **11.** della frutta, **12.** della grappa, **13.** dell'aranciata, **14.** del succo, **15.** dello spumante, **16.** del prosecco, **17.** della torta, **18.** dello zucchero, **19.** delle fragole, **20.** delle tagliatelle, **21.** dei pomodori, **22.** delle banane, **23.** dei funghi, **24.** dei carciofini

39

1. della carne macinata, **2.** del pane da toast, **3.** delle cotolette, **4.** delle patate, **5.** del salame, **6.** del pane nero, **7.** del pesce, **8.** dei cornetti, **9.** del prosciutto, **10.** dello yogurt, **11.** delle braciole, **12.** delle ciabatte, **13.** del caffè, **14.** dei panini, **15.** del detersivo, **16.** dei fazzoletti, **17.** delle bistecche, **18.** della mortadella

40

al mercato: 1. della frutta, **2.** delle patate, **3.** degli zucchini, **4.** dei funghi, **5.** dei pomodori, **6.** del pesce
al supermercato: 1. dello yogurt, **2.** del caffè, **3.** delle birre, **4.** del prosecco, **5.** del detersivo, **6.** dei fazzoletti
in panificio: 1. del pane nero, **2.** dei panini, **3.** dei biscotti, **4.** del pane da toast, **5.** delle ciabatte, **6.** dei cornetti
in macelleria: 1. della carne macinata, **2.** delle bistecche, **3.** del prosciutto, **4.** del salame, **5.** delle cotolette, **6.** delle braciole

41

1. ragazzo italiano, ragazzi italiani, **2.** ragazza italiana, ragazze italiane, **3.** amico simpatico, amici simpatici, **4.** amica simpatica, amiche simpatiche, **5.** persona carina, persone carine, **6.** casa piccola, case piccole, **7.** casa grande, case grandi, **8.** gatto piccolo, gatti piccoli, **9.** gatto grande, gatti grandi, **10.** bambino buono, bambini buoni

42

1. le persone generose, **2.** le donne silenziose, **3.** gli studenti stranieri, **4.** le studentesse carine, **5.** gli amici gentili, **6.** le ragazze gentili, **7.** i vestiti eleganti, **8.** le torte viennesi, **9.** le paste italiane, **10.** i sigari cubani

43

1. fredda, **2.** caldo, **3.** interessante, **4.** famoso, **5.** popolare, **6.** costoso, **7.** rilassante, **8.** bella, **9.** italiano, **10.** austriaco, **11.** noiosa, **12.** divertente

44

1. gatto piccolo, **2.** libro interessante, **3.** professore severo, **4.** cinema moderno, **5.** mela matura, **6.** salame piccante, **7.** luna piena, **8.** mare pulito, **9.** pesce fresco, **10.** detersivo delicato, **11.** gelato cremoso, **12.** studentessa straniera

45

1. italiano – italiana – italiani – italiane; **2.** austriaco – austriaca – austriaci – austriache; **3.** francese – francese – francesi – francesi; **4.** inglese – inglese – inglesi – inglesi; **5.** irlandese – irlandese – irlandesi – irlandesi; **6.** norvegese – norvegese – norvegesi – norvegesi; **7.** spagnolo – spagnola – spagnoli – spagnole; **8.** tedesco – tedesca – tedeschi – tedesche; **9.** islandese – islandese – islandesi – islandesi; **10.** portoghese – portoghese – portoghesi – portoghesi; **11.** giapponese – giapponese – giapponesi – giapponesi; **12.** russo – russa – russi – russe; **13.** americano – americana – americani – americane; **14.** canadese – canadese – canadesi – canadesi; **15.** brasiliano – brasiliana – brasiliani – brasiliane

46

1. bambini piccoli, **2.** pannolini sporchi, **3.** giocattoli sicuri, **4.** vestitini graziosi, **5.** carrozzine costose, **6.** coperte leggere, **7.** capelli sottili, **8.** pelli sensibili

47

Richtig: 1. la musica italiana, **2.** il cinema americano, **8.** il movimento comunista, **10.** gli attori famosi, **11.** il cattivo consiglio, **12.** il piccolo fiore, **13.** la nuova situazione, **14.** il grande amico, **15.** le buone abitudini

48

1. amico sincero, **2.** vecchio compagno / compagno vecchio, **3.** buon vino / vino buono, **4.** begli occhi / occhi belli, **5.** film interessante, **6.** gran silenzio / silenzio grande, **7.** latte fresco, **8.** clima bizzarro, **9.** bambine felici e contente, **10.** esercizio facile

49

1. un buon amico, **2.** la grande avventura, **3.** i bei signori, **4.** la gran difficoltà, **5.** la bella sensazione, **6.** le buone maniere, **7.** il bel ragazzo, **8.** la buona compagnia, **9.** le grandi amicizie, **10.** un bello sport, **11.** i begli occhi, **12.** un gran coraggio

50

1. Il gatto di Maria è davvero piccolo. **2.** La studentessa di psicologia è carina. **3.** In Sardegna il mare è proprio pulito. **4.** Il detersivo è delicato sulla pelle. **5.** Oh no! Il pannolino è di nuovo sporco. **6.** Gianni è un bel ragazzo. **7.** Il professore di matematica è molto severo. **8.** Il salame in Calabria è veramente piccante. **9.** Il gelato di Pordolotti è davvero cremoso. **10.** Il biberon è troppo caldo per il bambino piccolo. **11.** La musica italiana è davvero bella. **12.** La bottiglia sul tavolo è di vino rosso.

51

1. I gatti di Maria sono davvero piccoli. **2.** Le studentesse di psicologia sono carine. **3.** In Sardegna i mari sono proprio puliti. **4.** I detersivi sono delicati sulla pelle. **5.** Oh no! I pannolini sono di nuovo sporchi. **6.** Gianni e Toni sono due bei ragazzi. **7.** I professori di matematica sono molto severi. **8.** I salami in Calabria sono veramente piccanti. **9.** I gelati di Pordolotti sono davvero cremosi. **10.** I biberon sono troppo caldi per i bambini piccoli. **11.** Le musiche italiane sono davvero belle. **12.** Le bottiglie sul tavolo sono di vini rossi.

52

1. Il mio gatto è piccolo e rosso. **2.** A scuola il mio professore di inglese è davvero antipatico. **3.** Questi sono i miei libri di italiano. **4.** Dove sono le mie nuove scarpe? **5.** Mio fratello vive a Londra. **6.** Mia figlia si chiama Giulia.

53

1. Il tuo tiramisù è davvero buono! **2.** I tuoi amici sono proprio simpatici. **3.** Le tue colleghe sono terribili! **4.** La tua vita è interessante e avventurosa. **5.** Tuo cugino è un bel ragazzo. **6.** I tuoi genitori sono in vacanza.

54

1. Le sue musiche preferite sono tutte italiane. **2.** La sua scuola è vicina alla sua casa. **3.** I suoi compagni sono davvero antipatici. **4.** Il suo ragazzo è alto e magro. **5.** Sua sorella è amica della sua professoressa.

55

1. I nostri amici sono molto interessanti. **2.** Le nostre pizze sono davvero buone! **3.** La nostra classe è al primo piano. **4.** Il nostro professore di matematica è molto severo. **5.** Nostro padre non mangia il pesce. **6.** Nostra madre non è austriaca. **7.** I nostri cugini sono tutti in Italia.

56

1. La vostra torta Sacher è fantastica! **2.** Il vostro amico Guido è molto gentile. **3.** Vostro fratello è davvero alto. **4.** Vostra sorella è un po' grassa. **5.** Le vostre maniere non mi piacciono. **6.** I vostri vestiti sono sempre eleganti.

57

1. Il loro cane è grande e nero. **2.** La loro casa è nel bosco. **3.** Amo passeggiare con le loro amiche. **4.** I loro fratelli sono tutti in America. **5.** La loro sorella non parla francese. **6.** La loro madre cucina bene.

58

1. il mio cavallo, **2.** la nostra casa, **3.** le loro famiglie, **4.** suo marito, **5.** tua sorella, **6.** i vostri nonni, **7.** il loro computer, **8.** la vostra macchina fotografica, **9.** le tue cugine, **10.** suo zio, **11.** mia madre, **12.** i nostri genitori

59

1. nostro padre, **2.** la mia casa, **3.** i nostri fratelli, **4.** la sua gatta, **5.** sua zia, **6.** la loro zia, **7.** vostro padre, **8.** il tuo appartamento, **9.** tua madre, **10.** mio fratello, **11.** la sua gatta, **12.** la loro gatta, **13.** sua zia, **14.** i vostri libri, **15.** le nostre amiche

60

1. la sua vita, **2.** sua nonna, **3.** il suo libro, **4.** la sua famiglia, **5.** le loro famiglie, **6.** il suo ragazzo, **7.** la loro vita, **8.** la loro nonna, **9.** il loro libro, **10.** la sua famiglia, **11.** la sua ragazza, **12.** i loro ragazzi

61

1. Qual è la Sua casa? **2.** Qual è il tuo numero di telefono? **3.** Questa è la tua macchina? **4.** Quella signora è Sua madre? **5.** Qual è il Suo colore preferito? **6.** Qual è il tuo film preferito? **7.** Questo è il tuo ultimo libro? **8.** Quali sono i Suoi amici? **9.** Qual è Suo cugino? **10.** Dove vivono i tuoi figli? **11.** Quando arrivano i Suoi genitori?

62

1. più giovane, **2.** meno simpatica, **3.** meno bello, **4.** più allegra, **5.** più felici, **6.** più difficili, **7.** più piccolo/minore, **8.** più vecchio, **9.** più carina, **10.** più stanco, **11.** più triste, **12.** più facili, **13.** meno caldo, **14.** più buono/migliore

63

1. che, **2.** di, **3.** che, **4.** di, **5.** di, **6.** di, **7.** che, **8.** di

64

1. più piccola, **2.** meno nuovo, **3.** più carina, **4.** più ironica, **5.** meno pazza, **6.** più moderne, **7.** più belli, **8.** meno potente

65

1. simpaticissimo ▸ il più simpatico; **2.** contentissimo ▸ il più contento; **3.** felicissimo/a ▸ il/la più felice; **4.** sensibilissimo/a ▸ il/la più sensibile; **5.** tristissimo/a ▸ il/la più triste; **6.** intelligentissimo/a ▸ il/la più intelligente; **7.** carinissima ▸ la più carina; **8.** molto sexy ▸ il/la più sexy; **9.** furbissimo ▸ il più furbo; **10.** bruttissima ▸ la più brutta

66

1. bellissima, **2.** divertentissimo, **3.** emozionantissimo, **4.** dolcissimi, **5.** simpaticissima

67

1. Questa è la giornata più bella. **2.** Al cinema Apollo c'è il film più divertente. **3.** Il tuo libro è davvero il più emozionante. **4.** I suoi occhi sono i più dolci. **5.** Astrid è la ragazza più simpatica.

68

1. La mia casa è la più nuova del quartiere. **2.** Il tuo ragazzo è il più bello della classe. **3.** I nostri amici sono davvero gentilissimi / i più gentili. **4.** La ragazza spagnola è la più sexy della festa. **5.** Il bambino turco è il più carino della scuola. **6.** Il quartiere in cui vivo è modernissimo / il più moderno. **7.** Le scarpe italiane sono le più comode del mondo. **8.** Le torte viennesi sono dolcissime / le più dolci. **9.** Il mare della Sardegna è il più pulito del Mediterraneo.

69

1. da + le, **2.** a + le, **3.** su + la, **4.** in + lo, **5.** di + lo, **6.** di + il, **7.** su + il, **8.** in + la, **9.** da + i, **10.** su + i, **11.** a + gli, **12.** in + gli, **13.** su + l', **14.** a + l', **15.** in + i

70

1. dal, **2.** ai, **3.** sulle, **4.** nel, **5.** dei, **6.** dall', **7.** alla, **8.** sugli, **9.** nelle, **10.** degli, **11.** dalla, **12.** all', **13.** nell', **14.** sullo, **15.** nei

71

Richtig: del, dallo, nella, sull', agli, dei, dagli, nelle

72

Richtig: 2. nel mio appartamento, **3.** di questo appartamento, **4.** in un appartamento, **5.** in questa pizzeria, **8.** sul tavolo, **9.** a mia madre, **12.** dei miei amici

73

1. a, **2.** al, **3.** in, **4.** a – a, **5.** dal – a, **6.** in, **7.** in, **8.** a, **9.** dalla, **10.** in, **11.** a – in, **12.** in – a

74

1. in cucina, **2.** in giardino, **3.** in centro, **4.** dalla parrucchiera, **5.** alla/in stazione, **6.** alla/in stazione, **7.** andare a prenderlo, **8.** dalla parrucchiera, **9.** in un negozio, **10.** da Nina, **11.** a una festa, **12.** in palestra, **13.** andare a fare la spesa, **14.** al supermercato, **15.** dal dottore, **16.** in banca, **17.** in bicicletta, **18.** a casa, **19.** in autobus, **20.** in treno, **21.** da Napoli, **22.** a Milano, **23.** a casa, **24.** in taxi

75

1. Ieri ho visto Giovanni al bar. **2.** Domenica mangiamo al ristorante? **3.** Il lunedì faccio aerobica in palestra. **4.** Questo pomeriggio vai dal dentista? **5.** Questa mattina passi in banca? **6.** Giulia ama viaggiare in aereo. **7.** Franco e Lucia vivono in Russia. **8.** Manfred e Daria parlano in inglese.

76

Falsch: 1. a palestra ▶ in palestra, **2.** in scuola ▶ a scuola, **3.** a francese ▶ in francese, **4.** a bus ▶ in bus, **5.** in bar ▶ al bar, **6.** in destra ▶ a destra, **7.** a aeroporto ▶ all'/in aeroporto, **8.** a banca ▶ in banca

77

1. a scuola, **2.** a casa, **3.** in discoteca, **4.** in palestra, **5.** al cinema, **6.** in banca, **7.** dal dottore, **8.** dal dentista, **9.** dalla parrucchiera, **10.** alla fermata, **11.** alla/in stazione, **12.** all'/in aeroporto, **13.** a letto, **14.** in pizzeria, **15.** al ristorante, **16.** in giardino, **17.** in cucina, **18.** in treno, **19.** in bus, **20.** in taxi, **21.** a una festa, **22.** a un concerto, **23.** in città, **24.** in campagna, **25.** in un negozio, **26.** in Austria, **27.** a Vienna, **28.** in portoghese, **29.** in tedesco, **30.** a Firenze

78

1. in estate, **2.** in marzo, **3.** alle 16:30, **4.** dalle 14:00 alle 17:00, **5.** da lunedì, **6.** il lunedì, **7.** tra due ore, **8.** per una settimana, **9.** nel 1999, **10.** a Capodanno (S. Silvestro), **11.** dal 2001 al 2004, **12.** da lunedì, **13.** dal lunedì al mercoledì, **14.** di sera, **15.** tra tre settimane, **16.** per quattro anni

79

1. seit gestern, **2.** ab morgen, **3.** von Montag bis Freitag, **4.** von 4 bis 5, **5.** von 1981 bis 1987, **6.** eine Woche lang, **7.** seit einer Woche, **8.** in einer Woche, **9.** in der Nacht, **10.** sonntags

80

1. nel 1976, **2.** alle 15:30, **3.** in dicembre, **4.** a Natale, **5.** in primavera, **6.** da martedì a giovedì/dal martedì al giovedì, **7.** di giorno, **8.** il 14 luglio

81

1. di, **2.** da, **3.** di, **4.** da, **5.** di, **6.** da, **7.** da, **8.** di, **9.** dalla, **10.** dal

82

1. Vorrei una tazza di caffè, grazie! **2.** Collezioni anche tu tazze da caffé? **3.** Non trovo le mie scarpe da calcio. **4.** Compriamo dei bicchieri da vino? **5.** Ti va un bicchiere di vino?

83

1. due litri di succo d'arancia; **2.** un chilo di farina; **3.** sei uova; **4.** una bottiglia di vino bianco; **5.** due etti di prosciutto cotto; **6.** un etto e mezzo di prosciutto crudo; **7.** tre scatole di pelati; **8.** mezzo litro di latte scremato; **9.** quattro vasetti di yogurt; **10.** due chili di zucchero; **11.** cinque panini; **12.** una scatoletta di tonno

84

Luca: Ciao! Mi chiamo Luca, sono il fratello **di** Giada.
Sara: Io sono Sara, piacere!
Luca: Piacere! Sei **di** Pisa?
Sara: No, sono **di** Arezzo. Sei davvero il fratello **di** Giada?
Luca: Sì! E tu chi sei?
Sara: Sono un'amica **di** Giada. Che cosa fai **di** bello?
Luca: Studio fisica. E tu? Che cosa studi **di** interessante?
Sara: Non studio, lavoro in un negozio **di** vestiti.
Luca: Ah, capisco! Vuoi qualcosa **da** bere?
Sara: Sì, perché no? Vorrei un bicchiere **di** coca!
Luca: Ecco un cameriere ... Senta scusi?! Possiamo avere qualcosa **da** bere?
Cameriere: Sì, certo! Qualcosa **di** alcolico o **di** analcolico?
Sara: Io vorrei un bicchiere **di** coca: senza ghiaccio, per favore.
Luca: Per me invece un bicchiere **di** prosecco, grazie.
Cameriere: Ecco a voi. Volete anche qualcosa **da** mangiare? Ci sono tramezzini, panini, pizzette ...
Sara: Sì, qualcosa **di** buono! Un bel tramezzino al tonno! E tu, Luca?
Luca: Sì, qualcosa **da** mangiare, ma non tonno, ho mangiato un chilo **di** tonno negli ultimi giorni, hmmm, una pizzetta, grazie!
Cameriere: Va bene, allora un tramezzino al tonno, una pizzetta, un bicchiere **di** coca senza ghiaccio e un bicchiere **di** prosecco.
Luca: Sì, ottimo, grazie! Senti, ma ... che genere **di** vestiti ci sono nel negozio dove lavori?
Sara: Be', un po' **di** tutto ... ci sono vestiti **da** sera, camicie **di** seta, cose eleganti, ma anche vestiti più sportivi, magliette **di** cotone, maglioni **di** lana, c'è qualcosa **di** bello per tutti!
Luca: Ah, bene! Allora vengo **da** te in negozio una volta!
Sara: Volentieri! Troviamo qualcosa **di** carino sicuramente!

Luca: Ma senti, c'è un bell'abito elegante **da** cerimonia per me? Devo andare a un matrimonio … al matrimonio **di** Filippo, lo conosci?
Sara: Quale Filippo? Quello **di** Grosseto?
Luca: Sì, proprio lui …
Sara: Ma dai! Si sposa?
Luca: Sì, anche la sua ragazza è **di** Grosseto ed è un'amica **di** mia cugina Paola.
Sara: Conosco tua cugina! L'ho vista una volta al mare con Giada: ho fatto qualcosa **di** stupidissimo …
Luca: Che cosa hai fatto **di** così stupido?
Sara: Be', avevamo preso tre lettini e volevamo avere un ombrellone, ma io l'ho rotto …
Luca: E come?
Sara: Giada lo aveva bloccato nella sabbia con un po' **di** pietre e io avevo gli occhiali **da** sole e non le ho viste: per non cadere mi sono attaccata all'ombrellone, ma purtroppo era **di** plastica – non proprio **di** ottima qualità! – e si è subito rotto!
Luca: Ma ti sei fatta male?
Sara: No, niente **di** serio … Però mi sono rovinata anche il costume **da** bagno!
Luca: Be', dai, forse nel tuo negozio trovi un nuovo costume **da** bagno … e un ombrellone **di** acciaio!

85
1. Sul tavolo in cucina. **2.** Senza ghiaccio. **3.** Di fronte al Duomo di Santo Stefano. **4.** Durante la pausa. **5.** No, è lontano dal centro. **6.** Sotto il letto. **7.** Accanto all'università. **8.** Con Eleonora.

86
1. sopra, **2.** tra / fra, **3.** sopra, **4.** sotto, **5.** durante, **6.** da, **7.** alla, **8.** senza – a, **9.** sull' – a, **10.** con

87
Falsch: 1. La scuola è lontana alla banca ► lontana dalla banca, **2.** Ti penso mentre l'estate ► durante l'estate, **3.** Giulio è di fronte da te ► di fronte a te, **4.** La casa è accanto a il parco ► accanto al parco, **5.** Ci vediamo dietro dalla stazione ► dietro alla stazione, **6.** Il gatto è vicino il topo ► vicino al topo

88
1. al museo, **2.** all'opera, **3.** al cinema, **4.** a teatro, **5.** in palestra, **6.** a casa, **7.** in banca, **8.** dalla parrucchiera, **9.** in ospedale, **10.** in montagna / in campagna, **11.** al mare, **12.** al lago / in piscina

89
1. di, **2.** in, **3.** in, **4.** all', **5.** di, **6.** in, **7.** in – a, **8.** dal – a, **9.** a – al, **10.** in – in

90
1. Vado a correre trenta minuti dalle 18 alle 18:30. **2.** In Austria i bambini vanno a scuola dal lunedì al venerdì. **3.** Olga prepara la colazione di mattina. **4.** Giampiero lavora in ufficio dalle 8:00 alle 16:00. **5.** Simone va in palestra per tre ore il mercoledì. **6.** I Signori Baldin vanno al cinema il sabato sera. **7.** I negozi sono chiusi di notte. **8.** Oriella va in chiesa la domenica. **9.** I miei cugini vanno al mare in estate. **10.** Oreste ha studiato all'università dal 1980 al 1985. **11.** Gilda ha provato con la band per quattro ore. **12.** Michele viene a Vienna tra una settimana. **13.** Gioia resta a casa mia in visita per dieci giorni. **14.** Agata è nata nel 1974. **15.** La lettera di Giuseppe è arrivata in maggio. **16.** Gioco a pallavolo da tredici anni. **17.** Comincio la dieta da domani. **18.** Chiara ha cominciato a lavorare da due mesi. **19.** Ci vediamo in centro alle 17:00. **20.** Quando hai dormito a lungo? domenica.

91
Falsch: 1. Prendiamo un caffè alla bar? ► al bar, **2.** Sono da Graz ► di Graz, **3.** Arrivo in due giorni ► tra due giorni, **4.** Lavoro alle 14:00 dalle 21:00 ► dalle 14:00 alle 21:00, **5.** All'inverno amo sciare ► in inverno, **6.** Avete le scarpe di tennis? ► da tennis

92
EURO 2008: i campionati europei di calcio.
I campionati europei **di** calcio quest'anno sono stati **per** tre settimane **in** giugno, **in** Austria e **in** Svizzera. Hanno partecipato sedici squadre **da** molti paesi europei, divise **in** quattro gruppi: **nel** gruppo A c'era la squadra **della** Svizzera, quella **della** Repubblica Ceca, quella **del** Portogallo e quella **della** Turchia. Le qualificazioni erano **in** Svizzera, **a** Basilea e **a** Ginevra. Hanno vinto questo primo girone **di** qualificazione la squadra portoghese e quella turca. **Nel** gruppo B c'era la squadra **della** Croazia, quella **della** Polonia, quella **della** Germania e quella **dell'** Austria. Giocavano **in** Austria, **a** Vienna e **a** Klagenfurt. Si sono qualificate la squadra croata e quella tedesca. **Nel** gruppo C c'era la squadra **della** Romania, quella **dell'**Italia, quella **dell'**Olanda e quella **della** Francia. Giocavano **in** Svizzera, **a** Zurigo e **a** Berna. La squadra olandese e quella italiana hanno passato il turno. **Nel** gruppo D c'era la squadra **della** Grecia, quella **della** Spagna, quella **della** Russia e quella **della** Svezia. Giocavano **in** Austria, **a** Innsbruck e **a** Salisburgo. Hanno vinto la qualificazione la squadra spagnola e quella russa. Poi ci sono stati i quarti **di** finale, giocati **a** Basilea e **a** Vienna: hanno passato il turno la Germania, la Turchia, la Russia e la Spagna. **Alle** partite semifinali hanno vinto la squadra tedesca e quella spagnola e poi c'è stata la finale **a** Vienna il 29 giugno 2008. Ha vinto la Spagna! **In** tutta la Spagna hanno festeggiato, e anche **a** Vienna. **Per** tre settimane ci sono stati tifosi **di** tante squadre e nazioni diverse **in** Austria e **in** Svizzera. Una bella festa **per** tutti, **con** canti, balli e tanta birra. Non ci sono stati grossi problemi **tra** i tifosi **delle** squadre avversarie e tutti hanno ammirato lo spettacolo sportivo **in** pace e armonia. **Durante** gli Europei tutti gli alberghi e le pensioni **in** Austria e **in** Svizzera erano pieni **di** tifosi, **nelle** strade c'erano molte persone **con** le magliette e i colori **delle** loro squadre. **Al** ristorante o **in** pizzeria, **al** bar o **in** discoteca, **in** macchina o **in** taxi: tutti avevano le bandiere e i colori nazionali. **In** tram o **in** metropolitana si parlava **in** tante lingue diverse: **in** francese, **in** italiano, **in** tedesco, **in** croato, **in** turco, **in** polacco, **in** portoghese, **in** russo e **in** spagnolo. Anche **alla/in** stazione c'erano annunci **in** tutte le lingue: **in** olandese, **in** rumeno, **in** svedese, **in** greco o **in** ceco. **Di/la** sera tutti erano concentrati davanti **alla** TV, **a** casa o **al** bar, **nella** zona-tifosi o **allo** stadio e **per** ogni goal molti giubilavano. Dopo le partite la squadra che aveva vinto andavano **in** macchina o **a** piedi **in** centro, **con** le loro bandiere e i colori **della** loro squadra e festeggiavano **per** tutta la notte **con** grida, canti, trombe e clacson. Molte persone hanno lavorato **per** organizzare questa grande festa dello sport: nel campo **della** gastronomia, **della** sicurezza, **del** turismo. L'Austria e la Svizzera hanno avuto i complimenti **di** Platini e **della** UEFA **per** la brillante organizzazione. Anche se sia la squadra austriaca, sia quella svizzera sono uscite **dal** torneo **durante** le qualificazioni e non hanno potuto giocare la finale **di** questi europei è stato **per** tutti un grandissimo evento. Complimenti **a** tutti gli organizzatori! E naturalmente anche **alla** Spagna!

93
-are: cantare, lavorare, parlare, domandare, ballare, volare, cercare, mangiare, abitare, studiare, trovare, pagare, faticare
-ere: vivere, vedere, mettere, scrivere, ripetere, prendere, rispondere, chiudere
-ire: colpire, capire, sentire, dormire, soffrire, tossire, tradire, finire, aprire, offrire, preferire, partire

94
-are: cant-, lavor-, parl-, domand-, ball-, vol-, cerc-, abit-, trov-, pag-, fatic-
-ere: viv-, ved-, mett-, scriv-, ripet-, prend-, rispond-, chiud-
-ire: colp-, cap-, sent-, dorm-, soffr-, toss-, trad-, fin-, apr-, offr-, prefer-, part-

95
1. canto, **2.** prendo, **3.** metti, **4.** mangio, **5.** soffri, **6.** voli, **7.** ripeti, **8.** studia, **9.** chiude, **10.** dorme, **11.** lavoriamo, **12.** rispondete, **13.** scriviamo, **14.** pagate, **15.** finite, **16.** finiscono, **17.** capiscono, **18.** preferisco, **19.** ballano, **20.** offriamo, **21.** vivono

96
canto – canti – canta – cantiamo – cantate – cantano; vivo – vivi – vive – viviamo – vivete – vivono; dormo – dormi – dorme – dormiamo – dormite – dormono; colpisco – colpisci – colpisce – colpiamo – colpite – colpiscono

97
1. Alfredo non ama la pizza. **2.** Giulia dorme tutta la domenica. **3.** Io capisco tutto. **4.** Tu vivi in Australia. **5.** Noi soffriamo per la nostalgia di casa. **6.** Loro non rispondono mai al telefono. **7.** Voi prendete sicuramente un gelato! **8.** Io studio economia. **9.** Tu non lavori in banca, vero? **10.** Voi chiudete la porta. **11.** Noi paghiamo il viaggio in Birmania. **12.** Loro finiscono di lavorare presto oggi.

98
1. Lucia **sente** la musica alla radio. **2.** Paolo **scrive** una lettera a Maria. **3.** Luca **tossisce** sempre a teatro. **4.** Fiona e Luis **ballano** il tango. **5.** Noi questa sera **vediamo** un film. **6.** Ma tu non **abiti** in Austria? **7.** Voi **mangiate** la pizza ogni sera. **8.** Io invece **preferisco** la "Wiener Schnitzel"! **9.** Voi **lavorate** in un ufficio? **10.** Serena non **trova** più il libro.

99
1. (Io) Ho 17 anni. **2.** Quanti anni hai? **3.** Jonas e Giovanni hanno 33 anni. **4.** Il nostro gatto ha 14 anni. **5.** Mia madre ha 50 anni e mio padre 46 anni. **6.** Signor Rossetto, quanti anni ha? **7.** Mia nonna ha 97 anni. **8.** Il mio computer ha 3 anni.

100
1. è, **2.** ha, **3.** siete, **4.** sono, **5.** hanno, **6.** siamo, **7.** hai, **8.** è, **9.** è, **10.** ha

101
1. ha, **2.** è – ha, **3.** sono, **4.** è – è, **5.** sei, **6.** avete, **7.** hai, **8.** abbiamo, **9.** è – sono, **10.** è – è, **11.** sono – sono, **12.** hai, **13.** ho – ho, **14.** ha

102
1. faccio, **2.** dico, **3.** diamo, **4.** vai, **5.** tengono, **6.** esci, **7.** veniamo, **8.** bevono, **9.** usciamo, **10.** fa, **11.** va, **12.** dà, **13.** dite, **14.** tieni, **15.** fanno

103
1. bevono, **2.** vanno – bevono, **3.** fa, **4.** vieni, **5.** usciamo – andiamo, **6.** dicono, **7.** dà, **8.** tiene, **9.** andate, **10.** va – fa, **11.** va, **12.** venite, **13.** fa, **14.** faccio, **15.** fate, **16.** fa

104
1. In montagna posso fare una lunga camminata. **2.** Al mare Giuseppe prende il sole e fa una nuotata. **3.** Al mercato nelle piazze Giulia e Maria vogliono fare la spesa di frutta e verdura. **4.** Al parco vicino alla stazione è possibile fare una bella passeggiata. **5.** Sergio e Camilla vanno in Tirolo in inverno e fanno una sciata. **6.** Tu ed io domani andiamo in centro e facciamo spese!

105
1. lui vuole / deve/ sa, **2.** noi vogliamo, **3.** voi sapete, **4.** io devo, **5.** Lei vuole / deve/ sa, **6.** lei vuole / deve/ sa, **7.** loro sanno, **8.** tu vuoi

106
1. sa, **2.** può, **3.** sa – può, **4.** possono, **5.** sanno, **6.** so, **7.** sai, **8.** può, **9.** possiamo, **10.** sa

107
1. Non voglio andare a teatro! **2.** Lui sa sempre tutto ... **3.** Professore, possiamo finalmente andare? **4.** Non puoi ballare con queste scarpe! **5.** Lo vedo, davvero non sai ballare! **6.** Non volete andare in pizzeria questa sera? **7.** Davide e Dario devono andare all'università domani. **8.** Purtroppo io non posso venire.

108
2. scrivi – scrivete – non scrivere – non scrivete! **3.** parla – parlate – non parlare – non parlate! **4.** vivi – vivete – non vivere – non vivete! **5.** senti – sentite – non sentire – non sentite! **6.** telefona – telefonate – non telefonare – non telefonate! **7.** fa'/fai – fate – non fare – non fate! **8.** va'/vai – andate – non andare – non andate!

109
1. non bere! **2.** non ripetere! **3.** non pagare! **4.** non finire! **5.** non cantare! **6.** non vivete! **7.** non dormite! **8.** non soffrite! **9.** non lavorate! **10.** non cercare! **11.** non ballare! **12.** non volate!

110

1. fumate! **2.** va'/vai via! **3.** parla piano! **4.** mangia tanto! **5.** fate una torta! **6.** telefonatemi! **7.** prendete lui! **8.** vieni con noi! **9.** fa'/fai la pipì! **10.** uscite stasera! **11.** prendi il sole! **12.** sii triste!

111

1. bevi, **2.** fate, **3.** mangia, **4.** va'/vai, **5.** non andate, **6.** non fumare, **7.** restate, **8.** parla

112

1. mangia! – non mangiare! – mangi! – non mangi! **2.** parla! – non parlare! – parli! – non parli! **3.** telefona! – non telefonare! – telefoni! – non telefoni! **4.** prendi! – non prendere! – prenda! – non prenda! **5.** metti! – non mettere! – metta! – non metta! **6.** chiudi! – non chiudere! – chiuda! – non chiuda! **7.** offri! – non offrire – offra! – non offra! **8.** dormi! – non dormire! – dorma! – non dorma! **9.** parti! – non partire! – parta! – non parta! **10.** sii! – non essere! – sia! – non sia! **11.** abbi! – non avere! – abbia! – non abbia! **12.** di'! – non dire! – dica! – non dica! **13.** da'/dai! – non dare! – dia! – non dia! **14.** sta'/stai! – non stare! – stia! – non stia!

113

1. studia, **2.** chiuda, **3.** bevete, **4.** dormi, **5.** non fumate! **6.** fa'/fai, **7.** telefonate, **8.** finisci, **9.** non balli! **10.** senta, **11.** restate, **12.** va'/vai

114

a) **1.** incontrando, **2.** guardando, **3.** lavando, **4.** ascoltando, **5.** suonando, **6.** giocando, **7.** recitando, **8.** arrivando, **9.** intervistando, **10.** dipingendo, **11.** guidando, **12.** lasciando, **13.** cucinando, **14.** imparando, **15.** leggendo, **16.** camminando, **17.** mandando, **18.** esagerando, **19.** accendendo, **20.** spegnendo
b) viaggiare ▶ viaggiando, partire ▶ partendo, vedere ▶ vedendo, dormire ▶ dormendo, soffrire ▶ soffrendo, scrivere ▶ scrivendo, ballare ▶ ballando, telefonare ▶ telefonando, cercare ▶ cercando, mangiare ▶ mangiando, prendere ▶ prendendo, finire ▶ finendo, parlare ▶ parlando, aprire ▶ aprendo, studiare ▶ studiando, ridere ▶ ridendo, chiudere ▶ chiudendo, pagare ▶ pagando

115

1. sto parlando, **2.** sta leggendo, **3.** stanno partendo, **4.** stiamo trovando, **5.** sto telefonando, **6.** sta scrivendo, **7.** stai arrivando, **8.** state cercando, **9.** sta suonando, **10.** state dormendo

116

1. Antonella e Loretta stanno suonando il piano. **2.** Tu stai scrivendo una mail a Giorgio. **3.** Lui sta giocando a calcio. **4.** Io sto cucinando un'ottima cena. **5.** Mario e io stiamo lavando le nostre moto. **6.** Pia sta andando dalla parrucchiera. **7.** Tu e Giuseppina state guardando la TV. **8.** Signora Marinetti, Lei sta proprio esagerando, sa?

117

1. sta dormendo, **2.** sto ascoltando la radio, **3.** sto leggendo un libro, **4.** sto lavorando in giardino, **5.** stanno lavando la macchina, **6.** sto studiando geometria, **7.** sta facendo la spesa, **8.** stiamo suonando e cantando

118

1. Patrizio sta mangiando un panino al bar. **2.** Giuditta e Ludovica stanno prendendo il treno per Monaco. **3.** Ferdinando sta scrivendo il suo nuovo libro. **4.** Giorgia, che cosa stai facendo? **5.** Marika sta studiando economia all'università. **6.** Otto, Franz, che cosa state bevendo di buono?

119

1. stava camminando, **2.** stavate discutendo, **3.** stavi viaggiando, **4.** stavo andando via, **5.** stavano facendo shopping, **6.** stavamo andando a cavallo, **7.** stavate facendo colazione, **8.** stava giocando a tennis, **9.** stavano mangiando una pizza, **10.** stavamo parlando in tedesco

120

1. Lucia stava guardando la TV da sola. **2.** Io stavo suonando la chitarra. **3.** Marta e Polly stavano riparando l'auto. **4.** Mio fratello Ugo stava passeggiando alla spiaggia. **5.** Tu e Max stavate cantando benissimo! **6.** Tu stavi preparando la colazione. **7.** Io e Riccardo stavamo giocando a golf. **8.** Signor Pollini, Lei stava guidando senza patente?

121

1. Stavo guardando la TV. **2.** Stavo fumando una sigaretta. **3.** Stavo scrivendo una mail. **4.** Stavo facendo ginnastica. **5.** Stavamo facendo shopping. **6.** Stavo studiando l'inglese. **7.** Stavamo leggendo il giornale.

122

1. Doriana stava studiando biologia in biblioteca. **2.** Gigi stava pagando il conto al ristorante. **3.** Barbara e Rocco stavano facendo la spesa. **4.** Tina, Gina, che cosa stavate facendo alle 20:30? **5.** Io non stavo sicuramente guardando il film!

123

1. ascoltando, **2.** essendo, **3.** avendo, **4.** partendo, **5.** guardando, **6.** leggendo, **7.** sentendo, **8.** prendendo, **9.** arrivando, **10.** facendo

124

1. avendo, **2.** essendo, **3.** leggendo, **4.** prendendo, **5.** facendo, **6.** arrivando, **7.** ascoltando, **8.** guardando, **9.** partendo, **10.** sentendo

125

1. Avendo sete Gerardo beve una coca. **2.** Essendo stanchi preferiamo non uscire stasera. **3.** Facendo spesso shopping spendo molti soldi. **4.** Andando in palestra spesso ha molti muscoli. **5.** Studiando sempre molto sono i migliori della classe. **6.** Scrivendo il suo diario Anna si ricorda tutto. **7.** Suonando il piano insieme, tu e tua madre siete molto unite. **8.** Essendo depressa preferisci la solitudine.

126
1. avendo lasciato, **2.** avendo mandato, **3.** avendo pagato, **4.** avendo lavorato, **5.** avendo giocato, **6.** essendo uscito/a/i/e, **7.** avendo cercato, **8.** essendo andato/a/i/e, **9.** avendo mangiato, **10.** avendo telefonato

127
1. avendo lasciato, **2.** avendo telefonato, **3.** avendo giocato, **4.** essendo uscito/a, **5.** avendo mandato, **6.** avendo mangiato, **7.** avendo cercato, **8.** essendo andata, **9.** avendo pagato, **10.** avendo lavorato

128
1. Essendo state spesso a Vienna, conoscete bene il centro. **2.** Avendo avuto freddo ieri al cinema, oggi hai una giacca. **3.** Essendo andato tutti i giorni a correre, ora Paolo è in perfetta forma. **4.** Essendo state dal dottore oggi Lucilla e Linda non vengono a scuola. **5.** Avendo guardato il film tre volte lo conosco molto bene. **6.** Essendo andati al mare domenica siamo abbronzati.

129
aspetterò – aspetterai – aspetterà – aspetteremo – aspetterete – aspetteranno
crederò – crederai – crederà – crederemo – crederete – crederanno
capirò – capirai – capirà – capiremo – capirete – capiranno

130
andrò – andrai – andrà – andremo – andrete – andranno
vedrò – vedrai – vedrà – vedremo – vedrete – vedranno
dirò – dirai – dirà – diremo – direte – diranno

131
1. canterai, **2.** parlerò, **3.** giocherà, **4.** rideranno, **5.** vivrete, **6.** apriranno, **7.** offriremo, **8.** saprai, **9.** potrò, **10.** andrà, **11.** suonerete, **12.** accenderemo

132
1. vivrete, **2.** accenderemo, **3.** parlerò, **4.** canterai, **5.** rideranno, **6.** giocherà, **7.** apriranno, **8.** andrà, **9.** suonerete, **10.** offriremo, **11.** saprai, **12.** potrò

133
Prometto che: **1.** sarò puntuale, **2.** farò i compiti, **3.** imparerò a memoria la poesia, **4.** aiuterò la nonna, **5.** non litigherò con i miei fratelli, **6.** scriverò una mail tutti i giorni, **7.** telefonerò allo zio Aldo, **8.** sarò bravo/a

134
1. sarò – farò – curerò, **2.** sarai – diventerai, **3.** sarete – saprete, **4.** saranno – andranno, **5.** farete – sarete, **6.** vivremo – avremo, **7.** vincerà – comprerà, **8.** darà – potrà, **9.** andrà – saprà, **10.** canterà – leggerà, **11.** vedrai – dirà, **12.** faranno – vedranno, **13.** correrò – sarò, **14.** andrà – vorrà, **15.** studierà – dovrà, **16.** parlerà – tornerà

135

	-are	-ere	-ire
io	aspetterei	crederei	capirei
tu	aspetteresti	crederesti	capiresti
lui/lei	aspetterebbe	crederebbe	capirebbe
noi	aspetteremmo	crederemmo	capiremmo
voi	aspettereste	credereste	capireste
loro	aspetterebbero	crederebbero	capirebbero

136

	andare	vedere	dire
io	andrei	vedrei	direi
tu	andresti	vedresti	diresti
lui/lei	andrebbe	vedrebbe	direbbe
noi	andremmo	vedremmo	diremmo
voi	andreste	vedreste	direste
loro	andrebbero	vedrebbero	direbbero

137
1. potrebbe, **2.** parlerei – riderebbero, **3.** vivreste, **4.** accenderemmo, **5.** sapresti

138
1. sarei più preciso/a, **2.** farei gli esercizi, **3.** imparerei le note della canzone, **4.** aiuterei mio fratello, **5.** non andrei lontano, **6.** scriverei una lettera, **7.** telefonerei alla nonna, **8.** starei attento/a, **9.** andrei dalla parrucchiera, **10.** prenderei una bella birra

139

1. mangerei	C	**9.** diresti	C
2. saprete	F	**10.** vedreste	C
3. potrebbe	C	**11.** farò	F
4. andremo	F	**12.** vedrete	F
5. mangerai	F	**13.** vedremmo	C
6. sapreste	C	**14.** direte	F
7. potranno	F	**15.** farei	C
8. andremmo	C	**16.** farai	F

140

1. Daniela andrebbe al cinema. **2.** Patrizio e io prenderemmo un bicchiere di prosecco. **3.** Tu non giocheresti mai a tennis con Pietro. **4.** Io sarei molto felice con te. **5.** Senza Leonardo Beatrice non potrebbe vivere. **6.** Voi direste che il professore ha 45 anni? **7.** Chi potrebbe fare una cosa così? **8.** Sabrina e Lorenzo verrebbero volentieri al mare.

141

1. Potresti aiutarmi con la matematica. **2.** Sapreste spiegare a mio nonno dov'è la Staatsoper? **3.** Verrebbero anche Licia e Lucio alla festa? **4.** Giovanni vorrebbe mangiare sempre panini? **5.** Mi daresti la tua bicicletta? **6.** Avreste una camera singola con bagno?

142

1. viaggiato, **2.** telefonato, **3.** creduto, **4.** potuto, **5.** cercato, **6.** capito, **7.** partito, **8.** voluto, **9.** tenuto, **10.** suonato, **11.** sentito, **12.** caduto

143

1. getrunken, **2.** gewonnen, **3.** gestellt/gesetzt, **4.** gesungen, **5.** gewusst, **6.** bevorzugt, **7.** gesehen, **8.** gewesen, **9.** gelesen, **10.** genommen

144

1. scrivere, **2.** decidere, **3.** vivere, **4.** fare, **5.** parlare, **6.** dire, **7.** comunicare, **8.** ballare, **9.** dormire, **10.** avere

145

1. ha, **2.** sono, **3.** avete, **4.** sono, **5.** hai, **6.** siamo, **7.** ha, **8.** è

146

1. stata, **2.** preso, **3.** telefonato, **4.** andati, **5.** partite, **6.** lavato, **7.** fatto, **8.** stato

147

1. ho mangiato, **2.** è andata, **3.** ha preso, **4.** sono andati, **5.** avete fatto, **6.** abbiamo corso, **7.** è cominciata, **8.** è finito

148

1. sei stata, **2.** sono stata, **3.** siamo andati, **4.** avete fatto, **5.** abbiamo preso, **6.** abbiamo fatto, **7.** abbiamo nuotato, **8.** abbiamo pescato, **9.** vi siete riposati, **10.** sei andata, **11.** sono partita, **12.** ho incontrato, **13.** abbiamo preso, **14.** abbiamo visitato, **15.** sono stato, **16.** avete camminato, **17.** avete visitato, **18.** abbiamo visto, **19.** siete uscite, **20.** abbiamo fatto, **21.** abbiamo preferito, **22.** siamo usciti, **23.** siamo andati

149

1. mi sono svegliato, **2.** mi sono alzato, **3.** sono andato, **4.** ho fatto, **5.** mi sono fatto, **6.** mi sono lavato, **7.** mi sono pettinato, **8.** mi sono vestito, **9.** mi sono messo, **10.** sono andato, **11.** mi sono svegliata, **12.** mi sono alzata, **13.** sono andata, **14.** ho preparato, **15.** ho fatto, **16.** mi sono lavata, **17.** mi sono pettinata, **18.** mi sono truccata, **19.** mi sono vestita, **20.** sono uscita

150

giocavo, giocavi, giocava, giocavamo, giocavate, giocavano;
conoscevo, conoscevi, conosceva, conoscevamo, conoscevate, conoscevano;
dormivo, dormivi, dormiva, dormivamo, dormivate, dormivano

151

1. sie spielten, **2.** ich reiste ab, **3.** er/sie ging, **4.** du konntest, **5.** wir schrieben, **6.** ich trank, **7.** sie kamen an, **8.** du lasest, **9.** ihr bevorzugtet, **10.** sie waren, **11.** du hörtest/spürtest, **12.** er/sie hörte zu, **13.** sie reisten, **14.** ihr spieltet, **15.** es war, **16.** wir verstanden

152

Persona	verbi in -are	verbi in -ere	verbi in -ire
io	21. andavo ► andare 25. guardavo ► guardare	13. scrivevo ► scrivere 34. chiudevo ► chiudere	8. uscivo ► uscire
tu	11. facevi ► fare 17. cantavi ► cantare 20. telefonavi ► telefonare	4. avevi ► avere 12. credevi ► credere 23. eri ► essere	9. dicevi ► dire 35. aprivi ► aprire
lui/lei	6. andava ► andare 15. fumava ► fumare 32. cercava ► cercare	5. sapeva ► sapere 24. prendeva ► prendere	29. capiva ► capire
noi	2. facevamo ► fare 36. parlavamo ► parlare	27. bevevamo ► bere 10. avevamo ► avere	19. venivamo ► venire 31. partivamo ► partire
voi	3. andavate ► andare 33. trovavate ► trovare	22. eravate ► essere 28. leggevate ► leggere	14. dormivate ► dormire 30. finivate ► finire
loro	1. guidavano ► guidare 7. facevano ► fare 16. fumavano ► fumare	26. ridevano ► ridere	18. venivano ► venire

153

1. andavo, 2. facevi, 3. avevamo, 4. sapeva, 5. cantavate, 6. ballava, 7. lavoravano, 8. guidava

154

1. ballava, 2. andavo, 3. lavoravano, 4. facevi, 5. guidava, 6. cantavate, 7. avevamo, 8. sapeva

155

1. era, 2. andava, 3. incontrava, 4. erano, 5. veniva, 6. abitava, 7. prendeva, 8. arrivava, 9. aveva, 10. amava, 11. era, 12. era, 13. voleva, 14. tornavano, 15. mangiavano

156

1. noi siamo stati/e – eravamo, 2. voi avete avuto – avevate, 3. io ho mangiato – mangiavo, 4. tu hai bevuto – bevevi, 5. lui ha preso – prendeva, 6. lei ha creduto – credeva, 7. loro hanno dovuto – dovevano, 8. noi abbiamo potuto – potevamo, 9. lui ha voluto – voleva, 10. lei ha cantato – cantava, 11. voi avete fumato – fumavate, 12. tu sei andato/a – andavi, 13. io sono uscito/a – uscivo, 14. loro sono partiti/e – partivano

157

1. sei stato, 2. sono tornato, 3. ti sei divertito, 4. sei andato, 5. siamo stati, 6. siete partiti, 7. abbiamo visto, 8. abbiamo nuotato, 9. abbiamo fatto, 10. abbiamo cercato, 11. avete trovato, 12. abbiamo camminato, 13. sono andata

158

1. era, 2. aveva, 3. si vedeva, 4. c'era, 5. cantavano, 6. soffiava, 7. si muovevano, 8. era, 9. c'erano, 10. aveva, 11. era, 12. giocavano, 13. bevevano, 14. era, 15. ballava, 16. fotografavano, 17. preparava, 18. cantava, 19. suonava, 20. aspettava, 21. fumava, 22. guardavano, 23. commentavano, 24. mangiava

159

1. siamo stati/e, 2. avevate, 3. ho mangiato, 4. bevevi, 5. prendeva, 6. credeva, 7. hanno dovuto, 8. abbiamo potuto, 9. voleva, 10. cantava, 11. avete fumato, 12. andavi, 13. sono uscito/a, 14. sono partiti

160

1. dormiva – mi sono lavata, 2. cucinavamo – ha lavato, 3. ballavano – è arrivata, 4. spiegava – si sono addormentati, 5. misurava – ha avuto

161

1. volevo, 2. erano, 3. lavorava, 4. amavi, 5. amavano, 6. promettevamo

162

1. era, 2. aveva, 3. portava, 4. sorrideva, 5. era, 6. aveva, 7. amava, 8. studiava, 9. era, 10. faceva, 11. voleva, 12. era, 13. aveva, 14. guidava, 15. veniva, 16. andavamo, 17. facevamo, 18. ci divertivamo, 19. era, 20. era

163

Richtig: 1. avevo, 2. sono andata, 3. ho frequentato, 4. sono rimasta, 5. è piaciuto, 6. eravamo, 7. c'erano, 8. volevano, 9. c'era, 10. erano, 11. ero, 12. andavamo, 13. facevamo, 14. facevamo, 15. c'erano, 16. c'erano, 17. abitavamo, 18. organizzavamo, 19. potevamo, 20. era, 21. ho vinto, 22. ho conosciuto, 23. parlavano, 24. ho fatto, 25. mi sono divertita

164

1. mangiare – io mangiai, 2. dormire – voi dormiste, 3. scendere – tu scendesti, 4. comprare – loro comprarono, 5. aprire – lei aprì, 6. credere – noi credemmo, 7. aspettare – tu aspettasti, 8. sentire – io sentii, 9. pensare – lui pensò, 10. offrire – noi offrimmo, 11. guardare – voi guardaste, 12. parlare – io parlai, 13. ripetere – loro ripeterono, 14. girare – lei girò, 15. partire – tu partisti, 16. lasciare – voi lasciaste, 17. capire – loro capirono, 18. baciare – io baciai

165
1. avevo dormito, 2. avevi detto, 3. erano andati/e, 4. aveva letto, 5. avevamo fatto, 6. eravamo stati/e, 7. ero uscito/a, 8. aveva detto, 9. eravamo venuti/e, 10. avevamo scritto, 11. avevo dato, 12. eri partito/a

166
1. aveva bevuto, 2. avevi letto, 3. aveva preparato, 4. avevano letto, 5. aveva avuto, 6. avevamo fatto, 7. avevano detto

167
1. Avete cantato una canzone che non avevate cantato allo scorso concerto. 2. Hai cucinato quel piatto di cui mi avevi dato la ricetta? 3. Siamo stati in una regione in cui non eravamo mai stati prima. 4. Abbiamo comprato un libro che il professore ci aveva consigliato. 5. Siamo andati dal dentista che ci aveva curato l'anno scorso.

168
1. aveva avuto, 2. era andata, 3. aveva suonato, 4. aveva fatto, 5. aveva studiato, 6. era partita

169
1. canti – canti – canti – cantiamo – cantiate – cantino; 2. mangi – mangi – mangi – mangiamo – mangiate – mangino; 3. viva – viva – viva – viviamo – viviate – vivano; 4. metta – metta – metta – mettiamo – mettiate – mettano; 5. dorma – dorma – dorma – dormiamo – dormiate – dormano; 6. parta – parta – parta – partiamo – partiate – partano; 7. capisca – capisca – capisca – capiamo – capiate – capiscano; 8. preferisca – preferisca – preferisca – preferiamo – preferiate – preferiscano

170
1. faccia, 2. senta, 3. dorma, 4. crediate, 5. sappiamo, 6. pensi, 7. bevano, 8. capiate, 9. venga, 10. vada, 11. escano, 12. viviate, 13. rida, 14. capisca, 15. entrino, 16. sappia

171
1. sia, 2. siate, 3. possiamo, 4. sappia, 5. esista, 6. costi

172
1. Sono proprio felice che tu sia venuta! 2. Giovanni ha paura che Marta lo lasci. 3. A Serena dispiace molto che suo fratello sia già andato via. 4. Lidia e Licia sono tristi che i loro amici Pietro e Federico siano partiti. 5. Non siamo sorpresi che vogliate anche un gelato. 6. Siete contente che Antonio vi abbia chiamate?

173
1. sia, 2. finisca, 3. sappia, 4. faccia, 5. vengano, 6. porti, 7. andiate, 8. possa, 9. resti, 10. abbiate

174
1. Penso che Silvia e Luigi non vengano. 2. Penso che tu non beva mai birra. 3. Penso che Aldo sia antipatico. 4. Penso che Antonio studi sempre. 5. Penso che sua madre faccia una torta.

175
1. Penso che Carla sia felice nella sua nuova casa. 2. Mi sembra che abbiate portato troppo vino! 3. Paolo crede che Giorgia e Luca non vengano. 4. Mia madre pensa che tu abbia mangiato troppo. 5. Credi che oggi l'insegnante spieghi? 6. Pensate che domani possiamo ballare alla festa?

176
1. Andiamo a sciare benché ci sia poca neve. 2. Sebbene sia agosto fa abbastanza freddo. 3. Va' in banca prima che chiuda. 4. Vengo in vacanza con voi purché mi lasciate in pace. 5. Nonostante Angelo ami Anna preferisce stare con Lucia. 6. Benché siano in vacanza non si rilassano.

177
1. amate, 2. amiate, 3. amino, 4. ami, 5. amiamo, 6. ami, 7. ama, 8. è

178
1. I tuoi genitori vogliono che noi li **invitiamo**? Per noi va bene!
2. John viene da Londra a trovarmi benché io non **abbia** tempo per lui.
3. Sono molto contenta che lo nostra casa vi **piaccia**.
4. Mi dispiace che tutto **sia** così caro.
5. Secondo me gli austriaci e i tedeschi **parlano** bene l'inglese.
6. Chiara dice che dopo la bella vacanza in Francia tutto le **sembra** più facile.
7. È possibile che questi jeans **costino** 500 €?
8. Credete che mia sorella **possa** entrare in questa discoteca?
9. Dico che voi non **dovete** disturbarci quando tornate tardi la sera.
10. A mio parere Andrea Camilleri **scrive** veramente molto bene.
11. Non vedete che Marco **si sente** poco bene?
12. Sono d'accordo che tu non **voglia** lavorare troppo, ma anche troppo poco non va bene!
13. Filippo chiede se noi gli **diamo** un po' del nostro pane.
14. Non è possibile che Lorenzo **abbia** intenzione di fare il giro del mondo.
15. Mia madre è felicissima che io **aspetti** un bambino.
16. Spero che il mio ragazzo **ritorni** presto dal suo viaggio di lavoro.
17. Secondo te, **è** possibile dormire solo tre ore per notte per due settimane?
18. Non crediamo che i nostri amici **arrivino** prima delle 11.

19. A tuo parere l'ultimo film di Benigni **deve** essere visto?
20. Il leader della band desidera che noi **facciamo** tutto quello che vuole lui.
21. Mio padre dice sempre che noi **dobbiamo** studiare per la vita e non per la scuola.
22. Vedo che voi **mangiate** veramente poco!
23. Non ti sembra che la macchina **vada** meno veloce del solito?
24. I miei amici sanno che io **bevo** pochissimo.
25. È probabile che lo spettacolo **finisca** dopo mezzanotte.
26. Sono veramente molto triste che le vacanze **siano** già finite.
27. A nostro parere Celentano **canta** sempre molto bene.
28. Pensate che il Festival di Sanremo **sia** ancora importante?
29. Non dovete comprare la macchina prima che io la **controlli**!
30. Benché non **abbia** ancora 16 anni mia sorella vuole sposarsi.

179
1. parlassi – parlassi – parlasse – parlassimo – parlaste – parlassero, **2.** mangiassi – mangiassi – mangiasse – mangiassimo – mangiaste – mangiassero, **3.** credessi – credessi – credesse – credessimo – credeste – credessero, **4.** mettessi – mettessi – mettesse – mettessimo – metteste – mettessero, **5.** partissi – partissi – partisse – partissimo – partiste – partissero, **6.** soffrissi – soffrissi – soffrisse – soffrissimo – soffriste – soffrissero, **7.** capissi – capissi – capisse – capissimo – capiste – capissero, **8.** finissi – finissi – finisse – finissimo – finiste – finissero

180
1. fossi – essere – ero, **2.** sentissimo – sentire – sentivamo, **3.** dormiste – dormire – dormivate, **4.** credessi – credere – credevi, **5.** beveste – bere – bevevate, **6.** venisse – venire – veniva, **7.** uscissi – uscire – uscivi, **8.** avessero – avere – avevano, **9.** dessi – dare – davo, **10.** rideste – ridere – ridevate, **11.** parlasse – parlare – parlava, **12.** andassimo – andare – andavamo, **13.** facessi – fare – facevi, **14.** metteste – mettere – mettevate

181
1. stessi, **2.** avesse, **3.** fosse, **4.** arrivasse, **5.** telefonassero, **6.** lavorasse, **7.** giocasse, **8.** andassero

182
1. andasse = andare, 3. P. Sg., **2.** soffrissimo = soffrire 1. P. Pl., **3.** sentissero = sentire, 3. P. Pl., **4.** credeste = credere, 2. P. Pl., **5.** andaste = andare, 2. P. Pl., **6.** credesse = credere, 3. P. Sg., **7.** soffrissero = soffrire, 3. P. Pl., **8.** sentiste = sentire, 2. P. Pl., **9.** andassimo = andare, 1. P. Pl., **10.** credessi = credere, 1. bzw. 2. P. Sg.

183
1. fosse, **2.** foste, **3.** potessimo, **4.** sapessi, **5.** esistesse, **6.** costasse

184
1. Ero proprio felice che tu fossi a Vienna. **2.** Giuliano aveva paura che Marta lo lasciasse. **3.** A Simona dispiaceva molto che sua sorella non fosse a casa. **4.** Leda e Lucia erano tristi che i loro amici Pietro e Federico partissero. **5.** Non eravamo sorpresi che voleste anche un gelato. **6.** Eravate contente che Daniela vi invitasse alla festa?

185
1. Siamo andati a sciare benché ci fosse poca neve. **2.** Sebbene fosse agosto ha fatto abbastanza freddo. **3.** Luigi è andato in banca prima che chiudesse. **4.** Sono voluto venire in vacanza con voi purché mi lasciaste in pace. **5.** Nonostante Angelo amasse Anna ha preferito stare con Lucia. **6.** Benché fossero in vacanza non si sono rilassati.

186
1. il libro sarà letto, **2.** la camera è stata riservata, **3.** la pizza verrà mangiata, **4.** le torte vengono cucinate, **5.** i denti vengono curati, **6.** gli stivali vengono comprati, **7.** la mamma è amata, **8.** le bambine vengono viziate, **9.** la canzone è stata cantata, **10.** il cocktail era bevuto

187
1. invitato, **2.** amati, **3.** odiata, **4.** rispettato, **5.** comprati, **6.** lavate, **7.** pagate, **8.** festeggiato

188
1. Il nuovo film di Moretti è stato visto da tutti. **2.** La mia collana di perle non è stata rubata. **3.** Il mio pullover blu è stato comprato al mercato. **4.** Le sue scarpe da ginnastica sono state prodotte in Italia. **5.** La partita di calcio sarà giocata alle 20:00. **6.** La grammatica italiana è spiegata male. **7.** Un vestito poco elegante sarebbe visto male ad un ballo. **8.** Una casa così bizzarra non è stata costruita mai. **9.** Le ragazze bionde del nord sono preferite dai ragazzi italiani. **10.** I ragazzi abbronzati del sud sono molto amati in Europa centrale.

189
1. Un libro è stato letto da Mario. **2.** Un premio è stato vinto da Alice e Luna. **3.** L'auto viene lavata da Helmut e Wolfgang. **4.** Il vino sarà comprato da noi. **5.** Un panino sarebbe fatto da Ludovica. **6.** Anche Carla e Maria saranno invitate alla festa da Massimo.

190
1. La mozzarella va mangiata entro domani. **2.** Quel film è splendido: va assolutamente visto! **3.** Gli gnocchi di mia nonna vanno provati. **4.** Gli spaghetti vanno assaggiati. **5.** Le brutte esperienze vanno dimenticate. **6.** Le relazioni pericolose vanno evitate.

191
1. è stata raccontata, **2.** è stato girato, **3.** sono state organizzate, **4.** sono stati giocati, **5.** è stata vinta, **6.** sarà vinta, **7.** è stato scritto, **8.** è amata

192

1. (Che) cosa stai facendo? **2. Chi** è quel ragazzo? **3. Perché** non mangi? **4. Dove** sta andando, Signorina? **5.** Con **chi** parlate? **6. Quando/Dove** arriva il treno da Verona? **7. Chi** conosci a Firenze? **8. Di dove** sei? Di Genova o di Savona? **9. Quale/Che** torta preferisci? **10. Quanto** zucchero metti nel caffè? **11. Quali/Quanti** grissini compri tu? **12. Di (che) cosa** parla questo libro? **13. A chi** vuoi telefonare? **14. Per chi** sono questi fiori? **15.** Su **quale/che** montagna vuoi salire? **16. Quali/Quanti** amici inviti alla tua festa? **17. Chi** ami di più? Stefano o Luigi? **18. Quante/Quali** valigie hai? **19. Chi** era Boccaccio? **20. (Che) cosa** vuoi bere? **21. Quanti** anni hai? **22. Chi/Dove/Come** sono le tue amiche? **23. Perché** ridi? **24. Dove/Come** si trova la pizzeria? **25. Come/Dove** sta il tuo ragazzo? **26. Chi** preferisci: me o lui? **27. Quale/Che** borsa preferisci: questa o quella?

193

1. Perché vai in vacanza? Con chi vai in vacanza? **2.** Dove vivi? Come vivi? **3.** Da dove vieni? Quando vieni? Con cosa vieni? **4.** Quale macchina prendi? **5.** Su cosa dormi? Dove dormi? Quando dormi? **6.** Dove parli? Come parli?

194

1. Quando partite? **2.** Perché mi guarda (lei)? **3.** Dov'è il bagno? **4.** Dove va (lei)? **5.** Quale/Che film vedete? **6.** (Che) cosa hai detto? **7.** Chi non viene oggi? **8.** Quale/Che pane vuoi? **9.** Come canta (lei)? **10.** Quale/Che canzone preferisci? **11.** Chi non conosci qui? **12.** Su cosa scrive (lui)? **13.** Come sono i suoi libri? **14.** Perché non dormono? **15.** Chi è il tuo cantante preferito?

195

1. questo albero/quest'albero, **2.** queste banche, **3.** queste pizzerie, **4.** queste chiese, **5.** questo duomo, **6.** questa casa, **7.** questa autostrada/quest'autostrada, **8.** questi palazzi, **9.** questo monumento, **10.** questi alberghi, **11.** questo parco, **12.** questi ristoranti, **13.** questo arco/quest'arco, **14.** questa galleria, **15.** questa pensione

196

1. quegli alberi, **2.** quella banca, **3.** quella pizzeria, **4.** quella chiesa, **5.** quei duomi, **6.** quelle case, **7.** quelle autostrade, **8.** quel palazzo, **9.** quei monumenti, **10.** quell'albergo, **11.** quei parchi, **12.** quel ristorante, **13.** quegli archi, **14.** quelle gallerie, **15.** quelle pensioni

197

1. Abito in questa strada. **2.** Conosci quel signore? **3.** Questi CD sono fantastici. **4.** Quella trattoria è buona. **5.** Questo vino mi piace. **6.** Quell'acqua minerale è molto cara! **7.** Questo formaggio è francese? **8.** Lavoro con quell'uomo. **9.** Come si chiama quella ragazza? **10.** Queste due macchine sono mie. **11.** Vi piace quella casa? **12.** Quegli italiani sono nel nostro albergo. **13.** Questa pizza non è buona. **14.** Perchè quelle finestre sono aperte? **15.** Chiudi questa porta, per favore. **16.** Mangio spesso in questo ristorante. **17.** Quei ragazzi sono i miei fratelli. **18.** Questa cosa è terribile. **19.** Con quelle ragazze non esco!

198

1. Non conosco nessuno che parla bene il cinese.
2. Questo è il tavolo su cui Goethe ha scritto il "Faust".
3. Potete mangiare tutto quello che volete.
4. Voglio vedere tutti i film i quali ha fatto Federico Fellini.
5. Chi vuole può venire alla mia festa.
6. Questo è il libro di cui ti ho parlato ieri.
7. Quello che hai fatto non è molto bello, sai?
8. Dov'è il prosciutto che ho comprato ieri?

199

1. Ho parlato con un signore che dice che ti conosce. **2.** Voglio trovare una persona a cui posso dare le mie chiavi di casa. **3.** Chi è il ragazzo con cui hai fatto un viaggio Interrail? **4.** Chi è la ragazza che ami? **5.** Dove sono le fragole che ho portato ieri? **6.** Ti faccio vedere la casa in cui abitavo da piccolo. **7.** Non posso dirti le cose che mi ha detto il mio ex-ragazzo. **8.** Quello che non capisco è perché sei venuto così tardi. **9.** C'è ancora una cosa che volevo dirti. **10.** Un motivo per cui non esco è che sono stanchissimo. **11.** La musica che preferisco è l'opera italiana. **12.** Ecco il ragazzo di cui ti parlavo ieri. **13.** Finalmente! Questo è il momento che aspettavo da anni. **14.** È Marisa la ragazza a cui devo telefonare. **15.** Torino è la città italiana che preferisco. **16.** Queste sono cose di cui non voglio parlare. **17.** Vorrei una casa che non mi dà troppo lavoro. **18.** Per me "La bestia nel cuore" è il film migliore che ha fatto Cristina Comencini. **19.** Giovanna Mezzogiorno è un'attrice che amo molto. **20.** L'amica da cui vado oggi si chiama Sofia. **21.** I problemi che hai tu non sono molto grandi, per fortuna! **22.** Cos'è quello che vuoi dire? Non ti capisco!

200

1. Chi è Roberto Benigni? È **quell'**attore e regista **che** ha fatto "La vita è bella"?
2. Dove sono i miei jeans? Forse sulla sedia su **cui** ho messo anche gli altri miei vestiti?
3. Vorrei avere un amico su **cui** posso contare sempre, **che** mi aiuta e non parla male di me.
4. Quello che non capisco assolutamente è **perché** non mi hai telefonato.
5. Chi non vuole capire, non capisce. **Questa** è la verità.
6. Quanti panini vuoi preparare? Per **quante** persone?
7. Che cosa fate stasera? Restate a casa o andate in **quel** ristorante là dove siamo stati una volta?
8. Dove abita tuo fratello? **Come** si fa ad arrivarci?
9. Con **chi** esci stasera? Con Lisa e Sara o con **quelle** ragazze là **che** hai conosciuto al mare?
10. Quando volete partire per il nostro viaggio? **Dove** ci incontriamo?
11. Quale valigia prendi? **Quella** rossa o **quella** blu?
12. Con **quello che** mangia dovrebbe già pesare 100 chili!
13. Con **quanti** amici andate in Sardegna? Con **quale** macchina?

14. L'amico **che** mi ha telefonato ieri è **quello che** hai visto per strada la settimana scorsa.
15. Voglio mettere la gonna nera **che** ho comprato al mercato.
16. Il videogioco di **cui** parlavamo prima è proprio fantastico, sai?
17. Quando arriva il treno da Padova e su **quale** binario?
18. Quegli (*jene*) alberghi in Toscana di **cui** parla la guida sono veramente di lusso.
19. Perché non mi fai leggere l'email **che** ti ha scritto Giorgia?
20. Questa ragazza qui è mia sorella e **quella** là è mia cugina.
21. Credete che troveremo una persona **che** ci aiuta?
22. Quanti anni ha il tuo ragazzo? Da **dove** viene? **Come** l'hai conosciuto?
23. Il motivo per **cui** ti telefono è che voglio invitarti a cena da me.
24. Che cosa volete fare domani? **Come** ci organizziamo?
25. Questi libri qui sono interessantissimi. **Perché** non li vuoi leggere?
26. Tutto **quello che** ti chiedo è di portarmi a casa!
27. Chi mi ama, mi segue!
28. Uffa! **Queste** storie qui sono veramente noiose!
29. A **che** ora vogliamo andare al cinema? **Quale/Che** film avete scelto?
30. Quella volta là in cui siamo stati in Sardegna è successa una cosa incredibile.
31. Questo formaggio qui mi piace moltissimo! **Chi** l'ha comprato?
32. Quante ore dura il musical per **cui** hai comprato i biglietti?
33. Chi vuole venire con me al supermercato?
34. Nella mia casa ci sono delle persone con **cui** non vado assolutamente d'accordo.
35. Quali di **questi** film qui avete già visto?

201

1. Mi presti una biro? Sì, ti presto una biro.
2. Dai 10 € a Paolo? Sì, gli do 10 €.
3. Ci regali due uova? Sì, vi regalo due uova.
4. La macchina ti piace? Sì, mi piace.
5. Fai vedere la camera a Elisa? Sì, le faccio vedere la camera.
6. Ci dici ciao? Sì, vi dico ciao.
7. Presti la macchina agli amici? Sì, presto loro la macchina/gli presto la macchina.
8. Dici tutto a Marco? Sì, gli dico tutto.
9. Mi raccontate tutto? Sì, ti raccontiamo tutto.
10. L'appartamento piace a Pietro? Sì, gli piace.

202

1. Mi mandi l'email. **2.** (Lui) ci presta il CD. **3.** Vi mostriamo il parco. **4.** Gli do la chiave. **5.** (Lei) ci dice tutto. **6.** Prestano loro la moto/Gli prestano la moto. **7.** Ti do il mio cellulare. **8.** Ci dite buongiorno. **9.** (Lui) mi regala una rosa. **10.** Ci mandano i bambini. **11.** Ti mostro la città. **12.** Ci regalate un hotdog? **13.** La mia amica dà un bacio a Alex! **14.** Mi mostrate la vostra nuova moto? **15.** Presti un DVD a Camilla. **16.** Gli diamo 100 €. **17.** Mandate molte email a Luisa. **18.** Eros Ramazzotti non vi piace? **19.** Non gli racconto la storia. **20.** Mi regali molti fiori. **21.** Roma ci piace molto. **22.** (Lui) le piace molto.

203

1. Conosci mia sorella? No, non **la** conosco. **2.** Parlate il francese? No, non **lo** parliamo. **3.** Prendete i tramezzini al formaggio? Sì, **li** prendiamo. **4.** Incontrano Paolo e Luca? Sì, **li** incontrano al bar. **5.** Ami l'opera italiana? Sì, **l**'amo moltissimo. **6.** Chiudi le finestre? Sì, **le** chiudo sempre. **7.** Guardi la televisione tutte le sere? No, non **la** guardo tutte le sere!

204

1. Stefano, parli l'italiano? Sì, lo parlo.
2. Ragazzi, conoscete Maria? Sì, la conosciamo.
3. Camilla ascolta le canzoni di Paolo Conte? Sì, le ascolta.
4. Chiudete sempre la finestra di sera? Sì, la chiudiamo sempre.
5. Matteo, conosci Bea e Valentina? Sì, le conosco.
6. Incontriamo mio fratello? Sì, l'incontriamo.
7. Chiudono sempre la porta? Sì, la chiudono sempre.
8. Jacopo saluta Lorenzo? Sì, lo saluta.
9. Giovanni conosce la mia voce? Sì, la conosce.
10. Gli austriaci amano l'Italia? Sì, l'amano.

205

1. Lo conoscete? **2.** (Lui) ci sente. **3.** Vi amiamo molto. **4.** Lo vedo sempre. **5.** (Lei) mi conosce. **6.** Le amo. **7.** Stefania vi saluta. **8.** I miei amici ci vedono a scuola. **9.** Vi ascoltiamo. **10.** Non mi conoscete? **11.** Perché non mi saluti? **12.** Ti sento bene.

206

1. Ringrazi tu i nonni per i bei regali? Sì, **li** ringrazio per telefono. **2.** Vedete Chiara e Gioia al cinema stasera? Sì, **le** vediamo sicuramente. **3.** Chiudi tutte le porte, per favore? Sì, **le** chiudo subito. **4.** Aiutate zio Sandro domani? No, non **l**'aiutiamo, non abbiamo tempo. **5.** Dai la tua roba a Filippo quando parti? Sì, **gli** do tutta la mia roba. **6.** Seguite le ragazze? No, non **le** seguiamo, cosa credi? **7.** Regali il tuo computer a tuo fratello? No, non **le** regalo, **gli** regalo il mio computer. **8.** Chiedi 100 € a papà e mamma? No, non chiedo **loro** 100 €. **9.** Prestate la vostra barca a Giovanni? Sì, **gli** prestiamo la nostra barca per una settimana. **10.** Mi fai vedere la tua borsetta nuova? Sì, **ti** faccio vedere la borsetta. È bellissima, sai? **11.** Aiutate Sofia con la matematica? Sì, certo, **l**'aiutiamo. **12.** Ringraziate mia sorella per l'invito alla festa? Sì, chiaro, **la** ringraziamo subito. **13.** Telefoni tutte le sere alla tua ragazza? Certamente! **Le** telefono tutte le sere! **14.** Racconti volentieri le barzellette ai tuoi amici? Sì, racconto **loro** molto volentieri le barzellette. **15.** Ascolti spesso le notizie alla radio?

No, non **le** ascolto molto spesso. **16.** Chiedi un'informazione al poliziotto? Sì, **gli** chiedo un'informazione sulla direzione che dobbiamo prendere. **17.** Vedi la luna, cara? Sì, **la** vedo, caro! **18.** Incontri sempre i tuoi amici al bar? Sì, **li** incontro al bar dopo cena. **19.** Ti devo ringraziare per il tuo aiuto! – Ma no, non **mi** devi ringraziare. **20.** Ti interessa la Germania? Sì, **mi** interessa molto. **21.** E Marco? Perché non **gli** telefoni? – Non ho voglia.

207

1. (Lui) mi segue. **2.** Vi aiutiamo/V'aiutiamo. **3.** Ci telefonate. **4.** Ti ringraziamo! **5.** Luca m'interessa molto. **6.** Maria non mi sente. **7.** Li aiutate, per favore? **8.** Mi chiede molte cose. **9.** L'amo! **10.** Le manda venti rose. **11.** L'incontra al cinema. **12.** Questo film mi piace molto/ Mi piace molto questo film. **13.** La chiudo subito! **14.** V'interessa il mio libro? **15.** Molti problemi? Non li vediamo! **16.** Mi racconta la sua storia. **17.** M'aiuti, non è vero? **18.** Li ringraziamo! **19.** Ci danno molto. **20.** Ci prestate la vostra casa? **21.** Mi telefoni? **22.** La sente? **23.** Mi mostrate la moto? **24.** Ti segue sempre? **25.** L'apre? **26.** Tu oggi mi mostri la città.

208

1. A Maria piace il pane ma non **lo** mangia mai perché è a dieta.
2. Quando vedo Marco **gli** racconto tutta la storia.
3. Non so dove sono quelle lettere perché non **le** ho mai viste.
4. Se mi dai l'indirizzo email di tua sorella **le** mando un invito alla festa.
5. Ma come? Hai visto Giovanni e Federico e non **li** hai salutati?
6. Fai sempre così: tu apri la finestra ma poi non **la** chiudi!
7. Ho telefonato al mio ragazzo ma non **gli** ho detto in quale cinema andiamo.
8. Lisa, senti, ho bisogno di una macchina. Se **mi** presti la tua 500 sei proprio gentile, sai?
9. Ogni giorno vediamo un cane per strada: **ci** segue sempre fino a casa nostra.
10. Cosa stai dicendo? Mi dispiace ma non **ti** sento bene, c'è troppo rumore qui.
11. Capisco bene il francese ma non **lo** parlo perché ho paura di fare errori.
12. Quando vedo Carlotta **le** faccio vedere la mia borsetta nuova.
13. Sei divertente e simpatico. **Mi** piaci molto, sai?
14. Ho già visto i tuoi fratelli qualche volta ma non **li** conosco bene.
15. Mia madre aiuta molto nonna Luisa e **le** telefona tutti i giorni.
16. Le opere italiane mi piacciono molto, **le** ascolto sempre alla radio.
17. Ragazzi, perché non leggete queste riviste? Non **vi** interessano?
18. Giorgia non mangia mai le mie torte perché non **le** piacciono.
19. Quando è il compleanno di Marco i suoi amici **gli** offrono una serata in pizzeria.
20. Signora, è stata molto gentile a portarmi a casa. **La** ringrazio molto!
21. I miei vicini di casa sono molto tranquilli. Non **li** sento quasi mai.
22. Mamma, non abbiamo più soldi! **Ci** dai qualcosa per uscire stasera, per favore?
23. Abbiamo incontrato Marco sul tram. **Ci** ha raccontato una storia incredibile.
24. A Dario piace molto mia sorella. Oggi **le** telefona e **le** chiede di uscire con lui.
25. Veronica è là, non **la** vedi? Adesso **la** chiamo. Veronicaaaa!
26. Papà sicuramente ti presta la sua macchina. Perché non **gli** parli?
27. Hai dei problemi col nuovo Windows? Se vuoi **ti** aiuto, sono un esperto.
28. Stasera telefono ai miei genitori e racconto **loro** cosa mi è successo.
29. Se volete **vi** mando le mie foto delle vacanze via email.
30. Abbiamo voglia di vedere la vostra nuova casa. **Ci** invitate uno di questi giorni?
31. Volentieri! Domani **ti** telefoniamo e poi **ti** facciamo vedere la nostra casa.
32. Ehi, Lorenzo! **Mi** apri la porta, per favore? Lorenzo! Non **mi** senti?
33. È il compleanno di Marta oggi. Tu cosa **le** regali?
34. L'anno scorso **le** ho regalato un CD ma non **mi** ha ringraziato. Penso che **le** telefonerò solo.
35. Gloria, **ti** piacciono i miei jeans nuovi? **Li** ho comprati a Londra.
36. Le tue sorelle? **Le** incontro sempre dal dentista!
37. Ho lasciato il mio cellulare a casa. **Mi** presti il tuo, per favore?
38. La mia amica e io andiamo a vedere tutti i film di Nanni Moretti perché **ci** piace moltissimo.
39. Non **ti** seguo! Parla più lentamente, per favore, se no non **ti** capisco.
40. Sabrina è sempre in contatto con i suoi genitori. Manda **loro** un'email quasi ogni giorno.
41. Ragazzi, **vi** piace questo locale? **Lo** conoscete?
42. Jeanne, sappiamo che Parigi è la tua città. **Ci** mostri il centro?
43. Signor Rossi, se vuole **Le** mostro il Suo ufficio.

209

1. Chi vedi? Loro due!	**8.** con loro – *mit ihnen*
2. Secondo te cosa stanno facendo?	**9.** per me – *für mich*
3. Vedi bene solo lui o anche lei?	**10.** anche tu – *auch du*
4. Vuoi sapere se mi interesso di te o di loro?	**11.** sempre io – *immer ich*
5. Non parliamo di te, ma di loro!	**12.** a lui – *ihm*
6. Cosa? Tu non sei come me?	**13.** anche te – *auch dich*
7. Ma se eri tu che volevi sapere tutto su di loro!	**14.** a lei – *ihr*

210

1. Ami veramente solo **me**? 2. Secondo **te**, posso venire anche **io** (anch'io) alla festa di Marina? 3. Parliamo di **noi**! 4. Preferisci **me** o **lei**? 5. **Noi** siamo i responsabili qui, non **voi**! 6. L'amo tanto, farei tutto per **lui**! 7. Perché telefoni sempre a **me**? 8. Chi guardi, amore? **Te**! 9. Vorrei uscire sempre solo con **lui** perché è il più simpatico di tutti. 10. Dai tutta la tua roba a Lorenzo? Ma perché non la dai a **me**? 11. Andate in vacanza in Sardegna? Anche **noi**! 12. Papà, sono già alto come **te**. 13. Non è vero, sei alto come la mamma! – Ma no, sono molto più alto di **lei**! 14. Secondo **noi** hai ragione. 15. Stasera tutti i miei amici vengono da **me**. 16. Con chi parli? Con **loro**. 17. A chi stai pensando? A **noi**. 18. **Lui** viene, **lei** no. 19. Con chi vogliono giocare Stefano e Pietro? Con Max e Nina? – No, non con **loro**. Con **te**. 20. Chi ha vinto? **Voi** o **loro**? – **Noi**!

211

I panini ...

1. ce li date? *Gebt ihr sie uns?*
2. me li dai? *Gibst du sie mir?*
3. te li do? *Gebe ich sie dir?*
4. ve li diamo? *Geben wir sie euch?*
5. ve li danno? *Geben sie sie euch?*
6. glieli do? *Gebe ich sie ihm?*
7. ce li danno? *Geben sie sie uns?*

La porta ...

8. gliela apri? *Öffnest du sie ihm?*
9. te la apro? *Öffne ich sie dir?*
10. ce la aprono? *Öffnen sie sie uns?*
11. ve la apriamo? *Öffnen wir sie euch?*
12. me la apre? *Öffnet er sie mir?*
13. te la apre? *Öffnet er sie dir?*
14. gliela apriamo? *Öffnen wir sie ihm?*

212

	R	M	O	N	P	E
1. La pizza, me la paghi ?	mela	mella	mi la	mila	**me la**	me l'
2. Il lavoro, ce lo fate?	**ce lo**	celo	cell'	ci lo	cilo	cello
3. La casa, gliela fai vedere?	gli la	glie la	**gliela**	gliella	le la	lela
4. Le foto, ve le mando per posta?	vi la	vela	vel'	**ve le**	ve la	vi le
5. I limoni, me li hai portati?	meli	mile	**me li**	mi li	mi lo	milo
6. Il giornale, glielo hai comprato?	glilo	**glielo**	glie lo	gli lo	li lo	lilo
7. La storia, te l'ho raccontata?	tela	te la	ti la	tila	til'	**te l'**

Lösungswort: **PRONOME**

213

Es bleiben über: te le – ce li – me li – gliela
1. L'email, te l'ho già mandata! 2. La tua ragazza, me la presenti? 3. Il pacco, glielo mandi, a Giovanni? 4. Le rose, gliele hai comprate, a nonna Marta? 5. Le magliette, me le hai già lavate, mamma? 6. I mobili nuovi, ve li hanno già portati? 7. Le notizie, gliele avete già date? 8. I soldi, glieli dobbiamo dare, a Sofia?

214

1. Sì, te lo compriamo. 2. Sì, gliela diamo. 3. Sì, ce lo porta. 4. Sì, gliele diamo. 5. Sì, te lo pago. 6. Sì, gliela faccio vedere. 7. Sì, ve la raccontiamo. 8. Sì, gliele regalo. 9. Sì, te la presento. 10. Sì, te le compriamo. 11. Sì, gliel' abbiamo già lavata. 12. Sì, ve l'abbiamo mandata. 13. Sì, te l'apriamo. 14. Sì, gliele diamo. 15. Sì, te la faccio vedere. 16. Sì, ve li prestiamo. 17. Sì, me li regala. 18. Sì, gliele ho portate. 19. Sì, te le abbiamo chiuse. 20. Sì, ce li avete presentati.

215

1. Ci dai il tuo coltello?	Te lo do.	
2. Le prepari il pranzo?	Glielo preparo.	
3. Mi dai i soldi?		Te li do.
4. Vi abbiamo dato il nostro libro?	Ce lo avete dato.	
5. Gli presenti tuo fratello?	Glielo presento.	
6. Mi hai portato la pasta?		Te l'ho portata.
7. Ci hai detto la verità?		Ve l'ho detta.
8. Mi mandi le email?		Te le mando.
9. Le scrivi la lettera?		Gliela scrivo.
10. Ti ho dato la borsa?		Me l'hai data.
11. Vi danno la macchina?	Ce la danno.	
12. Mi porti il lavoro?	Te lo porto.	
13. Le offri la cocacola?		Gliela offro.
14. Ci mandi la cartolina?		Ve la mando.
15. Gli porti il gelato?	Glielo porto.	
16. Mi hai scritto il testo?		Te l'ho scritto.
17. Vi ho dato la borsa?		Ce l'hai data.
18. Le dici le mie cose?	Gliele dico.	

216

1. Voglio baciarti.
2. Potete lasciarmi?
3. Sto facendolo!
4. So farli.
5. Stiamo dandoveli.
6. Devi dircelo.
7. Sta cercandola.
8. Voglio comprarmeli.
9. Sta aprendole.
10. Devo dirglielo.
11. Sta chiamandomi.
12. Deve chiuderle.
13. Devo trovarcelo.
14. Posso darveli.

217

1. Devi portarglielo. Portaglielo. 2. Devi darcela. Daccela. 3. Devi comprargliela. Compragliela. 4. Devi lasciargliela. Lasciagliela. 5. Devi darmela. Dammela. 6. Devi trovarcelo. Trovacelo. 7. Devi regalarglielo. Regalaglielo. 8. Devi indicarcela. Indicacela. 9. Devi insegnarmelo. Insegnamelo. 10. Devi riparargliela. Riparagliela.

218

1. Sì, glielo stiamo portando/stiamo portandoglielo.
2. Sì, ce la stanno dicendo/stanno dicendocela.
3. Sì, te la sta scrivendo/sta scrivendotela.
4. Sì, ce la stai rovinando/stai rovinandocela.
5. Sì, me lo state creando/state creandomelo.
6. Sì, ve lo stiamo ordinando/stiamo ordinandovelo.
7. Sì, ce la stanno aprendo/stanno aprendocela.
8. Sì, te lo sto dando/sto dandotelo.
9. Sì, glielo stiamo facendo/stiamo facendoglielo.
10. Sì, glielo sto preparando/sto preparandoglielo.

219

1. SIE (f., Pl.) NEHMEND	PRENDENDOLE
2. RUFT MICH AN	TELEFONATEMI
3. WASCHT SIE (f., Pl.)	LAVATELE
4. BRINGT ES MIR	PORTATEMELO
5. WASCHT MICH	LAVATEMI
6. SIE (f., Pl.) IHM WASCHEND	LAVANDOGLIELE
7. WASCH ES DIR	LAVATELO
8. BRING MICH	PORTAMI
9. NIMM SIE (m., Pl.) UNS	PRENDICELI
10. SIE (m., Pl.) IHM BRINGEND	PORTANDOGLIELI
11. NEHMT SIE (m., Pl.) UNS	PRENDETECELI

220

	1. Sg.	3. Sg.	1. Pl.	2. Pl.
1. vestirsi	mi vesto	si veste	ci vestiamo	vi vestite
2. truccarsi	mi trucco	si trucca	ci trucchiamo	vi truccate
3. lavarsi	mi lavo	si lava	ci laviamo	vi lavate
4. pettinarsi	mi pettino	si pettina	ci pettiniamo	vi pettinate
5. annoiarsi	m'annoio	s'annoia	ci annoiamo	v'annoiate
6. arrabbiarsi	m'arrabbio	s'arrabbia	ci arrabbiamo	v'arrabbiate
7. separarsi	mi separo	si separa	ci separiamo	vi separate
8. divertirsi	mi diverto	si diverte	ci divertiamo	vi divertite
9. riposarsi	mi riposo	si riposa	ci riposiamo	vi riposate
10. innamorarsi	m'innamoro	s'innamora	ci innamoriamo	v'innamorate
11. capirsi	mi capisco	si capisce	ci capiamo	vi capite
12. conoscersi	mi conosco	si conosce	ci conosciamo	vi conoscete

221

1. Oggi **mi alzo/m'alzo** presto perché ho molto da fare.
2. Anna e Paolo **si conoscono** bene e sono buoni amici.
3. Mia cugina non **si trucca** e non **si veste** molto bene.
4. Adesso vado in campagna e **mi riposo** per due settimane!
5. Ma come! Oggi non **vi pettinate**? Vi piacete così?
6. Tiziana **si addormenta/s'addormenta** alle 12 e **si alza/s'alza** alle 6.
7. Ma tu non **ti annoi/t'annoi** quando fai dei lunghi viaggi in macchina?
8. Noi **ci divertiamo** molto quando andiamo in discoteca.
9. Beppe **s'innamora** sempre di ragazze sbagliate, poverino.
10. Ragazzi, ma cosa fate? **Vi baciate** durante la lezione?
11. Non vado più d'accordo con il mio ragazzo. Forse **mi separo** da lui.
12. Che caldo! Adesso vado a casa e **mi faccio** una bella doccia.
13. Ieri ero malata ma oggi **mi sento** già molto meglio, per fortuna.

14. Melania e io non **ci vediamo** spesso ma **ci telefoniamo**.
15. Bambino mio, come sei sporco! Adesso vai in bagno e **ti lavi**.
16. Perché **t'arrabbi/ti arrabbi** così con me? Non è colpa mia!
17. Quando non ha la televisione **si annoia/s'annoia**.
18. Quando **vi vedete** la prossima volta tu e John?
19. Oggi lavoro ma domani **mi riposo** tutto il giorno.
20. Alberto e Paolo quando **s'incontrano** parlano per due ore.
21. Voi a che ora **vi svegliate** normalmente?
22. Giada ogni mattina **si lava** i capelli ma non li pettina.
23. I miei genitori **si arrabbiano/s'arrabbiano** spesso con mio fratello.
24. Tu sei un'amica di Barbara, no? Come **ti chiami**?
25. Fulvia, non capisco proprio perché tu **t'arrabbi/ti arrabbi** così.
26. Sono innamoratissimi. **Si baciano** per delle ore.
27. Quando andate in discoteca normalmente **vi divertite**?
28. Scusa, come **si chiamano** i tuoi fratelli?
29. Sara, come **ti vesti** stasera? Jeans o gonna?
30. Il mio ragazzo ed io forse **ci separiamo** perché discutiamo sempre.
31. Il bebè **si addormenta/s'addormenta** sempre senza problemi.
32. Quando **mi sveglio** prendo subito un caffè.
33. Anna è molto impulsiva. **S'innamora** spesso.
34. Jacopo ed io andiamo d'accordo e **ci capiamo**.
35. Lorenzo e Filippo **si conoscono** da dieci anni.
36. Mia sorella e tuo fratello non **si parlano** mai.
37. Cara, quando **ci sposiamo**?
38. So che sei in ritardo ma non **mi arrabbio/m'arrabbio**. Tanto non serve a niente.
39. Allora stasera **ci vediamo**. Dove **ci incontriamo**?
40. Cesare non **si fa** ancora la barba?
41. **Mi lavo** i denti e poi vengo.
42. Voi avete uno stile moderno e **vi vestite** molto bene.
43. Mamma, come **ti senti** oggi?

222

	1. Sg. m.	3. Sg. f.	3. Pl. m.
1. vestirsi	mi sono vestito	si è vestita	si sono vestiti
2. truccarsi	mi sono truccato	si è truccata	si sono truccati
3. lavarsi	mi sono lavato	si è lavata	si sono lavati
4. pettinarsi	mi sono pettinato	si è pettinata	si sono pettinati
5. annoiarsi	mi sono annoiato	si è annoiata	si sono annoiati
6. arrabbiarsi	mi sono arrabbiato	si è arrabbiata	si sono arrabbiati
7. separarsi	mi sono separato	si è separata	si sono separati
8. divertirsi	mi sono divertito	si è divertita	si sono divertiti
9. riposarsi	mi sono riposato	si è riposata	si sono riposati
10. innamorarsi	mi sono innamorato	si è innamorata	si sono innamorati
11. capirsi	mi sono capito	si è capita	si sono capiti
12. pulirsi	mi sono pulito	si è pulita	si sono puliti
13. farsi la doccia	mi sono fatto la doccia	si è fatta la doccia	si sono fatti la doccia
14. vedersi	mi sono visto	si è vista	si sono visti
15. alzarsi	mi sono alzato	si è alzata	si sono alzati
16. svegliarsi	mi sono svegliato	si è svegliata	si sono svegliati
17. sentirsi bene	mi sono sentito bene	si è sentita bene	si sono sentiti bene
18. abituarsi	mi sono abituato	si è abituata	si sono abituati
19. perdersi	mi sono perso	si è persa	si sono persi

223

1. Stasera tu non mi disturbi quando ci sono i miei amici. **Ci siamo capiti/e**?
2. Oggi **mi sono alzata** tardi perché ero stanchissima.
3. Livia e Fabio **si sono conosciuti** a Firenze l'anno scorso.
4. **Si sono innamorati** subito e hanno passato due settimane insieme.
5. Purtroppo **si sono separati** dopo un mese!
6. Meglio così. Forse non **si sono capiti**.
7. Debbie **si è addormentata** alle 8 e **si è alzata** alle 5.
8. Non **ti sei annoiato/a** ieri sera a teatro?
9. Lei **si è divertita** molto questa estate al mare.
10. Walter **si è innamorato** di una ragazza cinese che vive a Pechino.
11. Federico e Romina **si sono visti** la prima volta a una festa di amici.
12. **Ci siamo telefonati** ieri sera per parlare del programma di oggi.
13. Dopo la partita sono andato a casa e **mi sono fatto** una doccia.

14. Stamattina **mi sono sentito/a** improvvisamente male.
15. Quando **vi siete visti** l'ultima volta tu e Roberto?
16. Dopo avere lavorato in giardino **mi sono lavato/a** bene le mani.
17. Mio padre **si è arrabbiato** con me perché avevo rotto una finestra.
18. Ieri sera alla festa di zia Giuseppa **ci siamo annoiati** un po'.
19. Quando vi siete visti l'ultima volta tu e John?
20. Durante le vacanze **si sono riposati/e** bene.
21. Ti ricordi, Laura? **Ci siamo incontrati/e** alla presentazione di un libro.
22. Quando **ti sei alzato** stamattina, Tommaso?
23. Giacomino **si è addormentato** molto presto oggi, non trovi?
24. La direttrice **si è arrabbiata** molto e ha urlato per mezz'ora.
25. Papà e mamma, dove **vi siete sposati**?
26. Mi sono innamorato di una ragazza molto carina.
27. Siamo stati tutti e due allo stesso cinema ma non **ci siamo visti**. Che strano!
28. Ieri sera sono uscita ma non **mi sono divertita** per niente.
29. Come **vi siete organizzati** per il vostro viaggio?
30. Come **ti sei vestita** per andare a teatro, Paola?
31. Roberta e il suo ragazzo **si sono separati** perché non andavano d'accordo.
32. Mio padre **si è addormentato** sul divano.
33. Si è svegliata e ha subito fatto colazione.
34. Mia sorella **si è innamorata** del fratello del mio ragazzo.
35. Giancarlo **si è stressato** troppo questo inverno.
36. La mia amica **si è occupata** dell'organizzazione del viaggio.
37. Ci siamo parlati/e per telefono la settimana scorsa.
38. Quando **si sono separati** i tuoi genitori?
39. Mi sono abituata presto a vivere da sola.
40. Si sono incontrati/e al supermercato e **si sono salutati/e**.
41. Mio fratello **si è fatto** la barba la prima volta stamattina.
42. Non **vi siete lavati** i denti, si vede subito!
43. Per il matrimonio di sua figlia zia Aurelia **si è vestita** elegantissimamente.
44. Ci siamo abituati/e a lavorare 80 ore la settimana.

224

1. Si **va** al cinema stasera? **2.** Questo non si **fa**! **3.** Dopo pranzo si **prende** un espresso. **4.** In questo letto si **dorme** molto bene. **5.** Come si **mangia** in questo ristorante? **6.** Come si **dice** "mamma" in tedesco? **7.** Si **può** dire "Mama" o "Mami". **8.** Perché non si **fa** un giro in moto insieme? **9.** Si **deve** sempre controllare tutto? **10.** Si **lavora** bene su questo computer? **11.** Come si **gioca** a "canasta"? **12.** Nella pasta si **mette** burro o olio? **13.** È vero che in Austria a volte si **usa** lo zucchero per condire l'insalata? **14.** In Gran Bretagna si **guida** sulla sinistra. **15.** Al mare si **fa** il bagno e si **prende** il sole.

225

1. Dopo 12 ore di lavoro normalmente si è stanchi.
2. Nei bar si bevono molti cappuccini.
3. Quando ci si vede?
4. Quante lingue si parlano in Europa?
5. Ci si telefona domani o dopodomani?
6. Quali mezzi pubblici si devono prendere?
7. Quale autobus si prende per il Colosseo?
8. Cosa si mangia stasera?
9. Quali amici s'invitano a cena?
10. Come ci si veste?
11. Perché non si usano i piatti di carta?
12. Durante la cena si chiacchiera tutti insieme.
13. Perché non si invita anche Pablo?
14. Alla fine si è tutti contenti.

226

1. Dove ci si incontra? **2.** Sì è sempre un po' stressati. **3.** Si mettono sempre troppe cose nella valigia. **4.** Si va veramente sempre a Parigi quando si è innamorati? **5.** Come si dice "luna" in tedesco? **6.** Si può prendere questa sedia? **7.** Si trovano molte cose in questo supermercato. **8.** A volte ci si annoia. **9.** Si mangiano troppe cose dolci. **10.** Si usa molto il computer. **11.** Si va spesso in vacanza in macchina. **12.** Si fa così!

227

1. A Milano si fa shopping.
2. A Roma si visita il Foro.
3. A Torino si mangiano i "Gianduiotti".
4. A Napoli si mangiano delle pizze fantastiche.
5. A Pisa si sale sulla torre.
6. A Firenze si passeggia sul Ponte Vecchio.
7. A Venezia si gira in vaporetto.
8. In Toscana si ammirano le colline.

228

1. Per fare gli spaghetti si deve sempre cuocerli per almeno mezz'ora.	falso
2. In Italia si usano sempre i pomodori freschi per il sugo.	falso
3. In Sicilia si parla lo stesso dialetto come in Sardegna.	falso
4. Per preparare il tiramisù si usano le uova fresche.	vero
5. Nel minestrone si mettono solo carote e zucchini.	falso

6. Per dire "ciao" si può anche dire "salve".   vero
7. Per andare da Genova in Sardegna con la macchina si prende il traghetto.   vero
8. A Natale si mangia il panettone.   vero
9. Per Natale si fanno i biscotti in casa come in Austria.   falso
10. A Pasqua si regalano le uova di cioccolato.   vero

229

1. A scuola **si leggono** molti libri e **si scrivono** molti testi.
2. Durante le vacanze **si dorme** di più e **si è** più rilassati.
3. Per fare la pasta **si usano** i pelati o i pomodori freschi.
4. Viaggiare in treno è comodo perché **ci si rilassa**.
5. Quando **si lavora** troppo **si è** spesso molto nervosi.
6. Al bar **si prende** il caffè, **si incontrano** gli amici, **si legge** il giornale.
7. Dopo avere fatto sport **ci si fa** una doccia e **si mettono** dei vestiti puliti.
8. A teatro **si spegne** il cellulare e non **si parla** con il vicino.
9. In molti paesi del mondo **ci si dà** la mano per salutarsi.
10. Secondo te, quando **si è** giovani **ci si innamora** più facilmente?
11. In certi treni non **si possono** aprire le finestre.
12. Come **si lavano** questi pullover?
13. Quante volte all'anno **si paga** il gas?
14. **Si è** molto felici quando **si trova** un lavoro.
15. **Si comprano** spesso troppe cose quando non **si fa** una lista prima.
16. **Si dicono** delle cose esagerate quando **si è arrabbiati**.
17. In Francia **si mangia** del pane chiamato "baguette".
18. In Austria e in Germania **si trovano** tantissimi tipi di salame.
19. Quando **si è** malati **ci si sente** spesso anche soli.
20. Per andare al duomo **si va** di qua o di là?

230

1. Come va con la matematica? Male! Non ci riesco proprio!
2. Quando vai a Venezia? Ci vado in primavera con il mio ragazzo!
3. Vieni con me a fare shopping domani? Non ci penso neanche! Sai che non mi piace!
4. Ho vinto 5 000 000 € al lotto! Non ci credo! Non è possibile!
5. Sai usare questo programma? Non lo so ... Adesso ci provo. È difficile?
6. Vuoi comprare la mia macchina? Ci penso. In che condizioni è?
7. Credi all'amore per sempre? Certo che ci credo, io l'ho trovato.

231

1. Ci andiamo con Ludovica e Giorgia.
2. Ci voglio andare/Voglio andarci subito.
3. Ci viviamo da due anni.
4. Ci voglio restare una settimana.
5. Ci arriviamo fra un'ora.
6. Ci sta mio fratello.
7. Ci vado per riposarmi.
8. Ci vado una volta all'anno.
9. Ci vanno tutti.
10. Ci vivono tanti animali.

232

1. Voi parlate spesso del passato? No. Non ne parliamo quasi mai.
2. Quanti giornali devo comprare? Boh ... Comprane due o tre.
3. Volete parlare del programma per stasera? Certo! Ne parliamo molto volentieri.
4. Cosa fai adesso? Me ne vado via di qui.
5. Quanti zucchini vuoi comprare? Ne voglio comprare due o tre chili.
6. Cosa pensi del nuovo ragazzo di Chiara? Niente. Me ne frego!
7. Sai qualcosa del nuovo direttore? Ne so molto: è mio padre!

233

1. Ne voglio un chilo.
2. Ne sappiamo poco.
3. Ne parlo con mia sorella.
4. Ne sono molto convinto.
5. Ne voglio prendere uno.
6. Non ne dico niente.
7. Ne vedo dieci.
8. Ne abbiamo visti solo due.
9. Ne ho comprate cinque.
10. Sì, ne ho fatte tante.

234

1. Ci vogliamo tornare/Vogliamo tornarci l'anno prossimo.
2. Ci abitano da dieci anni.
3. Ne voglio mezzo chilo.
4. Ne so molto.
5. Ne discuto con mio zio.
6. Ci passano un mese.
7. Ci arriviamo domani.
8. Ci dorme nostra cugina.
9. Non ne sono molto contento.
10. Ne prendo due chili.
11. Ci prendo il sole.
12. Ci va il signor Neri.
13. Non ne parlano molto bene.
14. Ne conto dodici.
15. Ci andiamo perché abbiamo una casa lì.
16. Ci andiamo due volte al mese.
17. Ci andiamo solo tu ed io.
18. Non m'importa niente del mio ex-ragazzo!
19. Ci vivono i Rossi.
20. Ne so molto poco.
21. Ci vado con Max.
22. Ne ho visti circa dieci.
23. Ne ho mangiati troppi.
24. Ne abbiamo preparate due.
25. Sì, ci riusciamo.
26. No, non ci credo.
27. Ci arrivo alle due.
28. Ne hanno comprati tre.
29. Ne prende 43.
30. Non ne parlo perché vivo nel presente.
31. Ne mangio una al giorno.
32. No, non ci crediamo.
33. Ne ho tanti.
34. No, non ci vado.
35. Ci lavora Grazia Caravelli.
36. Ci scrivo i miei testi.
37. Ci preparo tutto.
38. Ci penso io.
39. No, non ci riesce.
40. No, non ne ho viste tante.
41. Ci va zia Lucia.
42. Ci dormono i miei genitori.
43. Sì, ne sono convinto.

235

1. Pronto? Ciao Chiara, sono io. Ti telefono per dir**ti** che ho passato l'esame di maturità. Sono felice!
2. Che bella moto! **Me la** presti per fare un giro con la mia amica?
3. Ho una bella casa in campagna ma non **ci** vado mai perché è troppo lontana.
4. Il mio ragazzo dice sempre che **mi** vuole insegnare la sua lingua ma poi non **lo** fa.
5. Signora, di queste fragole quante **ne** vuole? Un chilo o due?
6. **Glielo** dico sempre a mio fratello che non deve leggere il mio diario, ma non serve a niente.
7. Carolina prova sempre a preparare il tiramisù ma non **ci** riesce. Non capisco perché.
8. Paolo ha un problema con la macchina. **Lo** dobbiamo aiutare!
9. Vai alla festa di Veronica stasera? Non so, forse **ci** vado, forse no. **Ci** devo pensare.
10. Giulia vorrebbe provare a usare il mio computer ma io non voglio prestar**glielo**.
11. Signora Finardi, **Le** posso offrire un caffè? **Mi** farebbe un grosso piacere, sa?
12. Stefania è una bellissima ragazza. Durante le lezioni **la** guardo sempre.
13. Ragazzi, dovete seguir**ci**. Non possiamo sempre aspettar**vi**!
14. La mia amica **mi** ha invitato ad andare a casa sua, ma io non **ci** voglio andare.
15. È arrivato il pacco per zio Piero! **Glielo** porti tu, per favore?
16. Il re aveva una figlia chiamata Bellarosa. Il principe Belfiore **ne** era innamoratissimo.
17. Fa freddo e la finestra è aperta. Chiudi**la** per favore!
18. Mamma vuole andare in vacanza al mare, papà in montagna. Tu cosa **ne** pensi, Giovanni?
19. Federico, hai fatto il compito di matematica? **Lo** sto facendo, mamma!
20. Ragazze, la porta è aperta. Chiudete**la** subito. O devo far**lo** io?
21. Mi piacciono le tue matite. **Me le** presti per un po'?
22. Carlotta, potresti dar**ci** un po' di carta? Alex ed io vogliamo disegnare un po'.
23. Adesso telefono a Lorenzo e **gli** dico che voglio uscire con lui.
24. Fiona, devi telefonare a Maria e dir**le** che è nata la bambina di Jessica.
25. Qualcuno deve andare in banca a prendere dei soldi. **Ci** vai tu, per favore?
26. Non **ci** penso neanche! Non ho tempo! Perché non **ci** vai tu?

27. Ho fatto una torta e l'ho messa sul tavolo.
28. Ha telefonato zio Filippo dall'America. **Glielo** dici tu a mamma e papà?
29. Che fame! Che bei biscotti hai! Me **ne** dai un po'?
30. A casa ho le foto delle vacanze. Posso far**tele** vedere? Vuoi venire un po' da **me**?
31. Grazia, cosa **ne** dici di andare a cena fuori stasera?
32. Pronto, Giusi? Quando vai al supermercato? – **Ci** sto andando proprio adesso.
33. Mi porti il pane? Certo, **te lo** porto! Devo portar**ti** anche qualcos'altro?
34. Ecco il nostro tavolo nuovo. Guardate**lo**! **Vi** piace?
35. Quanti figli aveva Maria Teresa? – **Ne** aveva sedici!
36. Aveva una figlia sposata in Francia e **le** scriveva delle bellissime lettere.
37. Perché hai cambiato programma? Non capisco. **Me lo** devi spiegare.
38. Giuliano, da**mmi** una biro. Devo scrivere un numero.
39. Vuoi le lasagne? Ho capito! **Te le** sto preparando! Aspetta un minuto!
40. Andate al mercato? Anche noi! **Ci** andiamo insieme? Aspettate**ci**!
41. **Vi** ho portato il giornale. Leggete**lo** prima voi, poi **lo** leggo io.
42. Sei contento del tuo letto nuovo? No, non **ne** sono molto contento, purtroppo.
43. Mi hanno regalato dei cioccolatini. Per fortuna **ne** ho mangiati solo due o tre.

236

1. veramente
2. estremamente
3. gentilmente
4. sicuramente
5. fortunatamente
6. velocemente
7. normalmente
8. lentamente
9. brillantemente
10. specialmente
11. tranquillamente
12. comodamente
13. allegramente
14. gravemente
15. paradossalmente
16. improvvisamente
17. raramente
18. colossalmente
19. intensamente
20. apertamente
21. sinceramente
22. cortesemente
23. perfettamente
24. completamente
25. brutalmente
26. felicemente
27. semplicemente
28. finalmente

237

1. Secondo te io non so parlare l'inglese? Ma non è **vero**!
2. Mio fratello è **estremamente** veloce quando lavora.
3. Se me lo chiedi **gentilmente** ti aiuto volentieri.
4. **Sicuramente** il clima mondiale sta cambiando.
5. Giulia è proprio **fortunata**: ha vinto una bella somma al lotto.
6. Non devi guidare così **velocemente**. È pericoloso!
7. **Normalmente** mi addormento alle 12 e mi alzo alle 6.
8. **Lentamente** capisco perché sei così arrabbiato!
9. Paolo è proprio intelligente: ha passato **brillantemente** l'esame di maturità.
10. Il prosciutto di San Daniele è veramente **speciale**!
11. A me piace passare le mie serate **tranquillamente** a casa mia.
12. Il mio letto purtroppo non è molto **comodo**. È durissimo.
13. Per fortuna abitiamo a Vienna che è una città molto **sicura**.
14. Nella mia famiglia sono tutti **allegri** e ottimisti.
15. Ti ho capito **perfettamente**: vuoi uscire con me. Va bene!
16. Pronto, mamma? Sì, siamo **felicemente** arrivati.
17. Questo problema non è molto **grave**. C'è sempre una soluzione!
18. La nostra situazione è **paradossale**. Ci amiamo ma ci separiamo …
19. **Improvvisamente** è arrivato il lupo.
20. Andiamo in Italia molto **raramente**.
21. Non prendiamo la macchina! Possiamo andare **comodamente** a piedi!
22. "Il Gladiatore" è veramente un film **colossale**. Bellissimo!
23. La scena d'amore mi piace molto, è particolarmente **intensa**.
24. Te lo dico **apertamente**: sei impossibile!
25. Mia sorella è una persona **gentile**, sai?
26. **Sinceramente**, Marco, dimmi perché sei in ritardo.
27. Se glielo chiedi molto **cortesemente** zia Gina ti darà la sua macchina.
28. Mia sorella crede di essere **perfetta**. Come si fa?
29. Quello che stai dicendo è **completamente** sbagliato! Credimi!
30. Jack the Ripper era un assassino molto **brutale**.
31. Ci siamo sposati dieci anni fa e siamo molto **felici** insieme.
32. Il matrimonio di Chiara e Alberto è stato molto **semplice**.
33. La scena **finale** dell'opera non mi è piaciuta.
34. È nata la bambina: adesso siamo una famiglia **completa**.
35. Che fortuna! In un negozietto abbiamo trovato dei libri molto **rari**.
36. La vita di Giacomo Casanova è stata **veramente** avventurosa.
37. Sono solo le sei: i negozi sono sicuramente ancora **aperti**.
38. La nostra casa è grande e molto **comoda**.

39. Ludovica, mi dici delle cose che non sono vere. Lo sento: non sei **sincera**.
40. La vittima è stata assassinata **brutalmente**.
41. Fulvia, trovo che sei **semplicemente** fantastica.
42. Quella di mio nonno è stata una morte **improvvisa**.

238

congiuntivo imperfetto	condizionale presente	congiuntivo trapassato	condizionale passato
fossimo	sapresti	fossimo andati	avrebbe pagato
potessi	direbbe	avessi capito	avreste comprato
credesse	andrebbero	aveste detto	saremmo stati
doveste	vedremmo	fosse stato	avrebbero avuto
andassero	verrei	fossero partiti	sarebbero venuti
facessimo			sarei arrivata

239

1. Se potessi fare quello che voglio andrei in India per un anno.
2. Se hai tempo e se hai voglia puoi venire con me.
3. Se avessi capito che programmi avevi avrei cercato di farti cambiare idea.
4. Se Sofia lo sposasse lui sarebbe felice, ma lei?
5. Se mio fratello arriva tardi all'aeroporto perderà il suo volo.
6. Se facesse caldo si potrebbe andare in spiaggia a fare il bagno.
7. Se Roberto Benigni facesse un nuovo film su cosa sarebbe secondo te?

240

1. Se mi presti la tua macchina sei proprio gentile.
2. Se sapessi parlare bene qualche lingua straniera sarei veramente felice.
3. Se Carla Bruni non avesse sposato Sarkozy i giornalisti non avrebbero saputo cosa scrivere.
4. Se dormi un po' oggi pomeriggio stasera sarai molto più in forma.
5. Se aspetti un attimo possiamo andare a casa insieme.
6. Se papà mi aiutasse con la matematica forse avrei dei voti migliori.
7. Se i tuoi amici fossero venuti da noi li avrei invitati a cena.

241

1. Se avessi più tempo **uscirei** molto più spesso.
2. Se **ha** tempo Luca passa al supermercato e compra del prosciutto.
3. Se tu **fossi arrivato** in tempo non avresti perso l'inizio del film.
4. Se Cristoforo Colombo non avesse scoperto l'America, chi l'**avrebbe scoperta**?
5. Se Marco Polo non **fosse andato** in Cina, si sarebbe annoiato a Venezia.
6. Se devo lavorare **preferisco** farlo velocemente.
7. Se **piove** non possiamo andare in montagna.
8. Se papà dormisse meglio **sarebbe** più rilassato.
9. Se i miei amici non **fossero venuti** alla mia festa sarei stata molto triste.
10. Se domani fa bel tempo **possiamo** fare un bel giro insieme.
11. Se la mia ragazza mi **lasciasse** sarebbe veramente un problema per me.
12. Se **volete** possiamo andare a prendere un gelato.
13. Se non avessi fatto lo scontrino alla cassa il barista non mi **avrebbe fatto** un caffè.
14. Se mi **guardi** così non so che faccia fare.
15. Se Nanni Moretti non fosse così bravo i suoi film non **sarebbero** così belli.
16. Se **mangi** tanto così durante le vacanze ingrasserai di tre chili.
17. Se l'Italia non fosse così bella non **verrebbero** tanti visitatori.
18. Se Romeo avesse aspettato, tutto **sarebbe finito** bene.
19. Se **bevo** troppo caffè poi non riesco a dormire.
20. Se preferisci **possiamo** andare prima al cinema e poi a ballare.
21. Se la vita non fosse così cara la gente **starebbe** meglio.
22. Se tu non mi **avessi disturbato** avrei potuto finire il mio lavoro.
23. Se i ragazzi **guardassero** meno la televisione secondo te sarebbe meglio?
24. Se vado al mare questa estate **voglio** imparare a fare surf.
25. Se tu leggessi "Tre metri sopra il cielo" ti **piacerebbe** di sicuro.
26. Se fossi stata a casa ieri sera **sarei andata** a letto presto.
27. Se **vai** a Roma devi assolutamente visitare il Colosseo.
28. Se voi poteste andare dove volete quale paese **scegliereste**?
29. Se tu **avessi comprato** dei pomodori avremmo fatto la caprese.
30. Se i miei amici avessero una moto **potremmo** fare un giro insieme.
31. Se **sapessi** suonare la chitarra suonerei tutto il giorno.
32. Se tu avessi messo in ordine la casa **sarei stata** sorpresa.
33. Se la medicina fosse più facile la **studierei**.
34. Se i ragazzi italiani fossero meno mammoni non **starebbero** a casa così a lungo.
35. Se mi **regali** il tuo panino mi fai felice.
36. Se avessi una bella voce **farei** la cantante d'opera.

37. Se **fossi nata** in America avrei avuto il passaporto americano.
38. Se gli alberghi non fossero così cari non **andremmo** in campeggio!
39. Sono sicuro che se ti concentri **capisci** il film anche in lingua originale.
40. Se gli italiani non avessero Sofia Loren cosa **farebbero**?
41. Se **hai** dei problemi perché non vai da uno psicologo?
42. Se mi **dicessi** che problemi hai potrei aiutarti.
43. Se avessi la possibilità di viaggiare **andrei** in Russia.

242

1. Dopo che aveva dormito un po' Beatrice è uscita.
2. Dopo che avevo telefonato al mio ragazzo sono andata da Giulia.
3. Dopo che avevamo comprato i biglietti siamo saliti sul treno.
4. Dopo che ti sei alzato/a hai preparato la colazione.
5. Dopo che aveva finito la scuola Lorenzo è partito per l'Australia.

243

1. Giorgio ha sposato la ragazza che viveva con lui da 2 anni.
2. Era una ragazza che aveva conosciuto all'università.
3. Sapeva che era un matrimonio che avrebbe funzionato.
4. Abitavano in un appartamento che aveva comprato suo padre.
5. Avevano degli amici che stavano nella stessa casa.
6. Era un'amicizia che sarebbe durata tutta la vita.
7. Giorgio faceva un lavoro che non gli piaceva molto.
8. Lei voleva terminare gli studi che aveva cominciato da tempo.
9. Hanno avuto il bambino che avevano sempre desiderato.
10. Per loro era un bambino che avrebbe avuto tutto.
11. Erano un padre e una madre che non sapevano mai dire no.

244

	Aussagesatz		Fragesatz		Befehlssatz	
1. Filippo dice che devo uscire con lui.	I	x				
2. Chiara mi ha chiesto se le presto la mia giacca nera.			L	x		
3. Beatrice domanda dove sono le sue foto.			G	x		
4. Milena mi ha detto di telefonarle stasera.					I	x
5. Veronica dice di andare a trovarla domenica.					O	x
6. I miei amici chiedono se possono prendere la mia barca.			R	x		
7. Mi domando perché tutti vogliono andare a Venezia.			N	x		
8. Tu mi dici di non lavorare troppo, ma come faccio?					O	x
9. Mio fratello ha detto che aveva dormito malissimo.	D	x				
10. Giorgia chiede se ho comprato il pane.			O	x		
11. Dirò ai miei amici di portarmi dei videogiochi.					P	x
12. Dimmi con chi vai in vacanza!			O	x		

Lösung: **IL GIORNO DOPO**

245

1. Maria mi ha chiesto se il giorno dopo **sarei stata** a casa.
2. Ho detto a mio fratello che il giorno prima **avevo avuto** un incidente.
3. Caterina dice che domani **andrà** dal dentista.
4. Mia mamma mi ha detto di **mettere** in ordine la mia camera.
5. Daria ci ha raccontato che quel giorno **voleva** partire presto per il mare.
6. Ho domandato alla mia amica dove **sarebbe stata** il giorno dopo.
7. Veronica chiede se **vogliamo** fare una vacanza con lei.
8. A scuola ho spiegato alla mia prof che purtroppo non **avevo fatto** i compiti per casa.
9. Carlo mi ha chiesto se **avevo capito/capivo** quello che mi aveva detto.
10. Ho chiesto a mio fratello di non **fare** troppo rumore.
11. Nina ci dice sempre di **dire** la verità. Odia le bugie.
12. I turisti ci hanno domandato dove **era** il Duomo.
13. Giovanni mi ha detto che il giorno dopo **sarebbe partito** alle sei.
14. Ieri mi hai chiesto se **volevo** sposarti. Oggi ti rispondo: sì!
15. Jonathan mi ha raccontato che da piccolo **aveva imparato** a nuotare da solo.
16. Luisa ci ha detto che poco prima **aveva visto** un gatto nero.
17. Vi ho già detto mille volte di non **interrompere** quando parlo!
18. Vorrei sapere dove **posso** trovare un negozio di scarpe.
19. Mi chiedo se un giorno **lavorerò** come avvocato.
20. Ti interessa sapere quanti amici **vengono/verranno** stasera alla nostra festa?

246

1. Marco ha detto che il giorno dopo sarebbe andato a fare un giro in moto.
2. Marco ha detto che poco prima aveva incontrato un suo vecchio amico.
3. Marco ha chiesto se saremmo usciti/e anche noi con lui un'ora dopo.
4. Marco (ci) ha detto di non restare sempre lì.
5. Marco (mi) ha detto di vestirmi e andare con loro.
6. Marco ha detto che il giorno prima aveva comprato un nuovo videogioco.
7. Marco ha detto che in quel momento voleva provarlo.
8. Marco (ci) ha chiesto se lo conoscevamo, se ci avevamo mai giocato.
9. Marco ha detto che sul suo computer certi giochi non funzionavano.

TEST 1

Singular	Plural
1. la casa grande	le case **grandi**
2. il **mio** libro	i miei libri
3. una ragazza	**delle** ragazze
4. il problema importante	i problemi **importanti**
5. **un** amico austriaco	degli amici austriaci
6. questo bello stadio	questi **begli** stadi
7. **lo** spagnolo simpatico	gli spagnoli simpatici
8. l'italiana gentile	le italiane **gentili**
9. una mia **collega**	delle mie colleghe
10. la crisi politica	le **crisi** politiche
11. **nostro** zio	i nostri zii
12. la foto speciale	le foto **speciali**
13. il **bar** tradizionale	i bar tradizionali
14. quel bel ragazzo	**quei** bei ragazzi
15. il **sistema** politico	i sistemi politici
16. la mia amica	le **mie** amiche
17. **uno** stupido errore	degli stupidi errori
18. quella bellissima città	quelle bellissime **città**
19. un uovo **fresco**	delle uova fresche
20. la mano grande	le **mani** grandi
21. **questo** signore elegante	questi signori eleganti
22. l'uomo alto	gli **uomini** alti
23. una festa **tradizionale**	delle feste tradizionali
24. lo sport difficile	gli **sport** difficili
25. il toast molto **caldo**	i toast molto caldi
26. un albergo carissimo	**degli** alberghi carissimi
27. la **giornalista** francese	le giornaliste francesi
28. quel cinema moderno	**quei** cinema moderni
29. l'auto **rossa**	le auto rosse
30. uno zoo particolare	degli zoo **particolari**
31. l'**animale** domestico	gli animali domestici
32. questa situazione complicata	queste **situazioni** complicate
33. la vacanza carissima	le vacanze carissime
34. un'autostrada nuova	delle **autostrade** nuove

TEST 2

1. arriveremo		13. partivi
2. credono		14. abbiamo bevuto
3. vada		15. avendo
4. sono venuto/a		16. eravamo
5. preferiscono		17. darebbe
6. direste		18. mettiate
7. facendo		19. uscirò
8. volevamo		20. hanno scritto
9. dorma		21. pagasse
10. hanno letto		22. sappiamo
11. preferissi		23. correvate
12. ballando		24. finirebbero

TEST 3

1. Zia Carolina vive	a Roma.	☒	11. Ci vediamo stasera	al ristorante.	☒
	in Roma.			in ristorante.	
	da Roma.			a ristorante.	
2. Oggi facciamo colazione	con il balcone.		12. Ho visto Marco	a fermata del tram.	
	nel balcone.			sulla fermata del tram.	
	sul balcone.	☒		alla fermata del tram.	☒
3. Il treno da Verona arriva	del binario 3.		13. Conosco Anna	di tre anni.	
	dal binario 3.			dai tre anni.	
	al binario 3.	☒		da tre anni.	☒
4. Fa freddo. Metto un	pullover di lana.	☒	14. Cosa fate voi	da Natale?	
	pullover da lana.			a Natale?	☒
	pullover della lana.			in Natale?	
5. Stasera vado	di un amico.		15. Gioco a tennis	dalle 2 alle 3.	☒
	a un amico.			da 2 a 3.	
	da un amico.	☒		delle 2 alle 3.	
6. Anna Netrebko canta	in italiano?	☒	16. Preferisco comprare	in un negozio.	☒
	a italiano?			a un negozio.	
	d'italiano?			nel un negozio.	
7. Com'è elegante il tuo	vestito da sera!	☒	17. Voglio andare in vacanza	a moto.	
	vestito di sera!			in moto.	☒
	vestito della sera!			su moto.	
8. È bello essere campioni	di mondo.		18. Ti piace guidare	in notte?	
	dal mondo.			a notte?	
	del mondo.	☒		di notte?	☒
9. La tua bici è	in mio garage.		19. Prendo un chilo	di mele.	☒
	nel mio garage.	☒		da mele.	
	nella mia garage.			dalle mele.	
10. Faccio una vacanza	di Toscana.		20. Voglio dare un bacio	da Marco.	
	a Toscana.			a Marco.	☒
	in Toscana.	☒		Marco.	

TEST 4

1. Siehst du mich?	a. Me vedi?
	b. Mi vedi? ☒
	c. Vedi mi?

2. Was gibst du ihm?	a. Cosa gli dai? ☒
	b. Gli cosa dai?
	c. Cosa dai gli?

3. Wie alt ich bin? Ich bin 16!	a. Ne ho 16! ☒
Quanti anni ho?	b. Ci ho 16!
	c. Li ho 16!

4. Gibst du mir die DVD?	a. Sì, lo ti do.
Ja, ich gebe sie dir!	b. Sì, ti do lo.
Mi dai il DVD?	c. Sì, te lo do. ☒

5. Maria? Ich kenne sie!	a. Lei conosco!
	b. La conosco! ☒
	c. Conoscola!

6. Gehst du dorthin?	a. Là vai?
	b. Ci vai? ☒
	c. Vaici?

7. Was schenkst du ihr?	a. Cosa la regali?
	b. Cosa regali lei?
	c. Cosa le regali? ☒

8. Gibst du uns die Bücher?	a. Sì, ti li do.
Ja, ich gebe sie dir.	b. Sì, te li do. ☒
Ci dai i libri?	c. Sì, li te do.

9. Wie viele Mädchen sind da?	a. Ci sono tre.
Es sind drei da.	b. Ne tre sono.
Quante ragazze ci sono?	c. Ce ne sono tre. ☒

10. Frage es mich nicht!	a. Non chiedi lo mi!
	b. Non chiedermelo! ☒
	c. Non mi lo chiedi!

11. Ich gehe gerade dorthin.	a. Ci andando sto.
	b. Ci sto andando. ☒
	c. Vado ci adesso.

12. Willst du es mir geben?	a. Mi lo vuoi dare?
	b. Vuoi darelomi?
	c. Vuoi darmelo? ☒

13. Schaut uns an!	a. Guardatenoi!
	b. Guardateci! ☒
	c. Noi guardate!

14. Ich habe ihn gesehen.	a. Ho lui visto.
	b. Ho visto lo.
	c. L'ho visto. ☒

15. Er würde mir nicht glauben.	a. Non mi crederebbe. ☒
	b. Melo non crederebbe.
	c. Non crederebbemelo.

16. Und Giulia? Hast du sie schon gesehen?	a. Hai già la visto?
	b. Hai la già vista?
	c. L'hai già vista? ☒

17. Es hat mir sehr gefallen.	a. Mi molto è piaciuto.
	b. È mi piaciuto molto.
	c. Mi è piaciuto molto. ☒

18. Küss mich!	a. Mi baciare!
	b. Baciami! ☒
	c. Baciame!

19. Deine Spaghetti? Ich esse sie gerade. I tuoi spaghetti?	a. Li sto mangiando. ☒
	b. Sto li mangiando.
	c. Gli sto mangiando.

20. Die Dusche? Reparieren Sie sie mir! La doccia?	a. Me la ripari! ☒
	b. Me la ripara!
	c. Riparimela!

TEST 5

1. Marco dice sempre che non **parla** bene l'inglese.
2. Non è possibile che **piova** di nuovo! Tutti i giorni la stessa cosa!
3. Ho paura che Luca **sia** innamorato di me. Io non sento niente per lui!
4. Molti credono che in Italia si **stia** sempre bene ma non è vero!
5. Sono sicura che tu **conosci** questa canzone.
6. Secondo me noi adesso **dobbiamo** prendere una decisione.
7. Mio fratello non è soddisfatto benché **abbia** un bel voto.
8. È un peccato che voi non **possiate** venire alla mia festa.
9. So che i gelati **costano** di più in Italia che in Austria.
10. Giovanni mi chiede se **voglio** andare in Turchia con lui.
11. Non capisci che Andrea **è** un nome maschile?
12. A mio parere l'ultimo libro di Camillleri si **legge** molto bene.
13. Preferisco che tu non **venga** stasera perché ho tanto lavoro da fare.
14. Sono sempre felice quando **posso** stare tranquilla a casa.
15. È bene che tu **metta** un pullover perché fa veramente freddo oggi.

1. A Roma non sono andata a trovare Chiara perché non **sapevo** il suo indirizzo.
2. Ieri sera Sara prima **è andata** al cinema e poi in pizzeria.
3. Stamattina alle otto **c'era** un bel sole, che peccato che adesso piova!
4. Mia sorella è già mamma! **Ha avuto** un bambino due mesi fa.
5. Ciao Filippo! **Ho saputo** da Lorenzo che presto partirai per New York. Buon viaggio!
6. L'altro giorno mentre **cenavamo** è arrivato un pacco per me.
7. Alla festa di mia cugina **ho conosciuto** un ragazzo simpaticissimo.
8. La festa (bellissima!) **è durata** fino alle tre di notte.
9. Domenica al mare **ho nuotato** molto perché avevo bisogno di fare movimento.
10. Cosa? Lorenzo si è sposato? Io non **sapevo** neanche che aveva una ragazza!
11. Io avrei una bella guida di Venezia ma purtroppo l'**ho lasciata** a casa.
12. Da piccolo **volevo** sempre che la mamma mi raccontasse delle storie.
13. Ragazzi, sapete quando **è incominciata** la guerra in Vietnam?
14. La maestra è entrata in classe e ha visto un bambino che **copiava** il compito.
15. L'estate scorsa **siamo stati** prima in Italia e poi in Croazia.

TEST 6

1. Se **sei** d'accordo, oggi ti faccio vedere le mie foto delle vacanze.
2. Se volessi **potrei** usare la Mercedes di mio padre tutti i giorni.
3. **Sareste venuti** alla mia festa ieri sera se vi avessi invitati?
4. Se non mi **dai** il tuo numero non posso chiamarti.
5. Non criticherei gli altri se **fossi** al tuo posto! Anche tu non sei perfetto.
6. Avrei capito meglio il film se non **fosse (stato)** in lingua originale.
7. Se mi **offri** un caffè ti racconto tutta la storia.
8. Se il mio ragazzo mi tradisse lo **lascerei** subito.
9. Se **avessi mangiato** tutta quella roba avrei avuto mal di stomaco.
10. Se mi **chiedi** subito scusa non mi arrabbio.
11. Gli italiani sarebbero più contenti se la benzina **costasse** meno.
12. Ci **prestate** le vostre biciclette se ve le riportiamo stasera?
13. **Cantereste** in pubblico se nessuno vi conoscesse?
14. Se ti **avessi conosciuto** prima forse mi sarei innamorata di te.
15. Se tu aprissi le finestre **entrerebbe** un po' d'aria fresca.

1. Martina ha detto: "Oggi voglio uscire con mia sorella."
   Martina ha detto che quel giorno voleva uscire con sua sorella.
2. Marco ha chiesto: "Tu domani verrai con noi nella nostra casa di campagna?"
   Marco ha chiesto se il giorno dopo sarei andato con loro nella loro casa di campagna.
3. La mia amica ha detto: "Ieri ho fatto la spesa al supermercato."
   La mia amica ha detto che il giorno prima aveva fatto la spesa al supermercato.
4. Lorenzo ci ha chiesto: "Volete venire a suonare nel mio locale stasera?"
   Lorenzo ci ha chiesto se volevamo andare a suonare nel suo locale quella sera.
5. Ho detto al mio ragazzo: "Tra poco dovremo dare l'esame di maturità."
   Ho detto al mio ragazzo che poco dopo avremmo dato l'esame di maturità.
6. Romeo ha detto a Giulietta: "Ti amerò per tutta la vita."
   Romeo ha detto a Giulietta che l'avrebbe amata per tutta la vita.
7. Giovanni ha raccontato: "Due giorni fa ho incontrato una mia ex-ragazza."
   Giovanni ha raccontato che due giorni prima aveva incontrato una sua ex-ragazza.
8. Ha domandato al suo amico: "Mi puoi aiutare a organizzare una festa?"
   Ha domandato al suo amico se lo poteva aiutare a organizzare una festa.

TEST 7

1. beve	**13.** hanno
2. date	**14.** vogliamo
3. sai	**15.** spegni
4. tiene	**16.** piacciono
5. muoiono	**17.** muove
6. uscite	**18.** traduco
7. puoi	**19.** dobbiamo
8. fate	**20.** danno
9. scelgo	**21.** dici
10. è	**22.** tengo
11. vogliono	**23.** va
12. muore	**24.** piaccio

TEST 8

1. (übrig)bleiben	rimanere	**rimasto**
2. absteigen	**scendere**	sceso
3. anbieten, spenden	offrire	**offerto**
4. antworten	rispondere	risposto
5. anzünden, aufdrehen	**accendere**	acceso
6. auswählen	scegliere	**scelto**
7. beschließen	decidere	**deciso**
8. brechen	rompere	rotto
9. diskutieren, besprechen	discutere	**discusso**
10. fragen, bitten	chiedere	**chiesto**
11. geboren werden	**nascere**	nato
12. gewinnen	vincere	vinto
13. herstellen	**produrre**	prodotto
14. lachen	ridere	**riso**
15. laufen	**correre**	corso
16. leben	vivere	**vissuto**
17. lesen	leggere	letto
18. löschen, abdrehen	**spegnere**	spento
19. nehmen, bekommen	**prendere**	**preso**
20. öffnen	aprire	**aperto**
21. passieren	**succedere**	successo
22. schließen	chiudere	chiuso
23. schreiben	scrivere	**scritto**
24. sehen	vedere	**visto**
25. setzen, stellen, legen, anziehen	**mettere**	messo
26. sterben	morire	morto
27. teilen	**dividere**	diviso
28. töten	uccidere	**ucciso**
29. trinken	bere	**bevuto**
30. verlieren, versäumen	**perdere**	perso
31. versprechen	promettere	promesso
32. wegnehmen	**togliere**	tolto

VOKABELVERZEICHNIS ITALIENISCH ▶ DEUTSCH

A

a	zu, nach, in
a memoria	auswendig
abbastanza	ziemlich, genug
abbronzato/a	braun (gebrannt)
abitare	wohnen
abito	Anzug
abitudine (f.)	Gewohnheit
accanto	neben
accendere	einschalten/anzünden/starten
acciaio	Stahl
acciuga	Sardelle
aceto	Essig
acqua	Wasser
acquario	Aquarium
ad = a	zu, nach, in
addormentarsi	einschlafen
adesso	jetzt
adorare	lieben, verehren
adulto	Erwachsener
aereo	Flugzeug
aerobica	Aerobic
aeroporto	Flughafen
agenzia	Agentur
aglio	Knoblauch
agosto	August
aiutare	helfen
aiuto	Hilfe
albergo	Hotel
albero	Baum
alcolico	alkoholisch
alcuni/e	einige
all'estero	im Ausland
all'inizio	am Anfang
allegretto	mäßig schnell (Musik)
allegro/a	lustig, fröhlich
allora	also, dann
alto/a	hoch, groß
altro/a	andere/r
alzarsi	aufstehen
amare	lieben
amato/a	geliebt, beliebt
ambulatorio	Ordination
americano/a	amerikanisch
amicizia	Freundschaft
amico/a	Freund/in
ammirare	bewundern
amore (m.)	Liebe
analcolico	alkoholfrei
analisi (f.)	Analyse
anche	auch
ancora	noch
andare	gehen/fahren
anima	Seele
animale (m.)	Tier
anno	Jahr
annoiarsi	sich langweilen
annuncio	Ankündigung, Anzeige
antico	antik
antipasto	(kalte) Vorspeise
antipatico/a	unsympathisch
anziano/a	alt
aperitivo	Aperitif
aperto/a	offen
Apollo	Apoll
appartamento	Wohnung
appetito	Appetit
appuntamento	Termin, Verabredung
aprile	April
aprire	öffnen
aranciata	Orangeade
architetto	Architekt
arco	Bogen

armeno/a	armenisch
armonia	Harmonie
arrabbiarsi	sich ärgern
arrabbiato/a	böse, verärgert
arrivare	ankommen
arte (f.)	Kunst
articolo	Artikel
ascoltare	zuhören
aspettare	warten
assaggiare	kosten, verkosten
assassinare	ermorden
assassino/a	Mörder/in
assolutamente	absolut
attaccarsi	sich an etwas klammern
attento/a	aufmerksam
attimo	Augenblick
attività	Aktivität
attore, attrice	Schauspieler/in
Austria	Österreich
austriaco/a	österreichisch
auto(mobile) (f.)	Auto
autobus	Bus
autostrada	Autobahn
autunno	Herbst
avanzato	fortgeschritten
avere	haben
avventura	Abenteuer
avventuroso/a	abenteuerlich
avversario/a	gegnerisch
avvocato	Anwalt

B

babbo	Vater
baciare	küssen
baciarsi	sich küssen
bacio	Kuss
bagno	Bad
balcone (m.)	Balkon
ballare	tanzen
ballerino/a	Tänzer/in
ballo	Ball
bambino/a	Kind, Bub/Mädchen
bambola	Puppe
banana	Banane
banca	Bank
band	Band
bandiera	Fahne, Flagge
bar	Bar
barba	Bart
barca	Boot
barista	Barkeeper
Basilea	Basel
basta	es reicht, es genügt
be' = bene	gut
bebè (m.)	Baby
bello/a	schön
benché	obwohl
bene	gut
benzina	Benzin
bere (bevuto)	trinken
bianco/a	weiß
biberon (m.)	Babyfläschchen
bibita	Getränk
biblioteca	Bibliothek
bicchiere (m.)	Glas
bici(cletta)	Fahrrad
biglietto	Ticket, Eintrittskarte
bimbo/a	Baby
binario	Bahnsteig
biologia	Biologie
biondo/a	blond
Birmania	Burma
biro	Kuli

birra	Bier	cavallo	Pferd
biscotto	Keks	ceco/a	tschechisch
bisogno	Bedarf, Bedürfnis	cellulare (m.)	Handy
bistecca	Steak	cena	Abendessen
bizzarro/a	seltsam, absonderlich	cenare	zu Abend essen
bloccato/a	festgesetzt	cenere (f.)	Asche
blu	blau	centesimo	Cent
bocca	Mund	cento	hundert
borsa	Tasche	centrale	zentral
bosco	Wald	centro	Zentrum
bottiglia	Flasche	cercare	suchen
braccio	Arm	cerimonia	Zeremonie
braciola	Kotelett	certi	manche
brasiliano/a	brasilianisch	certo/a	sicher
bravo/a	gut, tüchtig	che	dass; der, die, das
brillante	brillant, glänzend	chi	wer
bruschetta	Bruschetta	chiamarsi	heißen (sich nennen)
brutale	brutal	chiamata	Anruf
brutto/a	hässlich	chianti (m.)	Chianti
buddista (m., f.)	Buddhist/in	chiedere (chiesto)	fragen
bugia	Lüge	chiesa	Kirche
buio	Dunkelheit	chilo	Kilo
buonasera	guten Abend	chitarra	Gitarre
buongiorno	guten Tag	chiudere	schließen
buono/a	gut	chiuso/a	geschlossen
bus	Bus	ci	dort(hin); uns
		ciabatta	Schlapfen, Brotform

C

cadavere (m.)	Leiche	ciao	servus
cadere	fallen	cielo	Himmel
caffè (m.)	Kaffee	ciliegia	Kirsche
Calabria	Kalabrien	Cina	China
calcio	Fußball	cinema(tografo)	Kino
caldo	Wärme, Hitze	cinese	chinesisch
caldo/a	warm	cinque	fünf
cambiare	wechseln, ändern, tauschen	cinquecento	fünfhundert
camera	Zimmer	cioccolata	Schokolade
cameriere (m.)	Kellner	cioccolatino	Praline
camicia	Hemd, Bluse	cioè	und zwar
camino	Kamin	circa	ungefähr
camminare	(zu Fuß) gehen, wandern	città	Stadt
camminata	Wanderung	clacson (m.)	Hupe
campagna	Land	classe (f.)	Klasse
campeggio	Camping	cliente (m., f.)	Kunde, Kundin
campionato	Meisterschaften	clima (m.)	Klima
campione/ssa	Meister/in	coca	Cola
campo	Feld	cocktail (m.)	Cocktail
canadese	kanadisch	cognato/a	Schwager/Schwägerin
cane (m.)	Hund	colazione (f.)	Frühstück
cantante (m., f.)	Sänger/in	collana	Halskette
cantare	singen	collega (m., f.)	Kollege/in
canto	Gesang	college (m.)	College
canzone (f.)	Lied	collezionare	sammeln
capello	Haar	colore (m.)	Farbe
capire	verstehen	colossale	kolossal
cappello	Hut	Colosseo	Kolosseum
cappero	Kaper	colpa	Schuld
caprese (f.)	Salat aus Capri, Mozzarella u. Tomaten	colpire	schlagen, treffen
caramella	Zuckerl	come	wie, als
carciofino	Artischockchen	cominciare	anfangen, beginnen
carino/a	hübsch	commentare	bewerten
Carinzia	Kärnten	comodo/a	bequem, praktisch
carne (f.)	Fleisch	compagnia	Gesellschaft, Begleitung
caro/a	teuer, lieb	compagno/a	Kamerad/in
carriera	Karriere	compito	Schularbeit, Hausaufgabe
carrozzina	Kinderwagen	compleanno	Geburtstag
carta	Papier, Karte	completo/a	komplett, vollständig
cartolina	Ansichtskarte	complicato/a	kompliziert
casa	Haus	complimenti	Kompliment
cassa	Kassa	compositore (m.)	Komponist
castello	Schloss	comprare	kaufen
catalano/a	katalanisch	computer (m.)	Computer
cattivo/a	schlecht, böse	comunicare	kommunizieren
cattolico/a	katholisch	comunista	kommunistisch
cavalcata	Ritt	con	mit
		concentrarsi	sich konzentrieren

concentrato/a	konzentriert
concerto	Konzert
concorso	Wettbewerb
condizione (f.)	Bedingung
conferenza	Konferenz
congresso	Kongress
conoscere	kennen(lernen)
conservatorio	Konservatorium
consigliare	raten
consiglio	Ratschlag
contare	zählen
contento/a	zufrieden
continuazione (f.)	Fortsetzung
conto	Rechnung
contro	gegen
controllare	kontrollieren
conversazione (f.)	Konversation
convinto/a	überzeugt
coperta	Decke
copiare	abschreiben
coppia	Paar
coraggio	Mut
cornetto	Kipferl
coro	Chor
correggere (corretto)	verbessern
correre (corso)	laufen
corsa	Lauf
corso	Kurs
cortese	höflich
cosa	Sache
così	so
costare	kosten
costoso/a	teuer
costruire	bauen
costume (m.)	Badeanzug
cotoletta	Schnitzel
cotone (m.)	Baumwolle
cotto/a	gekocht
cravatta	Krawatte
credere	glauben
cremoso	cremig
crisi (f.)	Krise
critica	Kritik
croato/a	kroatisch
Croazia	Kroatien
crudo/a	roh
cubano/a	kubanisch
cucciolo	Tierbaby
cucina	Küche
cucinare	kochen
cugino/a	Cousin/e
cui	Relativpronomen nach Präposition
curare	behandeln
curioso/a	neugierig

D	
d'accordo	einverstanden
da	von, aus, zu, bei
dare (dato)	geben
davanti	vor
davvero	wirklich
decidere (deciso)	entscheiden
decisione (f.)	Entscheidung
delicato	delikat
dente (m.)	Zahn
dentista (m., f.)	Zahnarzt
desiderare	(sich) wünschen
destra	rechts
detersivo	Waschmittel, Putzmittel
di	von
di fronte a	vis-à-vis
diagnosi (f.)	Diagnose
diario	Tagebuch
dicembre	Dezember
dieci	zehn

dieta	Diät
dietro	hinter
differente	unterschiedlich, verschieden
difficile	schwierig
difficoltà	Schwierigkeit
dimenticare	vergessen
dimostrare	beweisen, zeigen
dipingere (dipinto)	malen
dire (detto)	sagen
direttore (m.)	Direktor
discesa	Abfahrt, Abstieg
discoteca	Diskothek
discutere (discusso)	diskutieren
disegnare	zeichnen
dispiacere	leidtun
distretto	Bezirk
disturbare	stören
divano	Sofa
diventare	werden
diverso/a	unterschiedlich, verschieden
divertente	amüsierend, unterhaltsam
divertirsi	sich amüsieren
dividere (diviso)	teilen (geteilt)
doccia	Dusche
dodici	zwölf
dolce	süß
domanda	Frage
domandare	fragen
domani	morgen
domenica	Sonntag
domestico/a	Haus-
donna	Frau
dopo	dann, nach
dormire	schlafen
dottore	Arzt
dove	wo
dovere	müssen, sollen
drammatico/a	dramatisch
due	zwei
duemila	zweitausend
duemilacinque	zweitausendfünf
duomo	Dom
durante	während
durare	dauern
duro/a	hart

E	
e	und
ecco!	da!
economia	Wirtschaft
ed = e	und
elefante (m.)	Elefant
elegante	elegant
emozionante	aufregend, spannend
entrare	eintreten, eingehen
entrata	Eintritt, Eingang
entro	bis
erba	Gras
errore (m.)	Fehler
esagerare	übertreiben
esame (m.)	Prüfung
escursione (f.)	Exkursion
esercizio	Übung
esistere (esistito)	existieren
esperienza	Erfahrung
esserci	da sein
essere	sein
estate (f.)	Sommer
estivo	sommerlich
estremo	extrem
euro (m.)	Euro
europei	Europameisterschaften
evento	Event
evitare	meiden, vermeiden
ex	ehemalig

ex-ragazzo/a	Ex-Freund/in

F

fa	her
faccia	Gesicht
facile	einfach, leicht (Adj.)
facilmente	einfach, leicht (Adv.)
fame (f.)	Hunger
famiglia	Familie
famoso/a	berühmt
fantastico/a	fantastisch
fare (fatto)	machen, tun
fare colazione	frühstücken
fare il bagno	baden
fare la doccia	duschen
fare la spesa	einkaufen
fare shopping	shoppen
farina	Mehl
farmacista (m., f.)	Apotheker/in
faticare	sich anstrengen
favore (m.)	Gefallen
fax (m.)	Fax
fazzoletto	Taschentuch
febbraio	Februar
febbre (f.)	Fieber
fede (f.)	Glaube, Ehering
felice	glücklich
fermata	Haltestelle
festa	Fest
festeggiare	feiern
fidanzato/a	Verlobte/r
figlio/a	Sohn/Tochter
film (m.)	Film
finale (f.)	Finale; letzte, Schluss-
finalmente	endlich
fine (f.)	Ende
finestra	Fenster
finire	(be)enden, aufhören
fino	bis
fiore (m.)	Blume
Fisica	Physik
fiume (m.)	Fluss
foglia	Blatt (Pflanze)
foglio	Blatt (Papier)
forchetta	Gabel
forma	Form
formaggio	Käse
forse	vielleicht
fortuna	Glück
fortunato	glücklich
foto(grafia)	Foto
fotografare	fotografieren
fra	in
fragola	Erdbeere
francese	französisch
Francia	Frankreich
Francoforte	Frankfurt
fratelli	Geschwister
fratellino	Brüderchen
fratello	Bruder
freddo	Kälte
freddo/a	kalt
frequentare	besuchen
fresco/a	frisch
frigo	Kühlschrank
frutta	Obst
frutto	Frucht
fumare	rauchen
fungo	Pilz
funzionare	funktionieren
fuoco	Feuer
fuori	draußen
furbo/a	schlau, klug
futuro	Zukunft

G

galleria	Gallerie
gambero	Krebs
gastronomia	Gastronomie
gatto/a	Kater/Katze
gelato	Eis
genere (m.)	Sorte
generoso	großzügig
genitori	Eltern
gennaio	Jänner
gente (f., Sg.)	Leute
gentile	höflich, freundlich
geografia	Geografie
geometria	Geometrie
Germania	Deutschland
ghetto	Getto
ghiaccio	Eis (gefrorenes Wasser)
ghianda	Eichel
già	schon
giacca	Jacke
giapponese	japanisch
giardino	Garten
ginnastica	Turnen
ginocchio	Knie
giocare	spielen (Kinder/Sport)
giocattolo	Spielzeug
gioco	Spiel
giornale (m.)	Zeitung
giornalista (m., f.)	Journalist/in
giornata	Tag
giorno	Tag
giovane	jung
giovedì	Donnerstag
girare	drehen
giro	Runde
girone (m.)	Runde
gita	Ausflug
giubilare	jubeln
Gioconda	„Mona Lisa"
giugno	Juni
giusto	richtig, gerecht
gladiatore (m.)	Gladiator
gnocchi (Pl.)	Knödel, ital. Nockerl
goal	Tor (Fußball)
gondola	Gondel
gonna	Rock
grammatica	Grammatik
grammo	Gramm
grande	groß
grappa	Schnaps
grasso/a	fett
grave	ernst, schlimm
gravidanza	Schwangerschaft
grazie	danke
grazioso/a	graziös
Grecia	Griechenland
greco/a	griechisch
grido	Schrei
grosso/a	groß, dick
gruppo	Gruppe
guanto	Handschuh
guardare	schauen
guerra	Krieg
guida	Reiseführer
guidare	lenken/fahren/führen
gusto	Geschmack

I

identità	Identität
ieri	gestern
immaginare	sich vorstellen
immagine	Bild
imparare	lernen
impiegato/a	Angestellte/r
importante	wichtig

impossibile	unmöglich
improvviso/a	plötzlich
impulsivo/a	impulsiv
in	in, nach
incidente (m.)	Unfall
incominciare	anfangen, beginnen
incontrare/arsi	(sich) treffen
incredibile	unglaublich
indiano/a	Inder, indisch
indirizzo	Adresse
infarto	Herzinfarkt
infine	endlich, zum Schluss
informato	informiert
ingegnere (m., f.)	Ingenieur/in
ingegneria	Ingenieurwesen
Inghilterra	England
inglese	englisch
ingrassare	zunehmen
inizio	Anfang
innamorarsi	sich verlieben
innamorato/a	verliebt
insalata	Salat
insegnante (m., f.)	Lehrer/in
insegnare	lehren
insieme	zusammen
insomma	also
intanto	inzwischen
intelligente	intelligent
intenso	intensiv
intenzione (f.)	Absicht
interessante	interessant
interrompere (interrotto)	unterbrechen
intervistare	interviewen
intorno	rundum
inutile	nutzlos
invece	hingegen, stattdessen
inverno	Winter
invitare	einladen
invitato/a	Eingeladene/r
invito	Einladung
io	ich
irlandese	Ire, irisch
ironico/a	ironisch
islandese	isländisch
Italia	Italien
italiano/a	italienisch

L	
labbro	Lippe
lago	See
lampada	Lampe
lana	Wolle
lasciare	(ver)lassen
latino	Latein
latte (m.)	Milch
lavare	waschen
lavorare	arbeiten
lavoro	Arbeit
leggere (letto)	lesen
leggero/a	leicht
lento	langsam
lettera	Brief
lettino	Bettchen
letto	Bett
lezione (f.)	Unterrichtsstunde, Lektion
lì/là	dort
libro	Buch
limone (m.)	Zitrone
lingua	Sprache
liquore (m.)	Likör
lirico/a	Opernmusik
lista	Liste
litigare	streiten
litro	Liter
livello	Level, Niveau

locale (m.)	Lokal
Londra	London
lontano/a	weit, entfernt
lotto	Lotto
luce (f.)	Licht
luglio	Juli
luna	Mond
lunedì	Montag
lungo/a	lang
lupo	Wolf

M	
ma	aber
macchina	Auto
macchinine	Spielzeugautos
macelleria	Fleischerei
macinata	faschiert, gerieben
madre (f.)	Mutter
maestro/a	Lehrer/in (Volksschule)
maggio	Mai
maglietta	T-Shirt
maglione (m.)	Pullover
magnifico/a	wundervoll
magro/a	dünn, mager
mai	nie
malato/a	krank
male	schlecht
malgrado	trotz
mamma	Mama
mammone (m.)	Muttersöhnchen
mandare	senden, schicken
mangiare	essen
maniera	Art
maniere	Manieren
mano (f.)	Hand
maratona	Marathon
mare (m.)	Meer
marito	Ehemann
marrone	braun
martedì	Dienstag
marzo	März
maschile	männlich
matematica	Mathematik
matita	Stift
matrimonio	Hochzeit
mattina	Morgen
maturità	Matura
meccanica	Mechanik, Maschinenbau
medicina	Medizin
medico	Arzt, Ärztin
Mediterraneo	Mittelmeer
meglio	besser (Adv.)
mela	Apfel
melanzana	Aubergine
memoria	Gedächtnis, Erinnerung
meno	minus, weniger
mentre	während
meraviglia	Wunder
meraviglioso/a	wunderbar
mercato	Markt
mercoledì	Mittwoch
mese (m.)	Monat
messa	Messe (Kirche)
metro	Meter
metro(politana)	U-Bahn
mettere (messo)	setzen, stellen, legen
mettere in ordine	aufräumen
mettersi	anziehen
mezzanotte	Mitternacht
mezzo	Mittel
mezzo/a	halb
mezzogiorno	Mittag
migliore	besser (Adj.)
milione (m.)	Million
mille	Tausend

minerale	Mineral	*olandese*	holländisch
minuto	Minute	*Olimpiadi*	Olympische Spiele
misurare	messen	*olio*	Öl
mitologia	Mythologie	*oliva*	Olive
mobile (m.)	Möbel	*ombrellone (m.)*	Sonnenschirm
moderno	modern	*onda*	Welle
modo	Art	*opera*	Oper
moglie (f.)	Ehefrau	*ora*	Stunde, Uhr; nun
molto	sehr	*ordine (m.)*	Ordnung
molto/a	viel	*organizzare*	organisieren
momento	Moment	*organizzatore*	Organisator
mondiale	Welt-	*organizzazione*	Organisation
mondo	Welt	*originale*	original; originell
montagna	Berg	*origine (f.)*	Ursprung
monte (m.)	Berg	*ospedale (m.)*	Krankenhaus
morire (morto)	sterben	*oste (m.)*	Wirt
morte (f.)	Tod	*ottimista*	Optimist/in
moto(cicletta)	Motorrad	*ottimo/a*	ausgezeichnet
movimento	Bewegung	*ottobre*	Oktober
muoversi	sich bewegen		
mura (le)	Stadtmauer		
muscolo	Muskel		**P**
museo	Museum	*pacco*	Paket
musica	Musik	*pace (f.)*	Frieden
musicista (m., f.)	Musiker/in	*padre (m.)*	Vater
		paese (m.)	Dorf
	N	*pagare*	zahlen
nascere (nato)	auf die Welt kommen	*palazzo*	Palast, Gebäude
Natale (m.)	Weihnachten	*palestra*	Fitnesscenter, Turnsaal, Halle
natalizio	weihnachtlich	*pallavolo (f.)*	Volleyball
natura	Natur	*pane (m.)*	Brot, Gebäck
naturalmente	natürlich	*panificio*	Bäckerei
nave (f.)	Schiff	*panino*	Brötchen
nazionale	national	*pannolino*	Windel
nazione (f.)	Nation	*panorama*	Panorama
neanche	auch nicht, nicht einmal	*pantaloni (m., Pl.)*	Hose
necessario/a	notwendig	*papà*	Papa
negativo/a	negativ	*paradossale*	paradox
negozio	Geschäft	*parcheggio*	Parkplatz
nero/a	schwarz	*parco*	Park
nervoso/a	nervös	*parere (parso)*	scheinen
nessuno	niemand	*Parigi*	Paris
neve (f.)	Schnee	*parlare*	sprechen
niente	Nichts	*parola*	Wort
no	nein	*parrucchiera*	Friseurin
noioso/a	langweilig	*partecipare*	teilnehmen
noleggio	Verleih	*particolare*	besonders (Adj.)
nome (m.)	Name	*particolarmente*	besonders (Adv.)
non	nicht	*partire*	abreisen
nonno/a	Opa/Oma	*partita*	Spiel, Match
nonostante	obwohl	*partito*	Partei
nord	Norden	*passaporto*	Reisepass
normale	normal	*passare*	vorbeigehen
normalmente	normalerweise	*passato*	Vergangenheit
norvegese	norwegisch	*passato/a*	vergangen
nostalgia	Nostalgie, Sehnsucht	*passeggiare*	spazieren
nota	Note (Musik)	*passeggiata*	Spaziergang
notte (f.)	Nacht	*pasta*	Nudeln
novembre	November	*paste (Pl.)*	kleine Mehlspeisen
nudo	nackt	*patata*	Kartoffel
numero	Nummer	*patente (f.)*	Führerschein
nuotare	schwimmen	*pattinare*	skaten
nuotata	Schwimmen	*paura*	Angst
nuovo/a	neu	*pauroso/a*	ängstlich
nuvola	Wolke	*pausa*	Pause
		paziente	geduldig
		pazzo/a	verrückt
	O	*peccato*	schade
o, oppure	oder	*Pechino*	Peking
occhiali	Brille	*peggio*	schlechter
occhio	Auge	*pelato/a*	geschält
odiare	hassen	*pelle (f.)*	Haut
offrire	anbieten, einladen	*pensare*	denken
oggi	heute	*pensione (f.)*	Pension
ogni	jede/r	*per*	für
Olanda	Holland	*pera*	Birne

perché	warum, weil	prodotto/a	produziert
perdere (perso)	verlieren	professore (m.)	Professor
perfettamente	perfekt (Adv.)	professoressa	Professorin
perfetto/a	perfekt (Adj.)	programma (m.)	Programm
pericoloso/a	gefährlich	promettere	versprechen
perla	Perle	pronto	bereit
però	aber	proprio	eigentlich
persona	Person	prosciutto	Schinken
pesca	Pfirsich	prossimo/a	nächste/r
pescare	fischen	prova	Probe
pesce (m.)	Fisch	provare	proben
pettinarsi	sich kämmen, sich frisieren	psicologia	Psychologie
pezzo	Stück	psicologo/a	Psychologe/in
piacere	gefallen, schmecken	pubblicitario/a	Werbe-
piacere!	(Es ist mir ein) Vergnügen!	pubblico/a	öffentlich
piangere	weinen	pulirsi	sich putzen
piano	Piano	pulito/a	sauber
piano/a	leise; langsam	puntuale	pünktlich
pianoforte (m.)	Piano	purché	wenn nur
piatto	Teller, Gericht	purtroppo	leider
piazza	Platz	puzza	Gestank
piccante	scharf	puzzare	stinken
piccolo/a	klein		
piede (m.)	Fuß		

Q	
quadro	Bild
qualche	manch/e
qualcosa	etwas
qualcuno	jemand
quale	welche/r
qualificato/a	qualifiziert
qualificazione (f.)	Qualifikation
qualità	Qualität
quando	wann
quanto	wie viel
quarti	Viertel (Finale)
quartiere (m.)	Bezirk
quarto	Viertel
quasi	fast
quattro	vier
quello/a	jene/r
questo/a	diese/r
qui/qua	hier
quindi	also

pieno/a	voll
pietra	Stein
pigro/a	faul
piovere	regnen
pipa	Pfeife
pipì (f.)	„Lulu"
più	plus, mehr
plastica	Kunststoff
po' = poco	wenig
poesia	Gedicht
poi	dann
polacco	polnisch
politica	Politik
politico	Politiker
pomeriggio	Nachmittag
pomodoro	Tomate
ponte (m.)	Brücke
popolare	Volks-
porta	Tür
portare	bringen, tragen
portoghese	portugiesisch
positivo/a	positiv
possibile	möglich
possibilità	Möglichkeit
posta	Post
posto	Platz
potente	stark
potere	können, dürfen
poverino	arm
pozzo	Brunnen
pranzare	zu Mittag essen
preciso/a	präzis
preferire	bevorzugen
prego	bitte
premio	Preis
prendere	nehmen
preoccuparsi	sich Sorgen machen
preparare	vorbereiten
presentare	vorstellen
presente (m.)	Präsens
preside (m. / f.)	Vorsitzender
pressione (f.)	Druck
prestare	borgen
presto	bald, früh
prima	zuerst
primavera	Frühling
primo/a	erste/r
principe (m.)	Prinz
probabile	wahrscheinlich (Adj.)
probabilmente	wahrscheinlich (Adv.)
problema (m.)	Problem

R	
raccontare	erzählen
racconto	Erzählung
ragazzo/a	Freund/in
ragazzo/a	Bub/Mädchen
rapidamente	schnell (Adv.)
raramente	selten
raro	rar
rata	Rate
re	König
recitare	schauspielen
recitazione (f.)	Schauspielkunst
reclamo	Reklamation
regalare	schenken
regalo	Geschenk
regione (f.)	Region
regista (m., f.)	Regisseur/in
regola	Regel
relazione (f.)	Beziehung
religione (f.)	Religion
repubblica	Republik
restare	bleiben
riccio	lockig
ricetta	Rezept
ricordarsi	sich erinnern
ricotta	Topfen
ridere	lachen
ridicolo	lächerlich
rilassante	entspannend
rilassarsi	sich entspannen
rimanere (rimasto)	bleiben

ringraziare	danken	semplice	simpel
riparare	reparieren, richten	sempre	immer
ripetere	wiederholen	sensazionale	sensationell
riportare	zurückbringen	sensazione (f.)	Sensation
riposarsi	sich ausruhen	sensibile	sensibel, empfindlich
riservato/a	reserviert	sentire	hören, fühlen, spüren
riso	Reis	senza	ohne
risparmiare	sparen	separarsi	sich trennen
rispettare	respektieren	sera, serata	Abend
rispondere	antworten	serio/a	ernst
risposta	Antwort	servire	nützen
ristorante (m.)	Restaurant	seta	Seide
ritardo	Verspätung	sete (f.)	Durst
ritornare	zurückkehren	settembre	September
riuscire	schaffen	settimana	Woche
rivoluzione (f.)	Revolution	severo/a	streng
roba	Sachen, Zeug	sfortunato/a	unglücklich
Romania	Rumänien	si	man, sich
rompere (rotto)	brechen	sì	ja
rosso/a	rot	Sicilia	Sizilien
rovinato/a	beschädigt	siciliano	sizilianisch
rubato/a	gestohlen	sicuramente	sicherlich
rumeno	rumänisch	sicurezza	Sicherheit
rumore (m.)	Lärm, Geräusch	sicuro/a	sicher
Russia	Russland	sigaretta	Zigarette
russo/a	russisch	sigaro	Zigarre
rustico/a	rustikal	signora	Frau
		signore	Herr

S		silenzio	Stille
sabato	Samstag	silenzioso/a	still
sabbia	Sand	simile	ähnlich
sala	Saal	simpatico/a	sympathisch
salame (m.)	Salami	sincero/a	ehrlich
saldi	Abverkauf	singolo/a	einzeln
sale (m.)	Salz	sinistra	links
salire	ein/hinaufsteigen	sistema (m.)	System
Salisburgo	Salzburg	situazione (f.)	Situation
salsa	Sauce, Salsa (Tanz)	socialista (m., f.)	Sozialist/in
salutare	grüßen	soddisfatto/a	zufrieden
saluto	Gruß	soffiare	blasen
sangue (m.)	Blut	soffrire	leiden
sapere	wissen	soldi (m., Pl.)	Geld
Sardegna	Sardinien	sole (m.)	Sonne
sbagliare	einen Fehler machen, sich irren	solito/a	gewöhnlich
sbagliato/a	falsch	solitudine (f.)	Einsamkeit
sbaglio	Fehler	solo/a	allein
scarpa	Schuh	soluzione (f.)	Lösung
scatola	Schachtel	somma	Summe
scatoletta	Dose	sonno	Schlaf
scegliere	wählen, auswählen	sopportare	vertragen
scelta	Wahl	sopra	oben, über
scena	Szene	sorella	Schwester
scendere	aus/hinuntersteigen	sorprendere	überraschen
schema (m.)	Schema	sorpresa	Überraschung
schizzo	Skizze	sorpreso/a	überrascht
sciare	Schifahren	sorridere	lächeln
sciata	Schifahrt	sottile	dünn, subtil
sciopero	Streik	sotto	unten, unter
sciroppo	Sirup	Spagna	Spanien
scontrino	Rechnung	spagnolo/a	spanisch
scoprire (scoperto)	entdecken	speciale	speziell, besonders
scorso	vergangen	spegnere	ausschalten
scremato	halbfett, entrahmt	spendere	Geld ausgeben
scrivere (scritto)	schreiben	sperare	hoffen
scultura	Skulptur	spesa	Einkauf
scuola	Schule	spesso	oft
scusa	Entschuldigung	spettacolo	Veranstaltung
se	wenn, ob	spiaggia	Strand
sebbene	obwohl	spiegare	erklären
secondo	Sekunde	spinaci (m., Pl.)	Spinat
sedici	sechzehn	spirito	Humor, Geist
segretaria	Sekretärin	splendido/a	wunderbar
seguire	folgen	sporco/a	schmutzig
sei	sechs	sportivo/a	sportlich
sembrare	scheinen	sposarsi	heiraten

sposato/a	verheiratet
sposo/a	Bräutigam/Braut
spritz	Mischgetränk aus Aperol, Prosecco und Mineralwasser
spumante (m.)	Sekt
squadra	Mannschaft
stabilire	festlegen
stadio	Stadion
stagione (f.)	Saison
stamattina	heute Vormittag
stanco/a	müde
stare	sich befinden, bleiben
stasera	heute Abend
stazione (f.)	Bahnhof
stella	Stern
stesso/a	selbe/r
stile (m.)	Stil
stiriano/a	steirisch
stivale (m.)	Stiefel
stomaco	Magen
storia	Geschichte
strada	Straße
strage (f.)	Massaker, Blutbad
straniero/a	Ausländer/in
strazio	Qual
strumento	Instrument
stucco	Stuck
studente/ssa	Student/in
studiare	lernen, studieren
studioso/a	Forscher/in
stupido/a	dumm
su	über, auf
subito	gleich
succedere (successo)	passieren
successo	Erfolg
succo	Saft
sud	Süden
suocero/a	Schwiegervater/-mutter
suonare	spielen, klingen, läuten
supermercato	Supermarkt
svedese	schwedisch
sveglia	Wecker
svegliare	aufwecken
svegliarsi	aufwachen
Svezia	Schweden
Svizzera	Schweiz

T	
tagliare	schneiden
tagliatelle (f., Pl.)	Bandnudeln
tagliere (m.)	Schneidbrett
talento	Talent
tanto/a	viel
tardi	spät
tavolo	Tisch
tazza	Tasse
teatro	Theater
tedesco/a	deutsch
telefonare a	anrufen
telefonino	Handy
telefono	Telefon
televisione (tivù)	Fernseher
tema (m.)	Thema
tempo	Zeit, Wetter
tenere	halten
teoria	Theorie
terminare	fertig machen
terribile	schrecklich
terzo/a	dritte/r
tesi (f.)	Doktorarbeit
testo	Text
tifoso	Fan
tigre (f.)	Tiger
tipo	Typ
Tirolo	Tirol

tonno	Thunfisch
topo	Maus
tornare	zurückkehren
torneo	Turnier
torta	Torte
tosse (f.)	Husten
tossire	husten
tovaglia	Tischdecke
tra/fra	zwischen, in
tradire	betrügen, verraten
tradizionale	traditionell
tram	Straßenbahn
tramezzino	Tramezzini
tranquillità	Ruhe
tranquillo/a	ruhig
trattoria	Gasthaus
tre	drei
tredici	dreizehn
trenino	Modelleisenbahn
treno	Zug
trenta	dreißig
trentino	tridentinisch
Trento	Trient
triste	traurig
tromba	Trompete
troppo	zu, zu viel
trotterellare	trippeln
trovare	finden
truccarsi	sich schminken
Tunisia	Tunesien
Turchia	Türkei
turco/a	türkisch
turismo	Tourismus
turista (m., f.)	Tourist/in
turistico/a	touristisch
turno	Turnus
tutti/e	alle
tutto	alles
tutto/a	der/die ganze

U	
uccello	Vogel
uccidere	töten
ufficio	Büro
ultimo/a	letzte/r
unito/a	verbunden
università	Universität
uomo (Pl. uomini)	Mann
uovo (Pl. uova)	Ei
usare	verwenden
uscire	ausgehen, fortgehen

V	
vacanza	Urlaub
valigia	Koffer
vasetto	Glas
vecchio/a	alt
vedere	sehen
velluto	Samt
veloce	schnell (Adj.)
velocemente	schnell (Adv.)
venerdì	Freitag
Venezia	Venedig
venire (venuto)	kommen
vento	Wind
veramente	wirklich
verdura	Gemüse
verità	Wahrheit
vero/a	wahr
vestirsi	sich anziehen
vestito	Kleid
via	weg
viaggiare	reisen
viaggio	Reise
vicino	nah

videogioco	Computerspiel	*voce (f.)*	Stimme
Vienna	Wien	*voglia*	Lust
viennese	wienerisch	*volare*	fliegen
vietato	verboten	*volentieri*	gerne
villa	Villa	*volere*	wollen
vincere (vinto)	gewinnen, besiegen	*volta*	Mal
vino	Wein	*votare*	wählen
violino	Geige	*voto*	Note (Schule)
virgola	Beistrich		
visita	Besuch		
visitare	besuchen	**Z**	
visitatori	Besucher	*zaino*	Rücksack
vita	Leben	*zanzara*	Gelse
vittima	Opfer	*zingaro/a*	Zigeuner/in
vittoria	Sieg	*zio/a*	Onkel/Tante
vivere (vissuto)	leben	*zona-tifosi*	Fan-Zone
viziare	verwöhnen	*zucchero*	Zucker
viziato/a	verwöhnt	*zucchino*	Zucchini

VOKABELVERZEICHNIS DEUTSCH ▶ ITALIENISCH

A		**E**	
ab	*da*	echt	*vero*
Abend	*sera*	Eis	*gelato*
abends	*di sera*	enden	*finire*
aber	*ma*	endlich	*finalmente*
abfahren	*partire*	erste/r	*primo/a*
Adjektiv	*aggettivo*	erzählen	*raccontare*
Adverb	*avverbio*	essen	*mangiare*
alles	*tutto*		
alt	*vecchio/a*	**F**	
an	*a*	fahren	*guidare, andare*
anbieten	*offrire*	Fahrrad	*bici(cletta) (f.)*
Angst	*paura*	fantastisch	*fantastico/a*
anstrengen	*faticare*	Fenster	*finestra*
antworten	*rispondere*	finden	*trovare*
anziehen	*vestirsi, mettersi*	fliegen	*volare*
Apfel	*mela*	folgen	*seguire*
arbeiten	*lavorare*	Frage	*domanda*
Artikel	*articolo*	fragen	*domandare*
auch	*anche*	französisch	*francese*
auf	*su*	Freitag	*venerdì*
aus	*da*	Freund/in	*amico/a, ragazzo/a*
Auto	*auto(mobile)*	fröhlich	*allegro/a*
		fühlen	*sentire*
B		furchtbar	*terribile*
berühmt	*famoso/a*		
besondere	*particolare*	**G**	
besser	*meglio*	geben	*dare*
betrügen	*tradire*	Geburtstag	*compleanno*
bevorzugen	*preferire*	gefallen	*piacere*
bis	*fino*	gehen	*andare*
bisschen	*po' = poco*	gehören	*appartenere*
bitte	*per favore, prego*	gerne	*volentieri*
Blume	*fiore (f.)*	Geschäft	*negozio*
borgen	*prestare*	Geschichte	*storia*
Brot	*pane (m.)*	gestern	*ieri*
Bruder	*fratello*	gestresst	*stressato/a*
Buch	*libro*	gesungen	*cantato*
Bursche	*ragazzo*	getrunken	*bevuto*
		geweint	*pianto*
D		gewesen	*stato*
danken	*ringraziare*	gewonnen	*vinto*
dass	*che*	gewusst	*saputo*
Deutsch	*tedesco/a*	Gitarre	*chitarra*
Ding	*cosa*	Glas	*bicchiere*
dort	*lì, là*	glauben	*credere*
drei	*tre*	gleich	*subito*
dürfen	*potere*	glücklich	*felice*
Durst	*sete*	Grüße	*saluti*

grüßen	salutare
gut	bene, buono/a

H	
haben	avere
Haus	casa
heißen	chiamarsi
helfen	aiutare
Herr	signore
heute	oggi
hier	qui
hören	sentire
hübsch	carino/a
Hunger	fame
husten	tossire

I	
immer	sempre
in	in, a
Instrument	strumento
intelligent	intelligente
interessiert	interessato/a
interviewen	intervistare
Italiener/in	italiano/a
italienisch	italiano

J	
Jahr	anno
jetzt	adesso
jung	giovane

K	
Kälte	freddo
Käse	formaggio
Kater	gatto
katholisch	cattolico/a
Katze	gatta
kennen	conoscere
Kind	bambino/a
Kino	cinema(tografo)
kochen	cucinare
Koffer	valigia
kommen	venire
können	potere
Kuss	bacio

L	
Land	stato
lang	lungo, a lungo
langweilen (sich)	annoiarsi
leben	vivere
Lehrer/in	insegnante
leider	purtroppo
lenken/fahren/führen	guidare
lernen	imparare
lesen	leggere
lieb	dolce
lieben	amare
Lieblings-	preferito/a
Lied	canzone

M	
machen	fare
Mädchen	ragazza
mal	volta
malen	dipingere
man	si
manchmal	qualche volta
Mann	uomo
März	marzo
Matura	maturità
Meer	mare

meistens	per lo più
Mengenangaben	quantità
Mineralwasser	acqua minerale
mit	con
Mittwoch	mercoledì
Mobiltelefon	telefonino, cellulare
mögen	desiderare, piacere
Montag	lunedì
montags	il lunedì
morgen	domani
morgens	di mattina
Motorrad	moto(cicletta)
müde	stanco/a
müssen	dovere
Mutter	madre

N	
nach	dopo
Nacht	notte
nehmen	prendere
nett	carino/a, simpatico/a
neu	nuovo/a
nicht	non
nie	mai

O	
oder	o, oppure
offen	aperto
öffnen	aprire
oft	spesso
ohne	senza
Oma	nonna

P	
Paris	Parigi
Park	parco
passend	adatto/a
Person	persona
Präposition	preposizione
Problem	problema (m.)
Professor	professore

R	
reisen	viaggiare
reparieren	riparare
Restaurant	ristorante
Rom	Roma
Rose	rosa
rufen	chiamare

S	
Sache	cosa
sagen	dire
Sänger/in	cantante (m., f.)
Schatz	tesoro
schauen	guardare
schauspielen	recitare
schenken	regalare
Schi	sci
schicken	spedire
Schlaf	sonno
Schlafbedürfnis	sonno
schlafen	dormire
schlagen	colpire
schlecht	male
schlechter	peggio
schließen	chiudere
Schlüssel	chiave (f.)
schmecken	piacere
schnell	veloce
schon	già
schön	bello/a

schreiben	scrivere
Schuhe	scarpe (f.)
Schule	scuola
schwierig	difficile
schwimmen	nuotare
sehen	vedere
sehr	molto
seit	da
selbst	stesso/a
senden	spedire, mandare
Sessel	sedia
setzen	mettere
shoppen	fare spese
sich	si
sicher	sicuro, sicuramente
singen	cantare
so	così
Sohn	figlio
Sommer	estate (f.)
sonntags	la domenica
sozialistisch	socialista
spezifisch	specifico/a
spielen	giocare, suonare, recitare
spielen/klingeln/läuten	suonare
Sprache	lingua
sprechen	parlare
Stadt	città
statt	invece
stehen	stare
Stelle	posto
stellen	mettere
Straße	strada
studieren	studiare
Stunde	ora
suchen	cercare
Supermarkt	supermercato
süß	dolce
sympathisch	simpatico/a

T

Tag	giorno
Tante	zia
tanzen	ballare
Telefonat	telefonata
teuer	costoso, caro
Theater	teatro
Tipp	consiglio
traurig	triste
treffen	incontrare
Tür	porta

U

überraschen	sorprendere
übertreiben	esagerare
überzeugt	convinto/a

Uhr	ora, orologio
um	a
Umschreibung	descrizione
und	e
Uni	università
Urlaub	vacanza

V

Vater	padre
Verb	verbo
Verbformen	forme verbali
verliebt	innamorato/a
verstehen	capire
verwenden	usare
verwöhnt	viziato/a
viel	molto
vier	quattro
von	di, da
vor	davanti, prima di

W

wahr	vero/a
wandern	camminare
wann	quando
warm	caldo/a
Wärme	caldo
warum	perché
was	che cosa
Wein	vino
weiß	bianco/a
welche	quale
weniger	meno
wenn	se, quando
wer	chi
wie	come
wiederholen	ripetere
Wien	Vienna
Wiener Schnitzel	cotoletta alla milanese
wirklich	veramente
wissen	sapere
wo	dove
Woche	settimana
wohin	dove
wohnen	abitare
Wohnung	appartamento
wollen	volere
worüber	su cosa
wütend	arrabbiato/a

Z

zahlen	pagare
zeigen	mostrare
zu	a, da
zufrieden	contento/a, soddisfatto/a
zwei	due

DURCHSTARTEN LERNHILFEN –
FÜR GUTE NOTEN UND EIN ENTSPANNTES FAMILIENLEBEN!

ÖSTERREICHISCHER LEHRPLAN

VERITAS hat sich mit der (Weiter-)Entwicklung der Durchstarten-Lernhilfen das Ziel gesetzt, allen SchülerInnen in Österreich – von der Volksschule bis zur Matura – **gute Noten** und **nachhaltigen Lernerfolg** zu ermöglichen und dadurch für weniger Stress in der Familie und der Schule zu sorgen.

Somit tragen die Durchstarten-Lernhilfen auch zu einem **entspannten Familienleben** bei.

Unsere Leitlinien:

- Die Durchstarten-Lernhilfen werden **von erfahrenen PädagogInnen/LehrerInnen entwickelt**.

- Wir orientieren uns an den aktuellen formalen **Anforderungen des österreichischen Lehrplans** und unterstützen dadurch die **bildungsrelevanten Ziele Österreichs**.

- Die Lernhilfen können **unabhängig vom jeweils verwendeten Schulbuch** eingesetzt werden.

- Bei der Produktentwicklung legen wir den Fokus auf die Anforderungen und Wünsche der Verwendergruppen – also **SchülerInnen, Eltern und LehrerInnen**.

- Digitale Inhalte und Funktionen, wie zum Beispiel das Anhören von Hörverständnisübungen am Smartphone, werden dort eingesetzt, wo sie das **Lernen sinnvoll unterstützen**.

So stiften wir großen Kundennutzen für SchülerInnen, LehrerInnen und Eltern:

SchülerInnen
mehr Lernerfolg/bessere Noten bei geringerem zeitlichem Übungsaufwand und somit mehr Freizeit und weniger Probleme mit Eltern und/oder LehrerInnen

LehrerInnen
Sicherheit, immer das passende lehrwerksunabhängige, aber lehrplankonforme Übungsmaterial zu haben (z. B. für die **Differenzierung**)

Eltern
entspanntes Familienleben (kein Schul-/Notenstress)

Mehr Infos unter: www.durchstarten.at

10. Auflage 2023

ISBN 978-3-7058-7414-5